唐朝绝对很有趣

李飞◎著

天津出版传媒集团
天津人民出版社

图书在版编目（CIP）数据

唐朝绝对很有趣 / 李飞著 . —天津 ：天津人民出版社，2017.8

ISBN 978-7-201-11866-6

Ⅰ . ①唐… Ⅱ . ①李… Ⅲ . ①中国历史—唐代—通俗读物 Ⅳ . ① K242.09

中国版本图书馆 CIP 数据核字（2017）第 130492 号

唐朝绝对很有趣

TANGCHAO JUEDUI HENYOUQU

出　　版　天津人民出版社
出 版 人　黄　沛
地　　址　天津市和平区西康路35号康岳大厦
邮　　编　300051
邮购电话　（022）23332469
网　　址　http://www. tjrmcbs. com
电子信箱　tjrmcbs@126.com

责任编辑　刘子伯
装帧设计　孙希前

印　　刷　三河市兴国印务有限公司
经　　销　新华书店
开　　本　710×1000毫米　1/16
印　　张　16
字　　数　220千字
版次印次　2017年8月第1版　2017年8月第1次印刷
定　　价　38. 00元

前言

preface

这是中国历史的巅峰王朝，以前所未有的繁荣与辉煌开创了中国历史的新纪元。唐朝三百年，其间交织着政治的博弈、灿烂的文化、铁血的浪漫，虽然昔日的繁华早已不在，边关的羌笛业已消沉，但唐朝的荣光依然照耀着我们。

有唐一代，奇人辈出，逸事不断，至今电视屏幕上还有着关于他们的种种传说。在大唐近三百年的历史中，有着无数的故事，承载着大唐帝国的沧桑和辉煌。回望大唐，让我们感动和惊奇。

唐王朝如何崛起于隋末混战的乱世之中，为何又由强盛转向衰落，最终消亡？在唐王朝近三百年的历史中，上演了多少或惊心动魄，或残酷惨烈，或可歌可泣，或令人发指的故事？

位重权高的帝王背后有哪些不为人知的内幕？庞大而复杂的后宫，那些粉黛佳丽，都在做着什么事呢？看似贵不可攀的皇子公主们真的活得骄傲吗？身份低贱的太监宫女们为了改变自己的命运，又使过怎样的心机，做过怎样的斗争和努力呢？在犹如大染缸的官场里，那些王侯将相们上演了什么样的故事呢？

本书从隋朝开始衰亡写起，通过还原历史细节，将盛世唐朝那些有趣

的事儿娓娓道来，既呈现出恢宏大气的大历史观，又在不经意间勾勒出大历史中的历史细节，独具慧眼地把唐朝的纵横面一并展现在我们面前，将唐朝最真实的人和事还原到人们面前。

这是有点不一样的唐朝，有些不一样的历史！

本书以唐朝正史为经，以历史事件为纬，其间穿插种种脍炙人口的奇人异事以及民间传说，力求帮助读者在故事中细品历史，在文化中追问当下，在文学中透视人生。

这是一本有趣的历史书，在风趣中不失深度，幽默中更显深沉。

第一章　太原起兵——炀帝无道，天下伐之

杨广也许是史上背负骂名最多的皇帝，事实上比他荒淫残暴的皇帝并非没有，而之所以他成为了昏君的代名词，也许是因为他身处的那个著名的时代吧。隋唐是一个被史学家和文人墨客共同加工了的时代，而那个连死后的谥号“炀”都是贬义的，杨广也许就是被加工最多的。但不管怎么说，杨广都绝对不是好皇帝，一个能让自己的国家在第二代就玩完的皇帝，至少是个很失败的皇帝。

第二章　天下归一——从此江山姓了李

唐统天下，主要功劳要归于李世民。李世民是中国历史上罕有的军事天才。十八岁就统率千军万马南征北战，鲜有败绩。只是由于后来当了皇帝，治国才能过于突出，后人往往津津乐道于“贞观之治”，而忘了他的赫赫武功。实际上，李世民不仅善于指挥军队，自己也是一员“百万军中取上将首级”的猛将。

第三章　兄弟相残——玄武门内的惊心惨案

在刚刚诞生九年的李唐王朝的皇宫玄武门外，上演了一场兄弟相残的惨剧，整个事件所牵连的人命高达数百人，甚至动摇了唐朝在河北的统治。这就是中国历史上有名的“玄武门之变”。由于历史一直是由胜利者所书写的，因此事件的真相一直扑朔迷离，众说纷纭。可以说：“一千个人心里就有一千个玄武门之变”。

第四章 威加海内——犯我唐者，虽远必诛

远离战争，和平发展是人类社会一直孜孜以求的梦想。然而在中国历史发展的长河中，战争始终与我们的文明进步如影随形。唐初，天下方定，四海之内骚乱不断，在那些血与火的战争中，涌现出了许多伟大的军事家、政治家及各种杰出人物，为后世留下了宝贵的历史遗产。

第五章　武后夺宫——红颜亦可称至尊

她是商人之女，被袁天罡相面后惊为“天下之主”；入宫十年，从太宗的病榻移到了太子的床榻；身陷尼寺，却成功地与新皇藕断丝连；放手一搏，赢得了你死我活的皇后争夺战；代夫掌政，不知不觉地将权力转入自己手中；独揽朝政，一手剪除皇族集团，一手培植新贵势力；67 岁，她应百官之请登基称帝，开始了 14 年空前绝后的女皇时代；82 岁，她退位禅让，被政敌尊为“则天大圣皇帝”，治国开启盛唐序幕，身后留下无字丰碑。武则天的 82 年人生，每一天都走在生死边缘，而她赢得了每一次决斗。

第六章　明皇兴唐——扭转乾坤的放手一搏

李隆基的皇位是靠自己的努力和才能争取到的。武则天之后，韦后乱政，大唐江山再一次岌岌可危。这时候，李隆基站了出来，鲜衣怒马，在风诡云谲的宫廷斗争中杀出一条血路，开创了中国历史上最为壮丽辉煌的开元盛世。

第七章　盛世危情——他与她的不伦之恋

他将唐朝推向鼎盛；也是他把唐朝引上衰败的道路。随着社会经济的发展，作为一国之主的他却丧失了执政前期的勤政爱民、励精图治，取而代之的是恣意享乐、任用奸佞、姑息养奸。这就是我们所说的“善始者实繁，克终者盖寡”吧！唐玄宗的晚年是悲哀的。他因为一段不伦之恋失去了一切最重要的东西：他的权力，他的尊严，他最心爱的女人，还有他精心经营的王朝。

第八章　削平大乱——战虽胜，根基已动

不得人心的叛乱终究是南柯一梦，即便盛世渐渐黯淡了它的光芒，李唐依然是人心所向，大唐军队的号角声始终隆隆传来，不断收复失地，捷报频传……纵观整个安史之乱，不管杨国忠怎样祸国殃民，不管郭子仪、李光弼怎样神勇平叛，也不管杨贵妃怎样红颜祸水，最让人感叹的，却是在危机与动荡中的“父子相疑”——李隆基与李亨、安禄山与安庆绪、史思明与史朝义，人性中的脆弱、黑暗，在繁华落尽、帝国残景中一览无余。

第九章 日薄西山——王朝末期的是是非非

安史之乱后，只能梦回盛世大唐。华清池没了贵妃的身影，唐明皇也不再指挥《霓裳羽衣曲》，摇晃的帝国勉强支撑。虽然安禄山、史思明两个叛贼只折腾了七年，但使中原动荡，千万生命死于军乱，随之而来的藩镇割据、宦官专政以及党争之祸，最终把赫赫盛唐推上了不归之路。

第十章 乱世再现——昔日帝国分崩离析

宦官专权，朝臣内讧，胡人添堵，藩镇割据……李唐王朝内忧外患，私盐贩子出身的黄巢，又用农民大起义踹了唐王朝一脚，朱温趁着乱世登了基。907 年，二百八十九岁的帝国终究咽了气。

第一章　太原起兵

——炀帝无道，天下伐之

杨广也许是史上背负骂名最多的皇帝，事实上比他荒淫残暴的皇帝并非没有，而之所以他成为了昏君的代名词，也许是因为他身处的那个著名的时代吧。隋唐是一个被史学家和文人墨客共同加工了的时代，而那个连死后的谥号“炀”都是贬义的，杨广也许就是被加工最多的。但不管怎么说，杨广都绝对不是好皇帝，一个能让自己的国家在第二代就玩完的皇帝，至少是个很失败的皇帝。

是龙是鼠？是福是凶？

隋炀帝杨广是中国历史上名声最差的皇帝之一，这和后来编写史书的人的观点有关，民间流传着多部与隋炀帝有关的传奇与野史小说，如《南部烟花录》《炀帝开河记》《隋史遗文》《隋唐志传》《隋炀帝艳史》，清人褚人获集大成为《隋唐演义》等，从唐到清，历时一千多年，主流社会与民间野史异口同声，痛斥其“骄怒之兵屡动，土木之事不息”。其实，杨广时期开凿的大运河至今还在起作用，这是他的功绩，应该肯定。既然对于秦始皇修筑长城没有完全否定，那么对于杨广开凿大运河也应该给予肯定。总之，杨广应该是个毁誉参半的皇帝，这样才符合历史事实。

然而，隋炀帝杨广确实因其个人性格缺陷给广大民众带来了深重苦难。

在民间传说中，杨广原本是终南山皇甫君豢养的一只巨鼠，因皇甫君念其驯养日久，为其脱去皮毛，为一国人王帝主。所以他几乎集中了人类所能有的全部邪恶品行，淫荡、贪婪、狡诈、阴险、自私、冷血、残暴、血腥，犯下了人类几乎所能犯下的所有罪行，谋兄、淫母、弑父……杨广在位仅仅 14 年，大兴土木，修筑宫殿、开掘运河，因为每项工程均劳民伤财，因而国运渐衰，再加上各地起义烽火连天，最终隋朝覆灭。

据说，杨广还未出生时，怀孕的独孤皇后某夜梦见一条龙从身中钻出来，在天空中飞了十多里，然后坠落于地，尾部折断了。独孤皇后将这个梦告诉隋文帝。文帝沉吟不语。杨广出生当晚，原本皓月当空，明月如

镜。当深宫中传来一声婴孩啼哭声之时，突然雷声大作，刹那间天昏地暗，倾盆雨落，雨停，红光漫天，乡间牛马皆鸣。宫里宫外一齐乱嚷“着火了”。再细看，哪里是着火，却是一道红光，从独孤皇后寝宫顶中透出，直冲于云汉之间，映得满天皆红，就如霞彩一般。独孤皇后得此异兆，满心欢喜。第二天，急忙派人报知隋文帝。文帝大喜，立刻赶到皇后寝宫。独孤皇后奏谢道：“托赖陛下洪福，祖宗社稷之庆，昨夜生了一皇子，并有诸般吉兆。”接着把梦龙及红光之事说了一遍。文帝听见红光、梦龙，知是人君之相，心里乐开了花。当听到“坠下地来，把尾跌断”，又觉得像是大鼠，心下就暗暗有些不愉快了，猜想他可能是个“令终之器”。然而这话又不便说，只得称好。独孤皇后道：“既有异兆，将来必然是个大贵之人，愿陛下赐一佳名。”文帝道：“御妻梦金龙摩天，就取名叫作阿摩如何？”独孤皇后大喜道：“乳名佳矣！何不并赐一个大名？”文帝道：“为君必须英明，就叫作杨英罢。”又说道，“创业要英明，守成还须宽广，不如叫作杨广。”

杨广三岁时，一天在文帝身边玩。文帝抱着他注视良久，然后叹气说：“此儿极贵，然而破灭杨家的恐怕也是他了。”

心机男谋兄入主东宫

杨广自幼聪明伶俐，到了十岁左右，已饱读诗书，甚至于方药、天文、地理、伎艺、术数，亦无不通晓。加之他相貌英武，又巧于辞令，故

而深得父皇母后的喜爱。在他 13 岁时，便被委以重任，担任并州（今山西太原）总管，被封为晋王。面对如此殊荣，杨广并不满足。从小在争权夺利的氛围中耳濡目染，塑造了他十分复杂阴险的秉性，他深知自己是次子，没有继承皇位的可能。他知道若想日后登基，必先夺下太子的位置，而要坐上太子位，则需要父皇母后的信赖和亲信党羽的辅佐。杨广在自行制定了争夺皇位的策略后，便开始紧锣密鼓地行动起来了。

隋文帝和独孤皇后一向倡导勤俭持家，不喜欢奢华，而皇后则更恨用情不专的男人，她常斥责宠爱姬妾的大臣。杨广最了解这些，他开始检点自己的行为举止。杨广先是褪去了华服，着上粗衣，接着故意把筝弦弄断，制造出一副远离娱乐的假象。为了讨好母后，他只与妻子同出同入。当隋文帝跟皇后到他的府中时，发现屋内没有一件珍宝摆设，筝上落满了尘土，堂前的孩子都是杨广正妻所生，侍奉茶水的几个下人也布衣钗裙，面目憨厚，厨房里除了柴米，更无山珍海味，隋文帝见之大喜，连声赞扬儿子温良恭俭，皇后也不住地夸奖儿子不近声色，可堪大任。

而太子杨勇生性好色，喜爱奢华，有许多侍妾、珍宝，其中有位云昭训，因姿色娇美，特别得到宠爱，并生下三个儿子，受到的待遇甚至与正室不相上下，这让独孤皇后相当不满。杨勇的正妻元妃不得宠爱，气出了心病，没两天就死了，杨勇随即让云昭训主持太子宫。独孤皇后认定是杨勇与云昭训合谋害死嫡妻，不但责备杨勇，又派人去暗察。杨广知道母亲对兄长有不满，独孤皇后每次抱怨云氏专宠、感叹元氏夭亡时，杨广也跟着痛心疾首，这让独孤皇后更加喜爱杨广，有意废黜杨勇的太子之位而改立杨广为太子。杨勇为此感到害怕，却又没有办法，文帝知道他内心不安，便派杨素去观察他，结果杨素却故意激怒杨勇，使杨勇说出抱怨的话，从此隋文帝更怀疑他了。隋文帝与皇后常常暗道：“太子品性顽劣，而广儿却仁孝恭俭。”

有一回杨广代父视察兵营，恰逢天下暴雨，兵卒们在雨中操练着，有下人举起了一把油布伞为杨广遮雨，杨广却一把推开道："士卒们都在雨中淋着，我怎能自己躲在伞下呢。"这件事在当时被众人传为佳话，不仅隋文帝闻之心喜不已，而众大臣们也都对杨广充满了钦佩与敬重。

杨广当上扬州总管后，借入朝还镇的机会与母后道别，装出十分依依不舍、万分可怜的样子，伏地流泪不止。独孤皇后也泣然涕下。杨广趁此机会大倒苦水："儿臣非常看重兄弟情谊，不知哪里得罪太子，一直想杀掉我。每想到我自己不知哪天会被毒死害死，真是恐惧得不得了。"独孤皇后闻言大怒道："杨勇太过分，我给他娶的元妃他一点也不爱念，专宠云妃，还下毒毒死元妃（其实是心脏病发而亡）。我现在活着他就这样对待你，哪天我死了还不知怎样害你们兄弟呢。等你父皇驾崩以后，想到你们兄弟得向那个云妃小妖精拜跪称臣，为娘我真是心如刀绞！"杨广闻言再拜，呜咽不止。独孤皇后也抱着儿子大哭。由此，独孤皇后已经下了废掉杨勇的决心，日夜不停在杨坚面前说杨勇的坏话，杨素等大臣也推波助澜，加之杨勇在冬至于太子宫中接受百官朝贺，犯了大忌，隋文帝终于决定废嫡。

公元600年，冬十月，文帝派人召杨勇入殿。如履薄冰心惊胆战的太子闻之大惊，问使者："父皇不是要杀掉我吧？"进宫后，他发现文帝戎服陈兵，百官肃立。杨坚当众宣布，废掉太子杨勇，押回东宫看管。立晋王杨广为太子，并命杨广负责看押杨勇。杨广的一番苦心经营，算是开了花结了果。

杨勇被囚于府内，几次上书申冤，都被杨广命人毁掉，根本送不到文帝那里。杨勇无奈，爬到树顶大声叫屈，希望父皇能够听到自己的冤屈，给自己一个辩白的机会。杨广的心腹大臣杨素趁机上奏说杨勇得了失心疯，胡喊乱叫，不能治愈。杨坚听信谗言，再也没有给杨勇诉冤的机会。

深宫辱庶母？弑父夺大统？

据后世正史、野史的记载，开皇末年，年近花甲的文帝偷幸宫女尉迟氏，同样年近花甲、一生独宠后宫的皇后独孤伽罗悲愤交加，在文帝上朝以后将尉迟氏杖杀，文帝一气之下离家出走。后在左右仆射高颎、杨素的劝解下，独孤皇后又主动请罪，夫妇俩这才和好如初。从这之后，文帝得以有限亲近嫔妃。虽然在文帝看来，妃、嫔只是晚年生活调剂，于他们夫妻关系而言并无妨碍，事实上，他对爱妻独孤氏的确一如既往地疼爱和信任，但却没想到痴心一片、自尊心强烈的独孤皇后在尉迟女事件后内心受到重创，从此心灰意冷郁郁而死。粗心的文帝却没有察觉和理解到爱妻的失落，空留丧偶后的痛苦不堪和临终前的幡然醒悟、悔恨自责。

独孤皇后死后，文帝宫闱寂寞，遂于后宫嫔妃中选得两个闭月羞花之容常伴左右：一个是宣华夫人陈氏，一个是容华夫人蔡氏。那陈氏是南朝陈宣帝的女儿，天性聪慧，明艳不可方物。陈亡后，配入掖庭，后入宫为嫔妃。独孤皇后性奇妒，后宫皆不得进御，惟陈氏受宠。杨广当初谋取太子地位，经常送些金银珍玩取悦陈氏。在皇太子废立一事上，可以说陈氏出了很大的力。独孤皇后离世，陈氏封为宣华夫人，专房擅宠，主断内事，六宫粉黛无颜色。

此时的隋文帝已是风烛残年，又夜夜招幸宣华、容华两位夫人。在色欲上面，不免有些过度。不多时日，身体便被掏空了。一次偶感风寒，内

外交迫，即致卧床不起。两位夫人见文帝有病，日夜不离，侍奉汤药。而文帝的病却一天重似一天。

文帝患病后，尚书左仆射杨素、兵部尚书柳述、黄门侍郎元岩等朝廷重臣立刻赶赴仁寿宫，组成临时内阁。同时太子杨广也奉命入住大宝殿侍奉皇帝。杨广眼见父皇的病势一天天沉重，料定他时日无多，决定早做打算，于是写密信给杨素，向他询问朝廷和百官的情况，并命他做出相应部署，防止朝廷在国丧期间出现动乱。杨素按太子的要求回复了一封密函。不料送信的宫人却误把信送到了皇帝手上。杨坚见信勃然大怒。他还没死，太子和宰相就已经暗中联手在左右帝国政局了，这是什么性质的问题？这相当于篡位啊！

杨坚正在气头上，忽见自己最宠爱的宣华夫人神色慌张地走了进来。杨坚问她出了什么事，陈氏推托不过，流着眼泪说："太子无礼！"

史料记载：当天文帝见陈、蔡一直侍奉自己没有休息，便让她们更衣小憩。宣华夫人离开仁寿宫往更衣时，遇上了太子杨广。杨广见那陈氏，鸦黄半额、腰肢似柳，金步摇曳翠鸣珠；鬓发如云，玉搔头掠青拖碧；春山脉脉，幽妍清倩，婉转轻盈，艳冶销魂。竟动了欲心，见殿上四下无人，他伸手拽住宣华夫人的衣袖，道："我终日在父皇寝宫视疾，每次见到夫人，心中无限向往，只是不是地方，今日难得机会，望夫人怜见，赐我片刻欢娱，以慰我相思之苦。倘蒙夫人错爱，杨广生死不忘。"杨广不待宣华夫人回答，竟要将她拽到侧殿的寝室里去。宣华夫人又急又恨，一时偏挣不脱身，幸得急中生智道："太子尊重，那边有人来了。"杨广慌乱中将手一松，回头去看，哪里有什么人来。宣华夫人趁此机会一溜烟地退出了芙蓉轩。

文帝听到这里，顿如五雷轰顶。他断然没有料到这位平时看上去温良恭俭的太子到头来居然是个衣冠禽兽！文帝躺在御榻上，用力拍打

着床板，大骂："这个畜生怎么可以托付国家大事？独孤误我，独孤误我啊！"

痛定思痛后，文帝急召柳述和元岩入内，说："传召我儿。"柳述等人刚准备去传唤太子，忽然听见皇帝加了一句："是传杨勇！"柳述和元岩面面相觑，顿时明白了什么，连忙入阁撰写复召杨勇的敕书。杨素听说此事，立刻告知杨广。杨广随即矫诏将柳述和元岩逮捕，关进了大狱；然后紧急调动东宫军队进驻仁寿宫，命左庶子宇文述等人控制宫禁出入，命右庶子张衡进入皇帝寝殿，将侍奉皇帝的所有宫女和宦官全部逐出，关在别殿。

当天，仁寿宫就传出了皇帝驾崩的消息。

随后，杨广又派人假传文帝遗命，要杨勇自尽，杨勇还没有做出回答，派去的人就将杨勇拖出杀死。就这样，大隋帝国的最高权杖，终于如愿以偿地落到了杨广手上。这一年，杨广三十六岁。十几年的苦心经营终于为他换来了人世间最辉煌的报偿。

而此时的宣华夫人则面无人色，独自坐在深宫里愁肠百结，一任云鬟散乱、花容不整。忽有人报，内侍前来宣读圣旨，赐予宣华夫人锦盒一只。宣华以为盒中定是鸩毒，不觉悲从心来，喟叹自己红颜命薄。当下含了泪，嘱咐内侍稍待，退到里面，更换好了衣服，梳起云鬟，装扮整齐，原想从容就死，成全了清白。谁知打开锦盒一看，盒中不是鸩毒，却是一个红色的同心结。事已至此，本应是庶母的宣华夫人无奈之下，只好收下这位虽然不是亲生、但也应是儿子的同心结了。

事实上，后世关于文帝究竟是怎样死的，说法并不统一。《隋唐演义》《十八史略》《通历》等书，认为文帝是被儿子杨广杀害的。正规的史书《隋书》却没有这样的记载。《隋书》《北史》的记述是："帝疾甚，与百僚辞诀，握手歔欷，崩于大宝殿。"《炀帝纪》也仅写道："高祖崩，上即位于仁寿宫。”但《隋书》中关于宣华夫人那部分却隐约其辞提到文帝死因蹊跷：“素以其事白太子，太子遣张衡入寝殿，遂令夫人及后宫同侍疾者，并出就别室。俄闻上崩，而未发丧也。夫人与诸后宫相顾曰：‘事变矣！’皆色动股栗。”《隋书》此段记载虽未明指文帝被弑，但实际上已给世人留下推猜的余地。

到了近代，有越来越多的史学家开始为“杨广弑父”一事平反，其主要依据是，就连尽力搜集炀帝反面材料以为批判的唐太宗君臣，也没有一人言辞凿凿地指控杨广弑父夺位。试想，假如果有此说，则李唐起兵之时，何不以为宣传材料？另一方面，很多人认为，史书记载隋炀帝逼奸宣华夫人一事，也经不起推敲，原因在于：文帝病重，炀帝宫中侍疾，宣华夫人起身更衣，身旁当有宫女侍候。当时炀帝尚未即位，仍处于受威胁的地位，一向以谨慎著称的炀帝绝不会在此时做出危及其继承帝位的事情。

正所谓“仁者见仁，智者见智”，至于真相到底如何，恐怕是永远也说不清了。

骄奢淫逸第一帝？

在中国历史上，淫乱的皇帝并不少见，但隋炀帝杨广在后世人眼中绝对是其中的佼佼者。关于隋炀帝的淫乱，正史、野史均有涉及，一些小说诸如《迷楼记》《海山记》《大业拾遗记》《隋炀帝艳史》，更是将其渲染得活色生香。

据说杨广即位后，照《礼记·昏义》所说，置三夫人、九嫔、二十七世妇、八十一御妻，共一百二十人。其实《礼记·昏义》的说法，只是古人设想的一种制度，并未真正实行过，而杨广最先实行了。

随后，他又开始大兴土木，造方圆二百里西苑，役使民夫超过百万。苑内分十六院，以石头堆成山，凿池为五湖四海模样。又下诏令，凡天下珍异鸟兽草木，全部送至长安。西苑十六院的名称都是杨广亲自所起，每院有二十位美女，选经常幸御之人为首。院里的树叶冬天凋落后，就剪彩绢为花，点缀于枝条。冬天，杨广所到的宫院，池沼中的冰得赶快凿掉，用彩绸剪成莲叶荷花布置在上。

据说最令杨广流连忘返的是西苑里的“迷楼”，顾名思义，这“迷楼”就是迷人的楼，所谓迷人，一在建筑风格，二在美女如云。“迷楼”楼有四宝帐，一名曰散春楼，二名曰醉忘归，三名曰夜酣香，四名曰延秋月，杨广诏选十五岁以下有姿色的女子数千在“迷楼”内任意取乐。夜夜恣意为欢，经月不出“迷楼”。还不过瘾，又叫画匠绘制数十幅春意图，悬于阁中，一边与女子寻欢，一边观图助兴。更有一人，叫上官时，深谙皇帝的心思，送上乌铜屏三十六面，每面高五尺，宽三尺，磨以成鉴，可以围成屏风，环列于寝所。杨广将其置于“迷楼”，御美人于其中，种种不堪场面一并映入镜面屏风之内。

据说，大夫何稠为了使杨广临幸时保持体力，竟绞尽脑汁制作了一辆专门御女的车。这车正好可以放进一个少女。何稠说：“此车虽然小，却有两层。临幸女子时，只需要将车子推动，上下两层中所设的机关便能自动运行起来，能将女子牢牢固定住，使之不能动弹。这完全是自动的，行房事时一点也不费力气啊。”杨广听了何稠这番话后，兴奋地说：“你开动脑筋设计了这个车，我用来任意取乐，就叫‘任意车’吧！”从此，杨广可在路上随意行房事，车内悬挂着铜饰件，随着车的摇动发声，可以将车内的声音掩盖住。

放纵的时间久了，杨广觉得身体有些吃不消，对身边的人说："朕刚登基时十分辛苦，却不瞌睡，只有在美人腿上才能合眼，如今是一睡就醒不来，一近女色就疲倦，这是怎么回事？"近臣王义说："臣听说精气是人的根本，陛下数年来日夜声色，以有限之体而投无尽之欲，怎么会不枯竭呢？"杨广觉得有理，第二天选了一间静室养身，命令所有女人不得进入。结果仅过一天他就熬不住了，大嚷："像这样活一万岁又有什么意思呢？"说完就进"迷楼"寻欢作乐去了。

据说，为了更好地享受风花雪月遍尝世间美女，杨广专修房中术，却一日不如一日，难以尽享。正好这一日，有一名道士觐见，献上特制的固精丹药，杨广大喜，忙服用，片刻之后，便欲火焚烧，难以自持。干脆自己坐上"任意车"，每到一处，专挑那些特别娇嫩的女子，拉上车来，直至筋疲力尽！找到壮阳法子的杨广，在以后的帝王生涯中，除了朝政就是寻欢作乐。天天都要服用这个固精丹，夜夜尽兴为欢。

需要强调的是，隋炀帝的艳史大多出自于野史，其真实性有待考证，后世有不少人为隋炀帝翻案，其论据大致如下：

其一，隋炀帝正妻萧皇后十四岁嫁给他，到他临死都没有被冷落过，夫妻一直相敬如宾。而且，盛壮之年的隋炀帝，一生也只有三个儿子和两个女儿，其中三个儿子中有两个是正妻所生。如果隋炀帝真的是一个淫荡之徒，作为身体健康、具有生育能力、正在盛年的他，在登上帝王之位后已经无人能够约束，称帝后 14 年应该会生育众多的子女才符合常情。可是他没有。以此推断，隋炀帝本人在女色方面并没有传说的那么过分。

其二，后人了解隋炀帝，大多是通过《隋书》。众所周知，李唐王朝是灭掉隋炀帝之后才建立的政权。看历史上新建王朝所修撰的史书，无一不是强调自己的合法性、正义性，无一不是痛斥前王朝的腐朽、暴政、荒

淫无道，为自己的取而代之提供合法的依据，来平复民情、收揽人心。这一点，李唐王朝也不能免俗。《隋书》虽然是正史，但是它的编订，也无法避免受到政治的影响，存有不少美唐贬隋的地方，有时候甚至会歪曲事实。

然而，孰是孰非俱已成往事，真真假假至此已再难说清，只希望读书人能以史明智，不要去做那些荒唐事。

南下北上，动摇国本

杨广在位 14 年，其最大的功绩莫过于开凿京杭大运河，不过这件事也被后世传说涂上了很重的香艳色彩。有野史记录，杨广曾得到一幅《广陵图》，目不转睛地看了半天。萧后问他：“这是什么图画，皇帝怎么如此挂意？”杨广回答说：“朕不爱此画，只为思旧游之处。”广陵就是杨广待了十年的扬州。萧后听杨广讲了江南风物后，说了一句：“帝意在广陵，何如一幸？”这正中炀帝下怀。

于是，为了便利南北交通，也便于南下扬州巡游，隋炀帝于大业元年下令河南、河北各郡百万人修建通济渠，这样他就可以从洛阳的西苑乘船直接南下到达扬州。在官吏严厉的督监下，隋唐大运河中效率最高的一段——通济渠仅用一百七十多天就竣工了。

通济渠一竣工，杨广就迫不及待地开始了他的第一次南巡。这次南巡最值得一提的就是规模宏大的船队。杨广乘坐的船叫龙舟。龙舟分为四

层，有六层楼的高度，船上有众多房间，功能齐全。上层完全仿照宫城的布局，有正殿、内殿、东西朝堂，可以举行朝会；中间两层有一百余间房子，供炀帝休息、娱乐之用；下层是宦官、宫女等宫中侍从人员的住处。船上装潢考究、金碧辉煌。皇后、嫔妃、王侯将相、文武百官、僧道术士等，各自乘坐专门的船只。

皇帝出行不能没有护卫，龙舟后一方面有兵船数千艘，另一方面骑兵们在运河两岸跟随龙舟而行，旌旗蔽日。杨广命人建造的这些船只各有名号，等级分明。隋炀帝赋诗《泛龙舟》："舳舻千里泛归舟，言旋旧镇下扬州。借问扬州在何处？淮南江北海西头。"有统计说，杨广一行大小船只共 5191 艘，史书说拉船的纤夫就有数万人。

显然，为天子拉船的人应区别于众人，那些专拉龙舟的人名为"殿脚"，意即"水殿的脚"，共有 1080 人。这些人"三班倒"，每班 360 人，使龙舟得以昼夜行进。对于"殿脚"，在《大业拾遗记》等笔记中说，隋炀帝选有 1000 名美女，让她们穿上白衣，在船前拉纤。炀帝在船上观赏时，看上了"殿脚女"吴绛仙，当即纳为嫔妃。炀帝曾靠着门帘，对身边大臣说："古人言秀色若可餐，如绛仙，真可疗饥矣！"

这个故事被明代文人进一步发挥，在章回体小说《隋炀帝艳史》中，有人向皇上建议用美女拉纤，炀帝疑惑地问："这样一只大船，百十名柔媚女子，如何牵得它动？除非再添些内相相帮，才不费力。"那人先说"用女子牵缆原要美观，若添入男人便不韵矣。"随后想出一个"妙招"："古人以羊驾车，亦取美观，莫若再选一千嫩羊，每缆也是十只，就像驾羊车的一般，与美人相伴而行。"

还有一个传说，说江南世族以文化正统自居，瞧不起隋朝开国的那些关陇勋戚，所以杨广下江南的重要目的之一就是压服他们。又是那个何稠给炀帝出主意，在天子礼服上画日月星辰，用羽毛装饰仪仗，一切都豪华

至极。

为了满足皇室海量的羽毛需求，各地老百姓在水上、陆地布下天罗地网，不管是大的小的，还是美的丑的，鸟类全部一网打尽。在今天的浙江湖州地方有一棵超过百尺的大树，上面没有能让人攀爬的树枝。树顶上有一个鹤巢，人们就想砍树捉鹤。仙鹤为了不让幼鸟受伤，就自己把羽毛拔下来扔到了地上。这在当时被看作是大吉兆，所谓“天子制羽仪，鸟兽自献羽毛。”《太平广记》说，各地的飞鸟“殆无遗类”。

杨广还多次北巡边疆。北巡的重点是突厥地区。突厥是北方大漠的少数民族政权，是隋朝的重要边患。大业三年（607），杨广第一次北巡，命令河北十余郡的男子开凿太行山，修筑到达山西的大道。杨广的北巡，受到以突厥等北方诸部落的高度重视，突厥启民可汗亲自率众迎接。杨广非常高兴，设宴款待了诸部首领。据说在北巡途中，杨广乘坐了一种特殊的交通工具——观风行殿。观风行殿就是一辆巨大的车，车子的底部有许多大轮子，上面用木板做地面，而在上面修建宫殿，炀帝白天就坐在移动的宫殿里观风，可谓神气十足。但这车的运行完全都是靠人力，炀帝的舒适是建立在大量人力为其服务的基础上的。突厥人见到这个庞然大物，都吓得跪倒在地，头都不敢抬，他们以为大隋一定有神灵相助，宫殿才会“走”。

总而言之，杨广不管南下，还是北上，排场都是空前绝后的。他尽其所能地用实际行动诠释皇帝的权势，以满足自己的虚荣心理。此时大隋朝国力臻于巅峰，外国人也都见识了隋朝的“富裕强大”。除了高丽以外，各国使臣云集江都，朝拜隋炀帝。就是在这时，炀帝动了征辽东的念头，他要让这不知天高地厚的小国见识一下大隋的厉害。然而动员天下财力而发起三征高丽，均以失败告终。在四百年的大分裂刚刚结束三十年时，新的动乱就开始了。

率先反隋的杨玄感，其父就是当年帮助杨广夺嫡的权臣杨素。他很快被击败，军师李密侥幸走脱，成为隋朝的重要掘墓人之一。

杨玄感虽然很快被击败，但隋统治集团的分裂，却有利于农民起义的发展。此后两三年间，农民起义便席卷全国。先后起义的农民军约百余支，人数达数百万。烽烟四起，以至于评书中有所谓“十八路反王、六十四路烟尘”的说法。

“隔壁老李”兵起山西

那边农民起义军闹得不可开交，这边隋朝内部又出了大乱子——重臣李渊火上浇油，起兵反隋了！

李渊，其家族是北魏的陇西军事贵族。陇西李氏从秦代开始就是著名的武将军人世家。这个家族涌现过西汉飞将军李广等著名将军。北周时期，奉行关陇集团的本位政策，李氏改称“大野氏”。北周灭亡后，隋文帝恢复其为李氏。李渊祖父李虎，西魏时官至太尉；其父李昞，死后谥唐仁公。隋文帝文献皇后也就是独孤皇后，是李渊的亲姨妈，所以李渊和隋炀帝杨广是表兄弟关系，他也受到了隋朝的重用，七岁即袭唐国公，后为太原留守，高官显爵，位高权重，根本没想过要当皇帝。那么，他为何要在太原起兵反隋呢？

这事要从大业十一年（615）说起，那年，隋炀帝北巡路过晋阳，修建了晋阳行宫。当时晋阳地方官吏为了向隋炀帝献媚，在晋阳地区挑选美女，供其淫乐。尹、张二位美女就是在那时被选入宫中的。隋炀帝拥有美

女无数，他在晋阳宫中只停留了几天，临走时抛下这两位美人长守深宫。而李渊，留守太原，领晋阳宫监，裴寂为副监。

李渊的二公子李世民，早早就看清了天下大势，知道隋朝必亡，暗中结交豪杰，以图后事。他又与晋阳令刘文静商量一起谋举大事，想将实情告知李渊，又怕他不答应，于是便找刘文静商量计策，两人密谋后给李渊设了个温柔圈套，由宫监裴寂安排实施。裴寂早有造反之意，三人一拍即合。

裴寂是管理晋阳行宫的官吏，和空守行宫的众美女很熟悉。于是他找来尹、张二妃说出计策，长年苦守深宫的二妃亦知大隋朝运不久矣，为了给自己找条后路，也为了脱离这深宫寂寞，便一口答应了下来。

接下来，裴寂便假借公务之便，在隋炀帝的晋阳行宫内设宴邀请李渊。李渊不知就里，便来到行宫，兴高采烈地与裴寂一边说话聊天，一边推杯换盏，不知不觉间已酩酊大醉。裴寂便安排宫女唱歌跳舞并频频向李渊敬酒，畅饮至深夜，李渊早已醉不成行。于是裴寂又安排两个绝色的“晋阳宫女”扶李渊去床上休息。是夜，如饥似渴的两位美人风情万种，在酒精作用下的李渊也忘了“我是谁”，稀里糊涂地就与他表弟的两个美人发生了不该有的关系。

这一觉，直睡到日上三竿，方才醒来。恍惚之间，李渊只觉得一股异香扑鼻，似兰非兰，似麝非麝。不由得揉开双眼，左右一瞧，竟有两个裸体美人躺在身边，便询问她们的姓名。当他得知这两个美女就是晋阳宫的尹、张二妃之时，顿时吓得脸色煞白，魂飞魄散。李渊急急跑出行宫，却和裴寂撞个正着，裴寂假装正色斥责李渊，说他趁皇上不在晋阳行宫，居然跑进宫中坐龙椅，睡龙床，还淫污皇上嫔妃。这是可灭九族的欺君之罪啊！可怜李渊一世清白，现在是哑巴吃黄连，有苦也说不出，说出也说不清！

李渊一筹莫展，只得向裴寂求情，裴寂看到时机已到，便劝他起兵造反，这样一可免除这灭九族的大祸，二可得到大隋江山。

这时，李世民乘机向李渊汇报了整个计划。李渊开始时坚决不同意，还表示要把李世民送去报官。过一会儿李渊还是答应了起兵，对李世民说："我爱护你，怎么忍心去告发你呢！"

大业十三年（617）农历二月，李渊治下驻马邑（今山西朔州市）的鹰扬府校尉刘武周发动兵变，杀死马邑太守王仁恭，据马邑而自称天子。农历三月，刘武周攻破楼烦郡，进占汾阳宫，并与突厥勾结，图谋南下争夺天下。炀帝闻讯后大怒，要提李渊到江都治罪。在此危急情势下，李世民说："事情紧急，可以举事了。"其周围的心腹裴寂、许世绪、武士彟等也纷纷劝李渊起兵，李渊终于下定了反隋的决心。于是，李渊借口防备刘武周和突厥南下，派李世民、刘文静、长孙顺德、刘弘基等人到各地募兵，在很短的时间里便招到数千人。

太原副留守王威和高君雅看到李渊招兵买马，怀疑李渊要造反，便密谋骗李渊父子到晋祠祈雨，趁机除掉李氏，向隋炀帝邀功请赏。不料，这一密谋被晋阳乡长刘世龙获悉，告知了李渊。大业十三年（617）农历五月十五日，李渊、李世民先发制人，指使开阳府司马刘政会告发王威、高君雅二人暗中勾结突厥，引突厥入寇中原，借此将二人囚禁。农历五月十七日，恰巧数万突厥军队进攻晋阳，李渊立刻名正言顺地命人将两人推出斩首。六月，其又遣二子李建成、李世民率军攻杀拒命的西河郡丞高德儒。同时，李渊又设下空城计，吓退了突厥的军队。接着，李渊开始做起兵反隋的准备工作。

大业十三年（617）农历七月，李渊率军三万誓师，正式起兵。在发布的檄文里斥责隋炀帝听信谗言，杀害忠良，穷兵黩武，致使民怨沸腾。

誓师后，李渊与长子建成、次子世民挥师南下，先后破守霍邑（今山

西霍县）的隋鹰牙郎将宋老生，渡黄河，对守河东的隋将屈突通围而不攻。迅速向西南挺进。当时，隋炀帝远在江都（今江苏扬州），关内隋军力量薄弱；中原瓦岗军与王世充激战方酣，均无暇西顾。因此李氏父子进军神速，大业十三年（617）农历十一月间攻入长安。

李渊进入长安不久，就宣布遥尊隋炀帝为太上皇，拥立炀帝孙代王杨侑为帝，改元义宁，是为隋恭帝。恭帝晋封李渊为唐王、大丞相、尚书令，以李建成为唐王世子；李世民为京兆尹，改封秦国公；封李元吉为齐国公。

有去无回的第三次南巡

隋炀帝三巡江南，可第三次却是有去无回。隋炀帝第三次下扬州是在大业十二年（616）三月。在离宫之前，他曾赋诗一首："我梦江南好，征辽亦偶然。但存颜色在，离别只今年。"可见江南是让隋炀帝魂牵梦萦一生的地方。

隋炀帝三下江南之前，不得不重新赶造船队，因为杨玄感造反时，把大运河上的龙舟付之一炬。圣旨一下，在短短十个月时间里，江都的造船厂就打造出数千艘大船巨舰，而且规模比旧船队还要宏伟，可见当时中国造船工业的先进水平。

当时，有诸多大臣谏阻，可谏阻者不是被杖责，就是被处死，因为隋炀帝此时心中已有了打算：抛下北方，据守东南。临行前，没法与皇帝同往江都的嫔妃们痛哭流涕。

将洛阳托付给朝臣之后，隋炀帝带着皇室宗亲、后妃宫女、文臣武将以及僧尼道士浩浩荡荡地开始了第三次巡游江南之旅，也是他毕生最后一次下江南。到了江南之后，因为北方局势的变化，隋炀帝不得不滞留江都。

从隋炀帝大业十二年（616）九月来到江南，到大业十四年（618）三月被杀，他一共在江都待了一年零七个月。在他生命中的最后一段时光里，隋炀帝更是把享乐主义精神发挥得淋漓尽致。在此期间，江淮一带的官员纷纷借机讨好皇帝，进献礼品。当时的江都郡丞王世充进献了一面精致的铜镜和屏风，马上就被破格提拔为太守。皇帝亲自卖官鬻爵，可见当时的纲纪已经混乱到什么程度。眼看北方形势不断告急，隋炀帝索性不闻不问。当黄门侍郎裴矩向其汇报军情时，他也没有心思听，反而将其遣回京城接待外宾。

再后来，眼见江山不保，隋炀帝的末世情绪越来越强，更加沉醉于声色犬马之中。曾经满怀抱负的隋炀帝彻底成了一个在奢靡中沉醉的“昏君”。天下群雄打成了一锅粥，表哥李渊攻进长安，立代王杨侑做了大隋天子，炀帝自己“被”成太上皇。他不禁对镜自问：“好头颅谁当斫之？”他知道自己已经无力收复失地，重整朝纲，于是便命人在南京修建丹阳宫，想从此偏安江南一隅，安享晚年。不过，他的美好愿望最终还是破灭了。

当时，随从护驾的都是关中卫士，他们怀念家乡，纷纷逃归。这时，虎贲郎将元礼等，与直阁裴虔通共谋，利用卫士们思念家乡的怨愤情绪，推宇文述的儿子宇文化及为首，发动兵变，杨广闻变，仓皇换装，逃入西阁。被叛军裴虔通、元礼、马文举等逮获，杨广欲饮毒酒自尽，叛军不许，遂命令狐行达将其缢弑，时年五十岁。

可怜这位享尽荣华富贵的皇帝，死后连个像样的棺材也没有用上，由萧后和宫人拆床板做了一个小棺材，偷偷地葬在江都宫的流珠堂下。后

陈棱集众缟素，为杨广发丧，备仪卫，改葬于吴公台下，衰杖送丧，恸感行路。

杨广遇弑的消息传到洛阳，洛阳群臣拥立杨广之孙越王杨侗为帝，史称皇泰主，杨侗追谥杨广为明皇帝，庙号世祖，农民军领袖窦建德追谥杨广为闵皇帝，同年，李渊逼迫傀儡杨侑禅位，建立唐朝，追谥杨广为炀皇帝。不久，洛阳权臣王世充逼迫杨侗禅让，隋朝正式灭亡。

唐朝平定江南后，于贞观五年（631），以帝礼改葬炀帝于雷塘。

在传统史学家以道德为基准的评价体系中，隋炀帝是暴君、昏君。但为隋炀帝打抱不平的人从来都有，现代史学家们更是在尽力还原一个真实的杨广。简单地说，隋文帝废除九品中正制，开创了科举制，隋炀帝则进而发明了进士科，仅此一项功绩就足以笑傲古今了。大运河的开通方便了南北漕运、货物流通。隋炀帝修大运河确实有他的私心，但他对河道整体的建设有着科学的规划，耗费了大量的人力物力后，完成了曹操、桓温、刘裕等人的未竟之功。洛阳在几百年的衰败后再现辉煌。

正如学者袁刚所说：“隋炀帝区别于历史上诸多昏君的一个最大特点是，他不是一个只顾个人享乐而无所作为的君主，他想干好事干大事成圣王之业，想大有作为。但干好事的心太大，结果走向了反面，成为亡国之君。”杨广这位天才，用十几年的时间就掏空了大隋的血肉，但为李唐三百年天下留下了筋骨。

假如隋炀帝能在体恤民生的基础上，缓步推进自己的宏图远志，隋朝的历史轨迹或许会向着更加繁荣的方向发展。而今天，我们只有读着皮日休的一首诗来为隋炀帝惋惜了：

尽道隋亡为此河，至今千里赖通波。

若无水殿龙舟事，共禹论功不较多。

第二章　天下归一
——从此江山姓了李

唐统天下，主要功劳要归于李世民。李世民是中国历史上罕有的军事天才。十八岁就统率千军万马南征北战，鲜有败绩。只是由于后来当了皇帝，治国才能过于突出，后人往往津津乐道于“贞观之治”，而忘了他的赫赫武功。实际上，李世民不仅善于指挥军队，自己也是一员“百万军中取上将首级”的猛将。

军功卓著平阳昭公主

平阳昭公主是唐高祖李渊的第三个女儿，也是李渊正妻窦皇后所生。她的名字和出生日期在记录其事迹的《旧唐书》和《新唐书》中没有记载。平阳昭公主的夫君就是初唐名将柴绍。婚后，柴绍携妻定居长安城。

617 年 5 月，李渊秘密派人去河东和长安，召回儿子、女婿，做好即刻起兵的准备。历史从此将平阳昭公主卷入了峥嵘岁月之中。

平阳昭公主自幼有男儿气概，喜欢舞枪弄棒，后来虽然嫁为人妇，却一直没有生疏武艺。在操持家政之余，她常常喜欢练上两招，令家僮婢女们惊羡不已。她和丈夫柴绍举案齐眉的夫妻生活，也有不少是在切磋武艺和纵谈兵法之中度过的。对于随时变化的天下大势和父兄的举动，他们早已谈论过很多，并做好了思想上的准备。

这一天，平阳昭公主刚刚在花园里练完一路剑法，当她回到卧房准备擦去鬓角的汗水时，看见柴绍正在若有所思地踱着步子，神情既有些兴奋，又有几分顾虑和焦躁。于是忙问夫君发生了什么事情。

柴绍回答说：“你父亲将要起兵扫平乱世，我打算前去迎接他的义旗，一起离开不可行，我独自走后又害怕你有危险，到底应该怎么办呢？”平阳昭公主虽然心中不舍，但还是识大体地说道：“你应该赶紧离开，我是一个妇人，遇到危险容易躲藏起来，到那时自己会有办法的。”

于是，柴绍立即从小道直奔太原。而平阳昭公主则在后方进行各种安排。她很快动身回到鄠县（今陕西户县）的李氏庄园，女扮男装，自称李公子。

平阳昭公主到达鄠县之后，做的第一件事就是向家人下令：将庄园的粮库打开，赈济周围的灾民。这一举措正是她一路上思考的结果。平阳昭公主有着长远的眼光，她料定，父兄一旦在太原起事反抗隋炀帝，那么紧靠长安的鄠县李氏庄园必然会招致朝廷的报复。与其到时候束手就擒，不如早做准备。开仓济贫，可算是为流离失所的灾民尽一份心，行一回善，而且既能收买人心，制造声势，又可趁机招募流民纠集武装，从而保全家园，同时还能伺机响应父亲起兵。

开仓放粮的消息一经传开，到平阳昭公主庄园里就食的饥民络绎不绝。平阳昭公主以招收庄客的名义，从中挑选了一些年轻力壮的小伙子，组成了一支几百人的队伍。

平阳昭公主一面派人加紧打造兵器，一面亲自下校场操练军士。在教之以攻战进退之法和骑射搏杀之术的同时，平阳昭公主特别注意申明严格的纪律。她在军事方面的天赋此时初露峥嵘。很快，平阳昭公主打造了一支纪律严明、战斗力极强的队伍。

不久，李渊起兵的消息传到了关中。这边，平阳昭公主在鄠县也公开挑起了反隋的旗号响应。起事那天，平阳昭公主一身戎装，英姿飒爽。她历数了隋王朝的苛政暴行，号召人们追随她的父亲李渊，为推翻隋朝统治、恢复天下的太平而战斗。一时间，乡民们欢声雷动。

接下来，平阳昭公主开始四处联络反隋的义军。以其超人的胆略和才识，在三个多月的时间里，就招纳了四五支在江湖上已有相当规模的起义军。其中最大的一支就是胡商何潘仁，当时他手下有几万人。平阳昭公主派家僮马三宝前去游说何潘仁归降。不知道马三宝使了什么手段，实力远远超过平阳昭公主的何潘仁居然甘愿做平阳昭公主的手下。平阳昭公主收

编了何潘仁后又接连收编了李仲文、向善志、丘师利等义军，实力大增。

平阳昭公主令出必行，整支军队都对她肃然起敬。在那乱兵蜂起的年月里，这支军队得到了民众广泛的拥护。老百姓将平阳昭公主称为“李娘子”，将她的军队称为“娘子军”。娘子军威名远扬，很多人都千里投奔而来。在此期间，朝廷不断派兵攻打平阳昭公主。平阳昭公主在军事上的直觉与见地，堪称天才，隋将屈突通就曾经在她的手下连吃几场大败仗。她所率领的义军势如破竹，连续攻占了户县、周至、武功、始平等地。

617 年 9 月，李渊主力渡过黄河进入关中，这时他很高兴地看到他的三女儿已经为他在关中打下了一大片地盘。他派柴绍带了几百骑兵去迎接平阳昭公主。接下来，平阳昭公主挑选了一万多精兵与李世民会师渭河北岸，共同攻打长安。柴绍属于李世民的部下，与平阳昭公主平级。夫妻二人各领一军，各自有各自的幕府（指挥部）。11 月他们兵合一处，很快就攻克了长安。

攻克长安之后，平阳昭公主再次为大唐的江山立下功劳。因为李渊当时虽然拿下了长安，但是他只是大致控制了半个关中，他的四周都是敌人。稳定长安后，李渊就要立刻掉头对付各路军阀了。平阳昭公主这时的主要任务就是防守李家的大本营山西，她驻守的地方就是娘子关。娘子关位于今山西省平定县东北的绵山上，为出入山西的咽喉，原名苇泽关，因平阳昭公主率数万“娘子军”驻守于此才更名娘子关。山西是中原和关中地区的屏障，无山西则中原和关中不稳，平阳昭公主率军驻守娘子关，目的就是为了防止敌人从这里进入山西。

据说平阳昭公主率领娘子军驻守娘子关之后，凭借天险，修筑工事，严密布防，不给敌人可乘之机。一次，刘黑闼部大举进攻，平阳昭公主眼见敌人来势凶猛，一面向太原告急，一面指挥娘子军与居民严防死守。由于关内军队兵力不足，娘子关的情况十分危急。面对数倍于己的军队，平阳昭公主心急如焚，在城楼上焦急地踱着步子想着主意，同时极目远眺，等待着援军到来。忽然，她无意中看见远处田野上丰收在望的谷子，顿时急中生智，计上心来，于是，她下令城内军民立即收割、架锅、用新米熬制米汤，米汤熬好后，平阳昭公主又令部众乘夜色从关上全部倒入关前沟壑中。次日，娘子关前沟壑中米汤横溢，敌人哨兵发现后，疑为马尿，急忙报告主帅。主帅出帐观望，只见城楼上旌旗招展，军民喊声震天，战鼓擂动，便错误地判断唐军援兵已到，由于害怕中了埋伏，敌人最终不战而退。待得知此乃平阳昭公主的疑兵之计时，太原的援兵已到，他们只能望洋兴叹了。

长安之战后，平阳昭公主的事迹就不再见于史籍。直到 6 年之后的唐高祖武德六年（623）2 月初，史书上才突如其来地记了一笔她的死讯。而之所以会记上这一笔，还主要是由于她的葬礼与众不同，是以军礼下葬的："前后部羽葆鼓吹、大辂、麾幢、班剑四十人、虎贲甲卒"。当时礼官提意见说女人下葬用鼓吹与古礼制不合，李渊反驳他："鼓吹就是军乐，以前平阳昭公主总是亲临战场，身先士卒，擂鼓鸣金，参谋军务，从古到今何尝有过这样的女子？以军礼来葬公主，有什么不可以的？"于是特地破例以军礼下葬平阳昭公主，并且按照谥法所谓"明德有功曰'昭'"，谥平阳昭公主为"昭"。这就是后世称她为"平阳昭公主"的由来。平阳昭公主是中国封建史上唯一一个由军队为她举殡的女子。

关于平阳昭公主的死因，后世有两种猜测：一种可能性是在与突厥作战时身亡。当时中国内乱，北方军阀包括李渊在内都和突厥结盟。利用突厥攻击自己的敌人。突厥也不把结盟当一回事，经常入侵。山西正是突厥经常侵犯的地区。另一种可能性则是在消灭刘黑闼作战时身亡。622 年 11 月，李渊派李建成统兵讨伐刘黑闼，开始双方互有胜负。直到 12 月 25 日才将其彻底击溃。平阳公主驻守的娘子关就在前线，当然会率部参战。所

以死在此一役的可能性是很大的。如果死于此时，则其尸体运回长安差不多要半个月。由于是公主，下葬的准备工作也差不多半个月。则时间上也吻合。

李世民三棋平陇西

隋大业十三年（617），金城县（今兰州市）民众在中原各地反抗暴政义军蜂起的影响下，自发而起，攻据村、堡。县令郝瑗欲将其剿灭于初起之时，即招募数千人，由金城校尉薛举统率镇压。

薛举本是河东汾阴（今山西万荣西）人，其父薛汪，徙居兰州金城。薛举容貌魁梧雄壮，骁勇善射。其家钱财巨万，喜欢交结边地豪杰，称雄于北方边地。

当日，郝瑗分发铠甲，大集官民，置酒飨士，薛举和儿子薛仁杲及其徒党于座中劫持郝瑗，假称收捕谋反之人，随即起兵，囚禁郡县官员，开仓散粮以赈济贫乏。自称西秦霸王，建年号为秦兴，封薛仁杲为齐公，小儿子薛仁越为晋公。别处贼寇宗罗睺率其众归附，封为义兴公。继而招附群盗，劫掠官马。兵锋甚锐，所至之处城池皆被攻下。

隋将皇甫绾率兵一万人屯驻枹罕，薛举选精兵二千人前往袭击，与皇甫绾在赤岸相遇。战前风雨突至，起初薛举一方逆风，而皇甫绾不出击。不久反风吹向对方，天色又很昏暗，军中队伍不整，薛举骑乘甲马率先出击，皇甫绾兵队大败而逃，薛举乘势攻陷枹罕。岷山羌钟利俗率众两万人归降，薛举兵势大振。进封薛仁杲为齐王，授职东道行军元帅，宗罗睺为义兴王，以辅佐薛仁杲；薛仁越为晋王，兼领河州刺史。接着又略取鄯、廓二州之地。不过十天，尽据陇西之地，拥兵十三万人。

兵强马壮之后，薛举在兰州称帝，封妻子鞠氏为皇后，儿子薛仁杲为太子，尊母为皇太后。在其祖先墓地建置陵邑，立庙于城南，陈兵数万人，出巡扫墓，然后大飨士卒，派薛仁杲围攻秦州（即天水郡，治所在今甘肃天水）；薛仁越前往剑口，攻掠河池郡，被河池太守萧瑀击退。薛举又派遣部将常仲兴渡过黄河进击李轨，与李轨部将李赟战于昌松，常仲兴战败，全军陷没于李轨。薛仁杲攻克秦州，薛举便将都城从兰州迁至秦州。

随后，薛举派薛仁杲进犯扶风郡（治所在今陕西凤翔），汧源贼寇唐弼抵御，兵不能前进。起初，唐弼拥立李弘芝为天子，号称拥兵十万。薛举派遣使者诏谕唐弼，唐弼杀害李弘芝依附薛举。薛仁杲趁唐弼不备，袭破其军，尽收其众，唐弼仅率数百名骑兵逃走。薛举军势益盛，号称有二十万之众，筹划攻取长安。时逢李渊拥立隋朝代王杨侑为隋帝，入据长安。薛举便留兵攻打扶风，李渊派遣李世民率军击讨薛仁杲，双方接战，薛仁杲大败，唐军斩获薛仁杲军数千首级，薛仁杲撤回陇右，唐军追击至陇坻而还。

薛举畏惧李世民，便越陇逃走，问其属下说："古时有投降的天子吗？"黄门侍郎褚亮说："从前赵佗以南粤归降汉朝，蜀汉刘禅也出仕晋朝，近代萧琮，其家族至今仍在，转祸为福，自古皆有。"已归附薛举做了卫尉卿的郝瑗则说："褚亮这话说得不对。从前汉高祖兵马屡败，蜀先主曾亡失妻小。作战本来就有胜负，怎能因一战不胜就言亡国之计呢？"薛举听了，也后悔自己所说的话，便说："不过是试试各位而已。"接着重赏郝瑗，用他做谋主。郝瑗建议与梁师都连兵，送厚礼给突厥，合兵并

力，东逼京师。薛举接受此议，与突厥莫贺咄设共犯京师。适逢都水监宇文歆出使突厥，劝说莫贺咄设停止出兵，因此薛举的计划未能成功。

李渊称帝后，派丰州总管张长逊进击宗罗睺，薛举率全部兵力前往救援并进击泾州，屯驻于析墌（今甘肃泾川县东）城，派出游军劫掠岐州、豳州。唐朝以李世民为元帅率军予以抗击，进驻于高墌（陕西长武北）城，李世民认为薛举军粮少，急于速战速决，于是决定守城不战，以拖垮他们。时逢李世民生病，卧床不出，而薛举多次挑战。

李世民的部将行军长史刘文静与殷开山示兵于高墌，倚仗人多而未设防范，薛举诱使唐军出战时进行突然袭击，最后将唐军击败，唐军死者达十分之六，并俘唐朝大将慕容罗睺、李安远、刘弘基等。李世民见大势已去，领军逃回长安，薛举于是夺取高墌城。八月，薛举命薛仁杲进逼宁州（今甘肃宁县），郝瑗设谋说："现在唐兵刚被击破，将士多被擒获，人心动摇，可乘胜直取长安。"薛举表示同意，将出兵时生病，征召巫师看视，巫师说是唐兵作祟，薛举恶闻此事，不久就去世了。其子薛仁杲继立，谥薛举为武皇帝，未及安葬，薛仁杲就被唐军灭了。

薛仁杲做太子时，和大多数的将领都有矛盾；等到即位后，众人心里疑忌不安。薛举去世，郝瑗伤心过度而患病，并且一病不起，薛氏的势力也从此逐渐衰落。

薛举刚死，李渊就任命秦王李世民为元帅，征讨薛仁杲。

其时，骠骑将军刘感镇守泾州（今甘肃泾川北），薛仁杲包围了泾州。泾州城中粮食吃光了，刘感把自己骑的马杀了分给将士们，自己没有吃一点肉，只用煮马骨的汤拌了木屑吃。城池几次濒临陷落；恰好长平王李叔良带兵至泾州，薛仁杲于是扬言粮食吃完了，带兵向南而去。随后，薛仁杲又派高墌人假装以城池投降唐朝。李叔良派遣刘感率部下奔赴高墌。刘感到高墌城下，高墌城里的人说："贼已经走了，可以翻城墙进城。"刘感下令烧高墌城门，城上人倒水浇下来，刘感知道城里人是诈降，让步兵先回师，自己带领精兵走在最后。一会儿，城上点燃三座烽火，薛仁杲的军队从南原大批涌来，与刘感军在百里细川交战，唐军大败，刘感被薛仁杲抓获。薛仁杲又包围了泾州，命令刘感向城中喊话说："援军已经被打败了，不如尽快投降。"刘感答应了，到城下却大声喊道："反贼没粮食挨饿，很快就要灭亡了，秦王率领几十万军队从四面赶来，城里的人不要担心，努力守城！"薛仁杲很是恼火，捉住刘感，在城旁把刘感活埋到膝盖，骑马跑着用箭射刘感，一直到死，刘感声音越来越高、态度越来越愤怒。李叔良环城坚守，仅能保全自己，无力援救刘感。

武德元年（618）十一月，李世民到达高墌。

李世民一到高墌，便深挖壕沟，高筑城墙，实施一心防御、避免野战的战略方针。这是李世民吸取了上一次战败的教训后下出的第一步棋。要知道秦军的骑兵占绝对优势，野战方面唐军不是对手。何况唐军当新败之余，士气沮丧，气势上就被连连获胜的秦军压倒了一层，还没开打已经输了一半。进攻高墌的秦军由宗罗睺统领，气焰嚣张，三天两头到高墌城门前叫阵，要引唐军出战。许多按捺不住的唐军将领主动请战，都被李世民制止。李世民三令五申："敢言战者斩！"总算让唐军上下统一了认识，宗罗睺再怎么派人叫骂，也不能引诱唐军出战了。

就这样，两军相持了两个多月。秦军的战斗豪情逐渐变成了屡攻不下的烦躁和焦虑，而唐军由于久不出战，憋的一股窝囊气也变成了越来越强劲的作战欲望。秦军长于野战而短于攻城，李世民卡在这里正好堵住了前往关中的要道，即使绕道而行也不免被唐军切断退路，逐渐陷入进退维谷的境地。军粮将近吃完，后方的补给又跟不上，秦军上下越来越惶恐不安。不久，可能由于内部的倾轧，秦军将领凉胡郎、翟长孙等人率部归降，薛仁杲的妹夫钟俱仇也以河州（今甘肃临夏）一带归唐。秦军此时内

外交困，对策似乎只有撤军一途了。

此时李世民抓住了战机，走出了第二步棋。他分兵一支给行军总管梁实，命他率部在城南的浅水原上扎营。于是梁实在浅水原的险要处安营扎寨，做出准备野战的姿态。宗罗睺几乎已经要撤军，看到唐军终于“按捺不住”出城，顿时大为振奋。要知道，只要在野战中消灭唐军，就可以扭转这段日子以来的不利局面，清除东进关中的障碍。宗罗睺大喜之下，聚集全军精锐，一起由西向东进攻梁实的营垒。

梁实虽然出了城，战术上仍然严防死守。他凭借地形的优势据险安营，甘做缩头乌龟，决不出战。但野外的营寨毕竟比一座城池容易攻打得多。宗罗睺命令军队日夜不停围攻梁实营，梁实军中很快就断了水，人马好几天都没有水喝，逐渐难以支持。宗罗睺看出便宜，进一步加紧了围攻。秦军上下像一根绷紧的弦一样，日夜不停地运转起来。

但梁实也只是李世民谋算中的第二步棋。十一月七日，李世民下出了第三步棋：趁秦军精力消耗之际，派右武侯大将军庞玉率部赴援。庞玉并没有直接开赴梁实的营垒去解围，而遥遥地在浅水原南部摆开了战阵，隐然与梁实部形成了犄角之势，以夹击宗罗睺的秦军。

秦军的战斗力还没有耗尽，当发现在自己南面又有一支唐军出现时，宗罗睺便命四面围攻梁实部的秦军重新并在一起，转向南面，对庞玉军展开了大举进攻。秦军的机动骑兵快速集结起来，向南面推进。庞玉刚刚在浅水原上布好阵势，就发现自己面对的是整支秦军的主力。这支军队尽管已经初显疲态，却仍然不失其战斗力。隆隆马蹄声中，秦军铺天盖地而来，庞玉所率的唐军结成防御阵形，但却像脆弱的沙袋一样，难以抵御秦军骑兵潮水一般的攻势，几乎支持不住。

如果李世民只有这三步棋可以走，恐怕最终仍不免要落败。但李世民还有第四步棋，也是最终“将军”的一步，前三步棋实质上都是为这第四步服务的：他亲率两千名骑兵，打开城门，一马当先冲了出去。

原来当宗罗睺攻城之时，秦军当然是直接面向城门；而当梁实在原上安营扎寨之时，秦军被吸引向东方，久攻不下之后，南面又出现了庞玉部，于是秦军又转而向南，这样，秦军一步步形成背对高墌城南门的局面，因此李世民得以利用这一契机，从背后直捣秦军软肋。秦军经过两个多月的僵持和好几天的强攻之后，已经是强弩之末，机动性和战斗力都已经大打折扣，而唐军的主力骑兵这时才刚刚出动。在李世民的精心策划下，两军优劣之势倒转了。

此时秦军距离高墌城已远，由于思维定式，看到唐军从头到尾一味防御，根本没有想到唐军会突然从背后进攻。唐军骑兵快速穿过空旷的原野，出现在秦军背后，秦军毫无防备，被吓了一跳。宗罗睺的反应还算及时，很快便命秦军调转马头迎战，依然是气势汹汹。李世民当机立断，率数十精骑冲入秦军阵中冲杀，先声夺人，最终在气势上压倒了秦军。看到主将的英勇，唐军大受鼓舞，史称“表里奋击，呼声动地”，配合李世民的攻势，庞玉、梁实各部从各个方向发动反攻。秦军东西南北乱战了好几天，早已士气低落，此时再也扛不住唐军的狂攻猛击，陷入了彻底的崩溃，主将宗罗睺狼狈逃向折墌城，许多骑兵也快马加鞭，向陇西老家溃逃。后来唐朝专门有《秦王破阵乐》的舞蹈，表现李世民亲自披挂杀敌的英姿，据说“左圆右方，先偏后伍，交错屈伸，以象鱼丽、鹅鹳”，可惜此舞早已失传，后人唯有凭空想象而已。

经此一役，薛仁杲被迫于十一月初八率兵万余出降。唐平定陇西，消除西顾之忧，保障了关中安全。唐军平定陇西。李世民把薛仁杲押送到长安，在长安城的闹市将薛仁杲及其党徒数十人斩首。

李密的无常与瓦岗的败亡

瓦岗寨是隋末最早起事者之一。瓦岗紧临黄河，因为黄河多次泛滥，使这里沙丘起伏，草木丛生，芦苇遍地，人烟稀少，既便于隐藏更便于出击。此外，瓦岗北与黄河的白马渡口临近，南与通济渠相望，进退方便，易于攻守，堪称军事战略要地。

翟让原是东都的法曹，犯法被定了死罪，得狱吏黄君汉舍身相救，脱出大牢。翟让跑出去以后，带着哥哥翟弘、侄儿摩侯等人，连夜赶到瓦岗寨。翟让到瓦岗后，众推为首，立即安营扎寨揭竿而起。周围数十里的农民听说瓦岗农民造反，纷纷起义，参加义军。曹州济隆人单雄信，卫南人徐懋功，在内黄潭头村起义的王伯当等，也先后投奔瓦岗。起义人员渐多，便组合成队伍，名曰“瓦岗军”。

瓦岗军以反抗隋朝的无期徭役、苛捐杂税和拯救饥民、推翻隋王朝为宗旨，深得民众拥护。当时，农民唱着“扶着爹、搀着娘、携着儿女去瓦岗，瓦岗寨上吃义粮”的歌谣，前来瓦岗参加义军。在很短时间内，瓦岗军发展到一万人。义军不断出击，英勇无比，农民歌颂他们道：“手执钺斧赛车轮，杀死杨广救穷人。”

瓦岗军的发展壮大，震惊了隋王朝。615 年，隋王朝急命张须陀为河南道十二郡黜陟讨捕使率兵两万余人前往镇压，一个多月，同瓦岗军打了大小三十余仗。纵然双方力量众寡悬殊，但瓦岗军在翟让的领导下，和当地民众团结一致，浴血奋战，坚持斗争，终于击退隋军的多次进攻，保住了大本营——瓦岗寨。

616 年，贵族出身的李密投靠瓦岗军。

李密早期曾在隋朝东宫当差，却因为喜欢探头探脑乱看被隋炀帝赶跑。杨广对李密的评价是——“此儿顾盼不常，无入卫”。意思是：这个人总是左顾右盼，不怀好意，不能让他待在宫中。虽说杨广是个昏君，可对李密的评价倒是一针见血、相当到位。

李密具有战略眼光，向翟让建议：先取荥阳，在馆谷休整部队，待士马肥充，然后与人争利。翟让深以为然，率瓦岗军挥师西征。单雄信带领两千精兵，绕道插入荥阳西部，切断东都洛阳与荥阳联系的咽喉；翟让率大队人马破金堤关（今荥阳东北），继而拿下数座县城。荥阳太守杨庆急忙向隋炀帝请求救兵。隋炀帝又命张须陀前往镇压。翟让、李密、徐懋功、王伯当带领精兵，诱敌于荥阳大海寺背面树林里，一举歼灭隋军两万多人，张须陀被挑于马下而毙命，其余残兵败将吓得昼夜号哭，数日不止。瓦岗军威名大振。接着，李密用奇计夺取兴洛仓（也叫洛口仓，在巩县东，创建于大业二年，方圆二十余里，内有 3000 窖，每窖可储 8000 担粮食，是隋王朝最大的粮仓）。义军夺仓后，开仓放粮，赈济饥民。这时，瓦岗军增到十万多人。山东宿城令祖郡彦率众投奔瓦岗军，他所起草讨伐杨广的檄文，历数了杨广的十大罪状，激励了义军反隋的斗志。留守洛阳的越王杨侗，气急败坏，马上派虎贲郎将刘长恭带领两万人马前往镇压，结果在巩县东南石子河畔被歼多半，余众溃散，刘长恭落荒而逃。虎牢关守将裴仁基，看到形势大变，便率了行俨及部将秦叔宝（秦琼）、罗士信等全部人马投奔瓦岗军。义军还先后烧毁东都的天津桥、丰都市，夺取回洛仓。从此瓦岗军成为农民起义军的一面旗帜。

由于李密在屡次作战中所发挥的作用较大，在瓦岗军中的声威大振。

翟让自觉不如李密，于是翟让推李密为瓦岗军首领，上尊号为“魏公”。李密则任翟让为司徒。

不久，隋炀帝派王世充带领官兵十万余人，对瓦岗军进行镇压。他们在东都附近与瓦岗军相持百余日，于黑石关、石子河、回洛仓等处交战六十余次，隋军节节败退。武阳（今大名县东）郡丞元宝带幕客魏征等人投瓦岗军。东阿（今山东省阿城镇）人程咬金看到隋王朝大势已去，也投奔瓦岗军。秋后，徐懋功在黎阳会集河北、山东义军，一举攻破黎阳仓（今浚县西南三十余里的童山脚下），开仓放粮，一旬之间得兵二十余万。

就在形势一片大好的时候，瓦岗军却发生了内讧。和所有的内讧一样，贪婪和猜忌是罪魁祸首。看到形势大好、前途无量，瓦岗军的首领很有可能在不远的将来成为皇帝，翟让的一些亲友和下属开始有点不甘心了。部将王儒信劝翟让自己当大冢宰（百官之长，相当于宰相），管理所有的事务，把让给李密的权力夺回来。

翟让虽然文化不行，却是个豁达大度的人，他知道自己的才干比不上李密，压根没听王儒信的馊主意。

翟让、翟让，单听这个名字就知道人家是个懂得谦让的人，说什么也不会干分裂革命队伍的事情的。

翟让的哥哥翟弘是个大老粗，而且脑子有点不太好使，这时候也跑过来添乱，他对翟让说：“兄弟，天子你可要自己当啊，怎么能让给别人呢！你要是不当，我可就当了啊！”翟让听了之后哈哈大笑，也没怎么当回事儿，李密听说了却很恼火。

翟让虽然具有很多优点，但毕竟不是神仙，他也有不少缺点，比如贪财、鲁莽，其实真正要命的并不是这些缺点，而是权力，他一天不死，李密的权力就随时可能被他拿回去。最起码，李密是这样想的。

当时有个隋朝的官员崔世枢来投奔李密，却被翟让抓住关了起来。翟让的要求很简单：把你的金银细软全部交出来就行了，不给就动刑。

有一次，翟让喊元帅府记室（其实就是李密的秘书）邢义期赌博，邢义期因为去晚了，被翟让打了八十杖。

翟让还曾经向左长史（李密的秘书长）房彦藻说："你上次攻破汝南，得到了不少金银财宝全部都给魏公（李密）了，一点都不给我！要知道魏公是我一手推立的，还不知道以后怎么样呢。"房彦藻很害怕，就找到李密说："翟让刚愎贪婪，有无君之心，应早图之。"

617 年 11 月 11 日，翟让应邀带着兄长翟弘、侄子翟摩侯到李密那里喝酒，李密与翟让、翟弘、裴仁基、郝孝德等人一起喝酒。翟让的心腹猛将单雄信、大将徐世勣等人站在身后护卫，房彦藻、郑颋来来回回地查看。

李密说："今天我跟几位高官喝酒，不需要这么多人，只留下几个使唤的人就行了。"

李密的心腹们都离开了，翟让的心腹还都留在那里。

房彦藻说："今天大家在一起是为了喝酒取乐，天这么冷，司徒（翟让的官衔）的随从人员也喝点酒、吃点饭吧。"

李密说："一切听司徒安排。"

翟让想也不想，就说："很好。"于是他让随从人都出去喝酒吃饭去了，只有李密手下的蔡建德拿着刀站在一旁。在开饭之前，李密拿出了一张很好的弓给翟让看，翟让刚刚把弓拉满，蔡建德从翟让身后砍了翟让一刀，翟让倒在了血泊中。

一个胸怀坦荡的领袖死于阴谋，一个关于权力的阴谋。

接着，翟弘、翟摩侯、王儒信都被杀了。徐世勣想跑，结果被守门的士兵砍伤了脖子，幸亏被王伯当及时制止。单雄信跪下来磕头哀求，李密没有杀他。

翟让其他的手下很震惊，不知道该怎么办。这时候李密发挥了他的口才优势，他说："我与各位一起兴起义兵，是为了除暴安良。司徒却独断专行、贪婪暴虐、凌辱同僚、对上无礼。现在只杀他一家人，请你们不要干涉。"

为了安抚翟让的手下，李密让人把徐世勣扶到自己的营帐里，亲手为他包扎伤口。听说翟让的部队想散伙，李密就让单雄信前去慰问，随后李密又独自一个人骑着马进入翟让的军营去稳定军心，让徐世勣、单雄信、王伯当分别统领一部分原来属于翟让的部队，于是瓦岗军又恢复了安定。

李密灭翟让、击败王世充后，乘势取了偃师，建筑了金墉城，聚众三十余万。这是瓦岗寨的全盛时期，也是李密个人最辉煌的时期。"东至海、岱，南至江、淮，郡县莫不遣使归密。"窦建德、朱粲、杨士林、孟海公、徐圆朗、卢祖尚、周法明等诸雄，纷纷遣使送来劝进表，请李密黄袍加身。他的部下也群情涌动，要他早登九五。然此时的李密还算明智，以东都尚未攻下为由，拒绝了。

李密不是不想当皇帝，而是认为时机还没成熟。他眼下的目标，只是当天下讨隋的盟主。他认定要当成这个盟主，首先须得到李渊的承认，于是致书李渊，请合纵灭隋。时李渊力量不及李密，且专意经营关中，正需要李密为他阻挡关外的隋军，遂卑辞赞许，以骄李密之态。李密得回信大喜，说："唐公推奖，天下不足定矣！"

正在此时，政局突变，宇文化及在江都用练巾勒死隋炀帝，立秦王浩为傀儡皇帝，自率十万大军北上，消息传到东都洛阳，被称为"七贵"的大臣们（段达、王世充、元文都、韦津、皇甫无逸、卢楚、郭文懿和赵长文）拥立留守洛阳的越王杨侗即位，改元皇泰。杨侗采纳了内史令元文都之策，授予李密太尉等高官厚禄，令其率瓦岗军征讨宇文化及。李密投降隋皇泰主，使瓦岗军丧失了反隋的斗争大方向，涣散了斗志。7 月，李密按照杨侗旨意，带领精兵在卫州童山（今河南浚县西南）大战宇文化及。李密被流矢射伤落马，左右奔散，在追兵正要赶到的危急时刻，被部将秦叔宝救回，并组织部队稳住了败局反取小胜。宇文化及部下万余人投降，迫使宇文化及改变了行军路线，率残部两万人北上。李密按皇泰主的许诺准备入朝领赏，部队行至温县（今河南温县东），王世充已在东都发动宫廷政变，独揽大权。李密发觉自己入主洛阳的美梦被打破，只得回驻金墉城。童山之战，瓦岗军劲卒良马多死，士卒疲病，李密自己也险些丧命。从战略上讲，瓦岗军是得不偿失。

随后，王世充乘瓦岗军元气大伤，尚未休整之机，选精兵两万余人，兵至偃师，屯军通济渠南，作三桥于渠上，伺机与义军一决雌雄。

此时的李密骄傲自满，不再体恤将士，府库中没有什么积蓄，甚至打了胜仗之后李密都不把战利品分给将士们，使得瓦岗军将领离心离德。贾闰甫、徐世勣等人数度相劝，遭到李密的疏远；李密反而对贪财的邴元真言听计从。

618年（唐武德元年），王世充乘势袭击瓦岗军，败瓦岗军数员骁将。李密得知后命王伯当据守金墉城，邴元真守洛口仓城，亲率精兵到偃师迎战。裴仁基建议李密偷袭东都，但李密不听。王世充强渡洛河，双方大战于邙山脚下，王世充大破李密。瓦岗军的裴仁基、祖君彦、程知节等被王世充所擒，邴元真、单雄信等人久不满李密，相继投降王世充。瓦岗军遭到重创，李密东逃虎牢关，王伯当退守河阳。随后李密来到河阳（今河南孟县南），企图南阻河，北守太行，东连黎阳，卷土重来，但部属士气不振，李密无计可施，率两万义军入关中，向唐高祖李渊投降。当年瓦岗军的战将秦叔宝、徐懋功、罗士信、程咬金等也都先后降唐。就这样，这支在推翻隋王朝过程中起过决定性作用的瓦岗农民义军，经过八年的浴血奋战，最后分崩离析，彻底瓦解了。

李密归唐，李渊大喜，拜李密为光禄卿，封邢国公，还将表妹独孤氏嫁给了李密，称呼李密为弟。但李密不甘居于人下，对自己的处境非常不满。

同年年底，李渊派李密去黎阳安抚昔日的部众，左武卫将军王伯当随同前往。李密率部东行至稠桑驿的时候，李渊突然反悔将其召回，李密大为恐惧，决定叛乱。王伯当试图劝阻，但李密不听。李密率部袭破邻近的桃林县（今河南三门峡市西南），掠夺畜产向南进入熊耳山，前往襄城（今河南省汝州市）投奔旧将张善相。

李密的所作所为被熊州副将盛彦师得知，盛彦师率兵埋伏在陆浑县南邢公岘，腊月三十（即619年1月20日），李密率部经过，被盛彦师全部杀死，传首长安。李渊派人将李密首级送往黎阳招抚其余部。徐世勣献黎阳投降，请求收葬李密的尸首，得到李渊的允许。随后徐世勣将李密葬于黎阳山西南五里处，坟高七仞。

有民间传说，李密叛唐后，在唐军的追击之下，逃往河南景阳（今睢县金锁岭），因此睢县有“李密坐景阳”的传说。李密在此被唐兵战败以后，还想和唐兵决一死战，和王伯当商量说：“我听说距此地不远有一座恒山，我们不如撤往那里，依据天险之势，还可以赢回几仗。”二人带兵向西北走了十来里地，来到恒山之前，看到的只是一个大土岗，根本不是心中想象的大石头山。后边唐兵越追越近，杀声连天。李密再也无处可逃，于是仰天长叹：“天灭我于此地也！”二人无奈拼命冲杀，怎奈势单力薄，李密中箭身亡，其最信任的爱将王伯当翻身下马伏于李密身上也被乱箭射死。李密、王伯当身亡之后，忽然刮来一阵狂风，飞沙满天，很快将两人的尸体覆盖，沙土堆积成了两个坟丘。这就是：“李密误走恒山，旋风把坟来添。”

挥师平定刘武周

刘武周是农家子弟，家道颇为富足。只是他自幼不喜欢读书，专一好武，终日里耍枪弄棍。他父亲见状，打消了让儿子参加科举做官光宗耀祖的念头，请来名师严加指点。由于他勤学苦练，倒也练出了一身好武艺。但几次武科考，都名落孙山。

后来，刘家家境败落，遂迁往山西，定居马邑（今朔县一带）。刘武周跟强横任侠之徒交往密切。他的哥哥刘山伯每每警告他说："你不加选择地交朋结友，最终会犯灭族大罪的。"以长兄身份，刘山伯常常对这个桀骜不驯的老弟施以拳脚。

忍受不了家兄"高压"，刘武周跑至隋将杨义臣帐下从军，在隋炀帝征辽战争期间以军功授建节校尉，衣锦还乡。

河间太守王仁恭爱其材武，以他为亲军卫队长。期间，刘武周乘机与王仁恭侍女私通。由于害怕事泄被杀，加之见天下已乱，刘武周便在州郡内扬言王太守关闭粮仓，不恤饥民，并假装有病，回家观变。老家的强横凶顽之徒前来问候，于是杀牛打酒大吃大喝，席间刘武周怂恿道："造反才能像这样生活，英雄好汉就要坚守志向，一起死在溪谷山沟也在所不辞。如今仓库里堆积的粟米都要烂了，谁敢跟我去拿来？"这班人都赞同响应。于是刘武周同张万岁、杨伏念、苑君璋、尉迟恭等十多人瞅准王仁恭正在处理公务，刘武周佯装禀告事务，张万岁从背后溜进来，在郡厅斩

杀了王仁恭，拿着他的首级到郡城巡行展示，没有人敢动上一动。之后开仓放粮救济贫苦百姓，号召附近各县人民叛乱，叛军很快发展到万人以上。众人推举刘武周为太守，并派人联络突厥。雁门守将陈孝义被这骤然而起的变乱搞得手足无措，遂与王智辩合围刘武周于桑干镇（今山阴县南），突厥派兵增援，大败隋军。王智辩兵败身亡，陈孝义逃回雁门后被杀。紧接着，刘武周攻破楼烦，进据汾阳宫，旋即又占领定襄郡，大大地扩展了地盘。之后，刘武周返回马邑，受突厥之命，自称皇帝，定年号为天兴，封其妻沮氏为皇后，杨伏念为宰相，妹夫苑君璋为内史令。

不久，河北上谷（今易县）义军领袖宋金刚率军四千投奔刘武周，被封为宋王，委以军事。刘武周接受宋金刚“入图晋阳（今山西太原），南向以争天下”的建议，率兵两万南侵并州（治所晋阳），四月，其联合突厥，驻扎黄蛇岭（今山西榆次北），兵锋甚盛。并州总管、齐王李元吉派车骑将军张达率步卒抵御，全军覆没。刘武周接连攻破榆次、平遥、介州（今山西介休）。李渊派遣太常少卿李仲文为行营总管，与左卫大将军姜宝谊率兵救援并州，被刘武周的将领黄子英击败于雀鼠谷（在今山西介休境）。李渊又派右仆射裴寂为晋州道（今山西临汾）行军总管，督军抗击刘武周。裴寂至介休，宋金刚据城拒之，双方战于索原度（在介休介山下），唐军全军溃败，裴寂只身逃回晋州。刘武周势如破竹，进逼晋阳；李元吉连夜携其妻妾弃州奔还长安。刘武周在旦夕之间占据了李唐王朝的发祥地晋阳。随后，刘武周又派遣宋金刚南下攻陷晋州，进逼绛州（今山西新绛），占据龙门（今山西河津），攻占浍州（今山西翼城）。与此同时，夏县吕崇茂起义，自号魏王，与刘武周相呼应；隋朝旧将王行本据蒲坂（今山西永济北），与宋金刚相联合。至此，山西大部尽归刘武周统辖，唐在黄河东岸只剩晋西南一隅之地，关中大震，李渊惊惶失措，颁发了“贼势如此，难与争锋，宜弃大河以东谨守关西而已”的手敕。

李世民却富有远见地指出："太原，王业所基，国之根本；河东富实，京邑所资。若举而弃之，臣窃愤恨。"并主动请缨，亲率三万精兵，平刘武周以克复太原。李渊斟酌再三，终于同意了李世民的意见，尽发关中之军，令李世民统率前往讨伐刘武周。唐军乘坚冰由龙门方向渡过黄河，屯军柏壁（今山西新绛西南），与浍州宋金刚主力对峙，柏壁之战遂拉开序幕。

李世民屯军柏壁后，休兵秣马，坚壁不战，察敌待机。与此同时，唐高祖遣永安王李孝基等攻打夏县的吕崇茂，吕崇茂不敌，向宋金刚求援，宋金刚派尉迟敬德、寻相前往救援，结果大败唐军。但当尉迟敬德等回军浍州时，李世民瞅准机会，令兵部尚书殷开山、总管秦叔宝等至美良川（今山西夏县北）拦击，获得重大胜利，杀敌两千余人。不久，敬德、寻相等又秘密率领精骑东援蒲坂之王行本，李世民侦知后，亲率步骑三千人抄近道夜奔安邑（今山西运城东北）截击，大破之，敬德、寻相仅以身免。于是唐军士气大振，诸将都请求与宋军决战，但李世民冷静地分析了情况，认为时机还不成熟。他对众将说："金刚悬军深入，精兵猛将，咸聚于是，武周据太原，依金刚为扞蔽，军无蓄积，以掳掠为资，利在速战。我闭营养锐以挫其锋，分兵冲其心腹，彼粮尽计穷，自当遁走。当待此机，未宜速战。"于是，他继续执行疲敝敌军，釜底抽薪的计划。派左行军总管刘弘基，行军侧总管张论率兵进逼西河，断宋金刚的粮道。武德三年正月，唐将秦武通攻蒲坂，王行本不敌出降。二、三月间，刘武周数次派兵攻潞州（今山西长治）、浩州（西河郡改州）均告失败。其护卫粮道的黄子英亦为唐骠骑大将军张德政袭杀，张难堡（今山西平遥西南）被唐军占领。至此刘军南运粮道为之断绝，战略态势对唐军更为有利。

四月十四日，宋金刚终因粮尽兵困，被迫率军北撤。李世民见时机已经成熟，遂挥军乘势追击，至吕州（今山西霍县），"吃掉"寻相所部，马

不停蹄，又乘胜再追。一昼夜行军两百余里，战数十次，士卒们饥饿疲劳到了极点。至高壁岭（今山西灵石西南），刘弘基拉住李世民的马辔进谏道："大王破贼，逐北至此，功已足矣，深入不已，不爱身乎？且士卒饥疲，宜留壁于此，俟兵粮毕集，然后复进，未晚也。"李世民认为机不可失，依然策马而进，率领诸军奋进。终于在雀鼠谷（今山西介休西南）追上宋军主力，一天中八战皆捷，俘斩敌数万人。至此，李世民和众将士不食已经两天，不解甲已经三天了。宋金刚率余部两万人退守介休，稳住阵脚，出西门，背城列阵，南北七里。李世民令总管李勣、程知节、秦叔宝攻其北端，翟长孙、秦武周攻其南端。既战，唐军先稍事退却，待宋金刚正面进攻时，李世民又率精骑出其阵后攻击，终于大败金刚军，其部将尉迟敬德、寻相、张万岁等人收余众举介休、永安（今灵石东）降唐。刘武周见大势已去，遂弃太原与宋金刚逃奔突厥，不久，因欲谋归马邑，事情泄露，被突厥杀死。

擒杀河北窦建德

窦建德年轻时当过里长，因为触犯刑法逃了出去，碰到朝廷大赦才又回家。他的父亲去世，送葬者有一千多人，不过凡是有人送礼，他都一概辞谢而不接受。

隋炀帝招兵征讨高丽，郡里挑选勇敢优异的人当小帅，窦建德因为名望成为二百人长。当时山东发大水，百姓大多逃荒去了，同县有个孙安祖，房屋财产被洪水冲走，老婆孩子饿死了。县里看上孙安祖骁勇，也把他选进了队伍。孙安祖以家庭贫穷为理由不愿入伍，向县令当面申说，县令大发脾气狠狠打他，孙安祖杀死县令，投奔窦建德，窦建德将其收留。

这一年，山东大闹饥荒，窦建德对孙安祖说："文帝在位时，天下富裕兴旺，派出百万人马征讨辽东，尚且被高丽打败。今年发生水灾，百姓贫困，但皇上不体恤民情，要亲自到辽东督战，加上往年西征，损伤的元气还没有恢复，百姓疲劳困乏，连年征战，长年在外的人不能回家，如今又要出兵，容易酿成动乱。男子汉大丈夫只要不死，就该建功立业，怎能去当仓皇逃跑的俘虏啊。我熟悉高鸡泊方圆几百里，湖沼上的蒲草又密又深，你可以到那里去隐藏起来，找机会出来抢劫，足够生活、积蓄，拉起人马以后，等待时局动荡，必会干出一番惊天动地的大事业。"孙安祖赞同他的计划。窦建德招集引诱逃避征兵和没有家产的，得到了几百人，让孙安祖带领，进高鸡泊当草寇，孙安祖自称将军。

当时，往来于漳南县境的各股盗匪，沿路屠杀抢劫当地百姓，焚烧房屋，唯独不到窦建德的家乡骚扰。因此郡里县里料定窦建德跟盗匪们相互勾结，就拘捕了他的家属，不论老少都杀掉了。窦建德听到他全家已被杀光，率领他手下的两百人逃跑投靠了高士达。高士达自称东海公，任命窦建德为司兵。后来孙安祖被张金称杀掉，他的几千名士卒又全部投奔窦建德。从此他的队伍逐渐壮大，发展到一万多人。

先前隋朝几次派兵围剿，都被窦建德打败。后有一次，高士达不听窦建德劝阻，贸然迎敌，大败，高士达亦为隋将杨义臣所杀，窦建德收拾其残部几百人，遁走饶阳县，见没有防备，将其打下，安抚城里的士民百姓，很多人愿意跟随他，又有了三千多人马。

杨义臣杀掉高士达后，志得意满，认为打败窦建德只是时间早晚的问题。窦建德却乘其不备返回平原县，收殓跟随高士达战死者的遗体，都掩

埋好，还为高士达举行葬礼，全军穿起白色的丧服。又招集逃散的士卒，得到几千人，军队又振奋起来，窦建德开始自称将军。当初，各路反隋义军捉到隋朝的官吏和当地士绅全都杀掉，唯独窦建德捉到他们，一定以礼相待。于是饶阳县长官宋正本来投，窦建德以贵客之礼相待，跟他商讨大计方针。此后隋朝郡县的长官逐渐献城投降，窦家军气势更加兴旺，拥精兵强将十多万人。

618 年冬至，窦建德在金城宫聚会文武官员，有五只大鸟降落在乐寿城，几万只鸟雀跟着飞来，整整过了一天才飞走，因此改取年号为五凤。有一个宗城人进献一枚玄珪（黑色玉），景城丞孔德绍说：“古时夏禹亲受符命，上天赐给玄珪。现在吉兆跟夏禹一样，应当称为夏国。”窦建德听从了这个建议。在这之前，上谷郡的贼军统帅王须拔自称漫天王，聚集几万人马，进犯幽州，中箭而死，副将魏刀儿接替统率这支人马，自称历山飞，盘踞在深泽县，有十万人马。窦建德跟他订立和约，魏刀儿就对他放松了防备，窦建德却搞突然袭击，灭了魏刀儿，吞并了他的全部地盘。

宇文化及僭越称帝后，窦建德大怒，对部下说：“我当隋朝的百姓几十年了，隋朝当我的君主有两代了。现在宇文化及杀害了炀帝，大逆不道，他就是我的仇敌了，请让我和各位一起讨伐他，怎么样？”孔德绍说：“如今国家没有君主，英雄豪杰竞相逐鹿，大王您以普通百姓的身份从漳浦起兵，隋朝郡县的官员没有谁不抢着归附您，是因为您凭倚天意顺应民心行动，用礼义安定天下。宇文化及跟朝廷是姻亲关系，父子兄弟都得到隋朝的恩惠，身居不可比拟的高官，却干出弑君叛逆的坏事，篡夺隋朝的皇位，是天下的公敌。对这样的人不予惩处，怎么履行您身为义军领袖的责任？”于是窦家军当天就开始讨伐宇文化及，并连续打了几场大胜仗。宇文化及退守聊城，窦建德放抛石车投掷石块，装置极端灵巧，四面攻城，终于攻陷。窦建德进城之后，先去拜见萧皇后，跟她讲话自己称臣。拘捕杀害炀帝的全部主谋人宇文智及、杨士览、元武达、许弘仁、孟景，召集隋朝文武官员核对之后就斩下首级，挂在辕门之外示众。宇文化及连同他的两个儿子一起关进监车，拖到大陆县杀了。

随后，窦建德挥军南下犯相州，唐淮安王李神通抵御不住，撤退到黎阳。窦建德乘胜追击连破卫州、黎阳，左武卫大将军徐茂公、李绩、李渊妹妹同安长公主和李神通一起被俘。滑州刺史王轨被奴仆所杀，奴仆带其首级投奔窦建德，窦建德说："奴仆杀主人是犯大逆不道的罪行，我怎能收留他。"下令斩立决，却把王轨的首级送回滑州。滑州的官吏百姓为之感动，当天就投降了。窦建德以徐茂公家人为人质，令其镇守黎州。徐茂公放下家人逃回长安，有人要杀掉徐茂公的父亲，窦建德阻拦说："徐茂公本来就是李唐的臣子，被俘以后不背叛他，逃回他自己的朝廷，这是忠臣，他的父亲有什么罪过？"由此一直没有杀他。他还把同安长公主和李神通安排在客馆居住，以宾客的礼仪对待他们。

窦建德虽有很多优点，但他生性多疑，听信谗言，以致难辨是非。其手下大将王伏宝随窦建德征战多年，勇冠三军，功绩在诸将之上，结果遭到诸将的忌妒，便说其谋反，窦建德不问清楚便将王伏宝杀死。王伏宝临死时说："我无罪也，大王何听谗言，自斩左右手乎？"王伏宝死后，窦建德军很少能够取胜。其纳言宋正本好直谏，建德又听信谗言将其杀死。此后人人引以为戒，无人再进忠言，从此政教益衰。

不过，此时的窦建德仍与割据洛阳的王世充、占据关中的唐王朝形成鼎立之势。唐灭薛仁杲、刘武周后，为统一天下，又以秦王李世民为主帅，率军东征王世充。并遣使与窦建德言和，争取其中立。中书舍人刘斌对窦建德分析说："现在唐国占据关中，郑国占据河南，我们占据河北，这是鼎足三立相互对峙的局势。如今唐用全部兵力攻打王世充，连头带尾

已有两年时间，郑的形势一天比一天紧急，而唐的围攻毫不放松。唐的兵力强、郑的兵力弱，发展趋势必然是打败王世充，王世充被打败，那么我们就有唇亡齿寒的忧虑。为您着想，不如援救王世充，王世充在里边抵御，我们在外边进攻，打败唐军是一定的了。如果打走了唐军保全了王世充，这是长期保持鼎足三分局面的战略。如果唐军被打败后，王世充也可打败，那么就乘机消灭他，集中我们和王世充的兵力，乘着唐军战败的时机，直向西打，长安就能到手，这是平定天下的基础。”窦建德听后非常高兴，认为所言甚是。恰好这时王世充派遣使者向窦建德请求出兵援救，窦建德于是派遣职方侍郎魏处绘到长安朝见李渊，希望对方能够解除对王世充的包围。唐自是不允。

武德四年（621）三月，窦建德在吞并孟海公起义军后，留部将范愿守卫曹州（治济阴，今山东曹县西北），自率十余万大军，号称三十万西援洛阳。窦建德军水陆并进，与王世充部将郭士衡数千人会合，进屯虎牢（今河南荥阳西北汜水镇西）东广武山，并在板渚（今河南荥阳高村西北牛口峪附近黄河南岸）扎营，与王世充相呼应，威胁唐军侧背。并致书秦王李世民，要求唐军退至潼关，把侵占之地还与王世充。李世民采纳宋州刺史郭孝恪等人建议，决定中分麾下，以齐王李元吉、将军屈突通等继续围困洛阳，自率步骑骁勇三千人为前锋，抢占虎牢要地，阻遏窦建德军西进，相机破击，一举两克之。

李世民进驻虎牢后，在其东二十多里处设伏，由骁将徐茂公、程知节、秦叔宝分别统领。自己与骁将尉迟敬德仅带四骑前去侦察。在离其营三里处，遭遇窦建德军游骑，窦建德一将被李世民引弓射杀。窦建德闻讯，急忙派五六千骑兵前来追逐，结果被李世民引入伏击处，斩首三十余级，骁将殷秋、石瓒被俘。窦建德迫于虎牢之险，被阻于虎牢东月余不得西进，几次小战又都失利。李世民又派部将王君廓率轻骑千余截击窦建德运粮队，大将军张青特被杀，窦建德军更陷于不利境地，军心涣散，将士思归。

此时有人献解困之策，窦建德只想决战，一概不听。

窦建德欲乘唐军草料将尽，牧马河北之机袭击虎牢。结果此计为李世民所知，李世民便将计就计，于五月初一率兵一部过河，从南面逼进广武，观察窦军形势，留马千余匹在河中沙洲放牧，以诱窦建德出击。次日，窦建德果然全部自板渚（今荥阳北黄河南岸）西出，在汜水东岸布阵，北依大河，南连鹊山（今河南荥阳西南），正面宽达二十里，擂鼓挑战。李世民率军在汜水西岸列阵相持，登高瞭望，然后对部将说："贼起山东，未尝见大敌，今度险士嚣，令不肃也；逼城而阵，有轻我心。待其饥，破之果矣。"于是决定按兵不动，只派小部队与窦建德军周旋，同时派人将留在河北的人马召回，待窦建德军气衰，再一举将其击破。

时至中午，窦建德军士卒饥疲思归，皆坐列，又争抢喝水，秩序紊乱。此时，李世民突然发起进攻，命宇文士及带三百骑兵经窦建德军阵西而南，先行试阵，并告诫他说："窦建德军如严整不动，即应回军，如阵势有动，则可引兵东进。"宇文士及部经过窦军阵前时，窦军阵势果然动乱。李世民见时机成熟，遂下令出击，亲率轻骑冲锋，主力继进，东涉汜水，直扑窦军大营。此时窦建德君臣正在议事，唐军突临。窦建德军未及列阵抵抗，仓卒应战，被迫东退。唐将窦抗率部紧追，被窦建德军顽强击退。李世民见进攻不利，便率骁将史大奈、程知节、秦叔宝、宇文歆等精锐突入其阵，从阵后展唐旗。窦建德军士卒以为大营被占，迅速崩溃，唐军追击三十里，窦建德军被斩首三千余级，5万人被俘。乱军中，窦建德中槊受伤，退至牛口渚，唐车骑将军白士让、杨武威追至，窦建德于慌乱中坠马，白士让举槊欲刺，窦建德忙说："勿杀我，我夏王也，能富贵汝。"杨武威下马将窦建德抓获。窦建德兵败之前，军营中就有童谣唱

道："豆入牛口，势不得久。"窦建德行至牛口渚，甚恶之，不料后日果真如此。

窦建德被俘后，妻子曹氏以及他的左仆射齐善行率领几百人逃回洺州。窦建德余部想立窦建德的养子为君主，齐善行说："夏王平定了河北，兵强马壮，一下子就被捉走了，难道不是天命注定的吗？不如一心请求唐王保全大伙儿的性命，不要给老百姓造成灾难困苦。"于是把库存的财物全部分发给士卒，让他们各自离开。齐善行这才跟窦建德的右仆射裴矩、行台曹旦以及窦建德的妻子带领夏国的官员属吏进献山东的土地，交出夏国的八枚印章向唐朝投降。李世民把窦建德押到京城，在长安市斩首，时年四十九岁。

围剿河南王世充

王世充，字行满，本来姓支，是西域的胡人。寄居在新丰。他祖父支颓耨年纪轻轻就死了。王世充的父亲支收跟随他改嫁到霸城王家的母亲生活，因而就改为姓王，官职升到汴州长史。王世充广泛阅读了各类书籍，尤其爱好兵法以及卜卦算命、推算天文历法方面的学问。

隋文帝开皇中叶，王世充以战功被授予仪同三司的官职，接着提升为兵部员外郎。他善于向朝廷陈事进言，通晓各种律令条文，因而利用法律条文徇私舞弊，随心所欲。有的时候有人批驳他，他就巧言诡辩文过饰非，言辞激烈，人们虽然明知他不正确又没有谁能使他认错。

隋炀帝大业年间，王世充被提拔为江都丞，兼任江都宫监。当时炀帝多次巡视江都，王世充善于观察炀帝的脸色，奉承谄媚顺从他的心意，每次上朝议论政事，炀帝总是说好。于是制作玉石雕刻和风景彩画，诈称远方的珍贵工艺品，献给炀帝讨好，因此炀帝更加宠信他。王世充知道隋朝的政局将会混乱，就暗地结交英雄豪杰，广泛收买人心，那些犯罪坐牢的人，都用曲解法律的办法予以释放，从而显示私人的恩惠。

杨玄感叛乱后，各地有不少人打着响应杨玄感的旗号起兵，在江都附近就有余杭的刘元进、昆山的朱燮、常熟的管崇三支起义军。后来这三支队伍更是联合起来，共推刘元进为主，占据吴郡，称天子，立百官。

炀帝派了大将吐万绪、鱼俱罗镇压，这二人都是身经百战的老将，镇压到这年年底，隋军基本取得了胜利，击毙了管崇，并把刘元进和朱燮围困在建安。由于连续作战，将士劳累，这两员将领请求暂时休兵一段时间，不知是谁向隋炀帝进谗言，说该二人故意不进攻，有不臣之心。炀帝大怒，即刻将吐、鱼二人撤职法办。随后，隋炀帝任命王世充指挥军队进攻刘元进，并在淮南征募了数万新兵，交王世充指挥。这批淮南兵后来成为王世充的子弟兵，是他起家的资本。王世充以生力军进攻刘元进、朱燮，连战皆捷，刘、朱先后战死，但仍有不少余部散在各处为盗。王世充找了个黄道吉日，集合有关人员，到通玄寺的佛像前焚香立誓，约定降者不杀。刘元进的余部听说后，纷纷投降，不到一个月，王世充就平定了吴郡。不料王世充背弃誓言，大局已定后，王世充把所有投降的共三万余人全部坑杀。

齐郡的义军统帅孟让从山东长白山出发侵犯各个州郡，到盱眙，发展到十多万人马。王世充率领部队抵御，以都梁山为据点，设置五道营栅，两军相对而不交战，还扬言撤退，部队表现出疲惫不堪毫无战斗力的样子。孟让耻笑地说："王世充是个只懂法令条文的小官，哪能带兵打仗?

我要活捉他，一直打到江都去。”这时当地百姓都住进了部队营垒，遍地没有东西可抢，义军慢慢地没有吃的，又为营栅挡住道路而伤脑筋，不能向南方进军，就分兵包围王世充的五处营栅。王世充每天出兵打一下，表面装作失利，跑回营栅。像这样搞了好几天，孟让更加小看他，就慢慢分派人马到南边去搜抢财物，留下的兵力只够围住营栅。王世充知道义军放松了警惕，就在军营中填平了灶坑，拆下了帷帐，摆设起方阵，四面朝外，拔掉栅栏出击，奋力作战，大败义军，孟让带着几十个人悄悄逃走了，王世充部杀死了一万多人，俘虏了十多万人。炀帝认为王世充有将帅的才干谋略，又派他率领部队讨伐各个小股义军，所到之处全部荡平。

宇文化及弑君篡位后，越王杨侗被拥立为皇帝，年号皇泰，在后来的历史中被称为皇泰主。王世充被皇泰主封为郑国公，与段达、元文都等其他六人共同辅政，时人称为“七贵”。此时，洛阳已被李密重重包围，有效统治范围只有洛阳一城。随后，宇文化及率军到达洛阳郊外，意图攻克洛阳作为根据地。

元文都对卢楚等人说：“如今宇文化及弑君叛逆，仇未报，耻未雪，我虽然复仇心切，但力不从心。从国家大局考虑，不如用高官笼络李密，拿国库的资财暂时利诱他，让李密去攻打宇文化及，使得两伙叛军自相残杀，宇文化及被打败后，李密的兵马必然也疲惫不堪了。再说李密的士卒得到了朝廷的奖赏，担任着朝廷官职，朝廷多跟他们建立感情，容易运用离间之计，我们的军队养精蓄锐伺机钻他们疲惫困乏的空子，那么李密也是可以对付的。”卢楚等人认为应当如此。当天就派使者授予李密太尉、尚书令的官职，命令他讨伐宇文化及。

李密于是向皇泰主称臣，带兵到黎阳抵御宇文化及，凡是打了胜仗就派遣使者向朝廷报捷，人们都很高兴。王世充单单对他手下的各将领说：“元文都那帮人，写写画画，文官而已，我看事态的趋势，一定会被李密抓起来。再说我的部队多次跟李密作战，杀死他的父兄子弟，前前后后已经很多，一旦成为他的下属，我们这些人就没有生路了！”元文都知道后非常恐惧，跟卢楚、段达等人商议，趁王世充上朝的时候，布下伏兵杀掉他，已经约好时间了。段达平庸怯懦，害怕这事办不成功，就派他的女婿张志把卢楚等人的计谋告诉了王世充。

当天夜里，王世充带领人马包围宫城，将军费曜、田阇等人在东太阳门外迎战，费曜战败，王世充夺取城门冲了进去，抓住卢楚杀了。这时皇宫大门紧闭，王世充派人敲着宫门对皇泰主说："元文都他们要挟持陛下投降李密，段达得知后告诉了我，我不敢背叛朝廷，是来讨伐背叛朝廷的人。”开始，元文都听到发生变故，来到乾阳殿伺候皇泰主，指挥部队保卫，命令将士们凭借城池抵御兵变。段达诈称皇泰主的命令捉住元文都押送给王世充，一到就乱棍打死。段达又诈称皇泰主的命令，打开宫门迎接王世充，王世充派人换下了宫中的全部警卫人员，然后拜见皇泰主谢罪，说："元文都等人犯下说不完的罪行，阴谋制造内乱，情况紧急才采取这种办法，我是不敢背叛国家的。”皇泰主与他盟誓。当天，他升任尚书左仆射，总管监督朝廷内外各项军务。王世充离开含嘉城，搬进尚书省官署居住，独揽朝政大权。任命他的哥哥王世恽为内史令，住进皇宫，侄子后辈都握有兵权，镇守各地城镇。

没过多久，李密打败宇文化及班师回朝，他的精兵骏马多半战死，剩下的疲惫困乏。王世充想乘机攻打他，又怕人心不齐，就借助鬼神征兆，说是梦见了周公。于是在洛水岸边修建了周公祠，叫巫师宣扬周公命令尚书左仆射赶快讨伐李密，会立大功，不然兵士们就会全部死于瘟疫。王世充的兵士多半是楚地人，习俗上相信欺骗迷惑人心的怪诞言辞，大家都请求作战。王世充挑选精锐骁勇的人马，有两万多名将士，两千多匹战马，在洛水南岸扎营。李密在偃师的北山头驻扎。当时李密刚刚打败宇文化

及，有藐视王世充的情绪，不筑壁垒工事。王世充在夜间派遣三百多名骑兵秘密进入北山，埋伏在山谷中，命令全体将士马要喂饱，人要吃好，黎明时分进逼李密。李密出兵应战，队形还没摆好就打起来了。王世充埋伏的骑兵发起冲锋，居高临下，冲向李密的营地，放火焚烧他的军营，李密的队伍被打散了，李密逃跑退守洛口。

李密逃走后，他安排在各地的守将纷纷向王世充投降，王世充全部占领了李密原来的地盘，势力范围从洛阳一城猛然扩展到整个河南。王世充同时还得到了李密部下的秦叔宝、程知节、罗士信、裴仁基、单雄信等名臣大将，手下因而人才济济。

王世充击败李密后，皇泰主封王世充为太尉，开太尉府，朝中事务无论大小都决于太尉府，王世充在官署门外张贴了三份布告：一份招聘文才学问足以帮助处理政务的文职人员，一份招聘武艺超群敢于冲锋陷阵的武职人员，一份招聘善于审理冤案、疑案的司法人员。从此呈递书函当面介绍以推荐或自荐的，每天都有几百人，王世充一概亲自考核，殷勤慰问款待。他爱搞小恩小惠，从上至下直到部队的普通士卒，都用夸饰动听的言辞进行引诱。当时的有识之士见他口是心非，断定他怀有二心。王世充有一次在皇泰主跟前吃他赏赐的食物，回家大吐一场，怀疑是食物中毒造成的，从此以后不再朝见皇泰主，跟他不打照面了。他指使云定兴、段达向皇泰主禀奏，要求赐给衣服、朱户、纳陛、车马、乐器、虎贲、斧钺、弓矢、秬鬯等九种器物，发出了夺取政权的信号。

皇泰主不敢得罪王世充，被迫封其为相国，统管百官，封为郑王，如数赐给九种器物。有一个法号叫桓法嗣的道士，自称善于解释占卜图书，于是呈上《孔子闭房记》，图画为一个男人手持竹竿赶羊，解释说："隋朝，皇帝姓杨。'干一'嘛，合起来是个'王'字。王在羊后，预示相国取代隋朝当皇帝。"接着拿出《庄子人间世》《德充符》两篇呈递给王世充，解释说："上篇谈'世'，下篇谈'充'，这就是相国的名，预示您应当恩德遍布人间，顺应符命当天子。"王世充故意高声说："这是上天的旨意呀。"拜了两拜接过图谶，立即任命桓法嗣为谏议大夫。王世充又捕捉各种鸟雀，把写好所谓符命的帛系在它们的颈子上，一只一只地放飞。打下这种鸟雀前来进献的人，也授予官职头衔。

段达、云定兴等人把这些符命送进皇宫，对皇泰主展示说："天命不是凡间小事，郑王功德很高，请您禅让皇位，仿效唐尧、虞舜的榜样。"皇泰主愤怒地说："这天下是高祖的天下，如果我隋朝的气数还没有衰竭，这种话就不该讲，如果天意要改朝换代，那还谈什么禅让不禅让？你们各位都是先帝的老臣，突然说出这种话，我真失望啊！"段达等人羞愧地落下眼泪。王世充又派人对杨侗说："现在国内还没有平定，必须有个年长的君主，等到天下太平无事了，恢复您这圣明的皇上。一定遵守以前的盟约，决不违背。"继而，王世充以皇泰主的名义发出诏书，把隋朝帝位"让"给了自己，派遣哥哥王世恽到含凉殿废皇泰主，僭位为帝，建年号开明，国号为郑，大封族人为王。

王世充的礼部尚书裴仁基以及他的儿子左辅大将军裴行俨、尚书左丞宇文儒童等几十人商议击杀王世充，再次拥立杨侗为皇帝。事情泄露，全被杀害，灭绝他们的三族。王世恽趁机鼓动王世充杀掉皇泰主，以断绝人们复辟的念头。王世充指使自己的侄儿王行本鸩杀了皇泰主，给了个称号叫恭皇帝。皇泰主的将军罗士信带领一千多士卒投唐。王世充接着率领人马向东攻占土地，打到滑州，带兵来到黎阳。窦建德随后反扑，攻入王世充的殷州，屠杀抢劫当地居民，焚烧王世充的粮仓，作为对黎阳一仗失利的报复。

武德三年（620）二月，王世充的殿中监豆卢达投唐。王世充见人心一天一天散失，就用酷刑严厉控制，家里有一个人逃跑，全家不论老少皆

株连被杀，父子、兄弟、夫妻之间只要告发就可免罪。其又命令五家为一保，互相监督，如果有人全家叛逃而邻居没有发觉，四周的邻居都要处死。处死的事接连不断，人们叛逃越来越厉害，甚至上山砍柴的人，出去回来都有时间限制，弄得公家私人人人自危，都无法正常生活。并且其把宫廷作为大监狱，只要产生怀疑，就把人家连同家属捆绑起来送进宫廷关押。每当派遣将领出外作战，也把他的亲属拘留在宫里作为人质。被囚禁的人一个紧挨一个，不少于一万人，没有食物，饥饿而死的一天有几十人。王世充征兵打仗没完没了，库存的粮食很快吃光，城里的人吃人肉。有的人抓来泥土放进瓦瓮，用水淘洗，沙石沉在底下，取出浮在上面的泥浆，把糠麸掺在里头，做成饼子来吃，人人身体肿胀且腿脚发软，一个个躺在道路上。王世充的尚书郎卢君业、郭子高等人都饿死在山沟里。

这种情况下，唐军又在李世民的率领下，出关攻来。王世充在刘武周、宋金刚被平定时就已预料到唐将以郑为下一个目标，因此早已做好了动员准备。按照当时唐郑的军事力量对比，郑虽然稍弱，但优势在于本土作战，又采守势，原本应该会出现比较惨烈的拉锯场面，不料才一开战，王世充的局面就迅速恶化，郑国各地守将竟然纷纷不战而降。才三个月的时间，洛阳周围郡县全部落入李世民手中，洛阳成了一座孤城。

眼看局势不利，王世充亲自出面向李世民求和，双方在洛阳城外隔着洛水谈判，但最终和谈破裂了。李世民派遣各路将士进攻王世充的城镇，一打就胜。这时王世充已失去了独自对抗唐军的能力，不得已，只好派了使者向窦建德求援，窦建德与王世充是敌非友，王世充此举实为饮鸩止渴，但除此之外，再没有其他办法了。

武德四年（621）二月，王世充率领军队出方诸门，与李唐朝廷的军队对抗，王世充的军队败退，李唐朝廷的军队乘胜追击，在城门外围攻，王世充的步兵不能进城，惊恐溃散向南逃跑，李唐朝廷的军队追杀了几千

人，俘虏了五千多人。王世充从此以后不敢再出城，只是据城固守，等待窦建德的救援。三月，李世民在虎牢关活捉了窦建德和王琬、长孙安世等人，回到洛阳城外把他们给王世充看，并且派长孙安世进城，让他去讲失败的情况。王世充惊慌疑惑，不知道怎么办，打算冲出包围，向南逃往襄阳，跟将领们商议，都不应声，只得于五月十一日统领文武官员到李世民的军营门前请求投降。李世民没收王世充库存的财物，颁发赏赐李唐朝廷的官兵。王世充的黄门侍郎薛德音由于在他草拟的文书中写了大不恭敬的话，被杀掉，接着拘捕了王世充的同党段达、杨汪、单雄信、阳公卿、郭士衡、郭什柱、董浚、张童仁、朱粲等十多人，都绑赴洛水的小洲上斩首示众。

李世民凯旋回到长安，将王世充、窦建德献于李渊，李渊历数他的罪行，王世充回答说："按照我的罪过，实在是死有余辜，但您的爱子秦王曾许诺不杀我。"于是李渊释放了他。把他和他的哥哥王世恽、老婆、孩子一起流放蜀地，由于押解人员还没有准备好，王世充一家暂时被关押在长安附近的雍州。某日，忽然来了几个唐官称李渊有旨，要王世充接旨，王急忙出应，不料那几人立刻乱刀齐下，王世充的人生就此落幕。后来查明，那几人中带头的是唐定州刺史独孤修德，他的父亲独孤机是王世充的部下，在武德二年正月企图降唐，被王世充所杀，独孤修德杀王世充是为父报仇。

王世充的儿子王玄应和哥哥王世伟等人在流放途中阴谋叛乱，受了死刑。王世充从篡夺皇泰主的帝位，仅三年的时间就灭亡了。

诛除后患刘黑闼

刘黑闼年轻时狡诈蛮横，嗜酒好赌博，不治产业，家境贫困缺吃少穿，同乡窦建德时常给以资助。后来，农民起义军纷起，刘黑闼投奔郝孝德，啸聚山林，后来归顺李密，成为偏将。

武德元年（618），瓦岗军溃败，李密投降唐朝，刘黑闼被王世充俘虏。王世充一直听说他勇猛强悍，便让他担任骑将，守卫新乡。刘黑闼看不起王世充，不久率部逃回河北，投奔好友窦建德。窦建德大喜，任命刘黑闼为将军，封汉东郡公，并命他率兵东西袭击。窦建德有了什么谋划，必然命令他一个人负责侦察，其经常乘隙钻入敌方偷看虚实，有时出乎对方意料之外，乘机猛攻，战果丰硕，军中称作“神勇将军”。

窦建德死后，刘黑闼躲藏在漳南县老家，种蔬菜自给，闭门不出。

唐灭夏以后，强征窦建德旧将范愿、董康买、曹湛、高雅贤、王小胡等人到长安。范愿等人既愤窦建德被杀，也鉴于王世充降后，部将不能保全。于是决定起兵反唐，并通过卜卦问得知奉姓刘的为主能够成事，就去找窦建德旧将刘雅。刘雅认为天下已平，不愿起事。范愿等怒斥刘雅不义，杀之而去。又找到刘黑闼，陈说因由。刘黑闼大喜，杀牛会众，招得百十号人，一举袭破漳南县城。后又大败贝州刺史戴元详、魏州刺史权威，尽收其器械及余众二千人。随即，刘黑闼在贝州漳南设坛，祭奠窦建德，自称大将军，正式大举起兵，并在半年之间，便全部恢复了窦建德原先的地盘。

有了足够的兵马和地盘，刘黑闼便在相州自称汉东王，建年号为天造，任命范愿为左仆射，董康买为兵部尚书，高雅贤为右将军，将窦建德的夏政权文武官员全部恢复原职，定都洺州（今河北永年东南），建立法规主持政务，全部效法夏政权的制度。

唐派李世民率军讨伐刘黑闼，军队驻扎在卫州，刘黑闼多次派兵挑战，都被唐军挫败。刘黑闼害怕，放弃相州，撤退到列人营设防守卫。这时洺水县（今河北曲周西）的人要求当刘黑闼的内应，李世民派遣总管罗士信进城据守，刘黑闼又攻克洺水县城，罗士信阵亡，刘黑闼由此据守洺州。

李世民倚仗洺水险要，一字摆开军营威逼刘黑闼，之后又分别派遣突袭部队，截断他的运粮通道。刘黑闼又多次挑战，李世民坚守壁垒拒不应战，以此挫伤他的锐气。刘黑闼城中的军粮已尽，李世民料定他必然要来决战，预先命人堵住洺水上游，对守堤的将领说，战斗打响时，等刘黑闼军过河走到河中间就挖开堤坝。刘黑闼果然率领步兵、骑兵两万人要过洺水摆阵，跟唐军决战，河水汹涌而来，刘黑闼的人马无法过河，被杀死一万多人，被淹死几千人。刘黑闼和范愿等带着一千多人逃往突厥。

到达突厥后，刘黑闼借兵再起，侵犯山东。唐任命淮阳郡王李道玄为河北道行军总管，与原国公史万宝讨伐刘黑闼。刘黑闼军与唐军李道玄部在下博（今河北深县东南）交战，唐军战败，李道玄阵亡，史万宝轻装骑马逃了回去。洺州总管庐江王李瑗弃城西走，相州（今河南安阳）以北州县相继归附，十天时间全部收复原有城镇，又在洺州建都。

唐以皇太子李建成为主帅，李建成、李元吉大军与刘黑闼军相峙于昌乐（今河南南乐）。李建成督兵进讨，取得节节胜利。刘黑闼带领队伍向北逃到了毛州（治馆陶，今属河北）。刘黑闼整顿部队，背靠永济渠列阵，

李建成、李元吉联合组成一千多人的骑兵部队聚集在永济渠，经过一番猛烈冲击搏杀，刘黑闼军被砍落水死的就有数千人，刘黑闼再次败逃，李建成命骑将刘弘基追击。

刘黑闼被刘弘基紧追不舍，得不到休息，路途遥远士卒疲劳。武德六年（623）正月初五，刘黑闼逃到饶阳（今河北饶阳）时，跟着他的只剩一百多骑兵，众人饥肠辘辘，想进城弄东西吃。刘黑闼委任的饶州刺史诸葛德威出城大礼迎接，请他们进城。刘黑闼开始时不同意，诸葛德威假装真诚恭敬，哭着坚持邀请。刘黑闼才走进城门，诸葛德威就指挥部队拘捕了他，送到李建成面前。李建成在洺州将刘黑闼及其弟刘十善一并斩首，山东平定。

至此唐夺天下，大局已定。

第三章　兄弟相残
——玄武门内的惊心惨案

在刚刚诞生九年的李唐王朝的皇宫玄武门外，上演了一场兄弟相残的惨剧，整个事件所牵连的人命高达数百人，甚至动摇了唐朝在河北的统治。这就是中国历史上有名的“玄武门之变”。由于历史一直是由胜利者所书写的，因此事件的真相一直扑朔迷离，众说纷纭。可以说：“一千个人心里就有一千个玄武门之变”。

李建成其人其事

李渊建唐后，李建成为皇太子。此后李建成也曾东征西讨，平定一些小规模的割据势力。但当时李世民功业日盛，李渊私下里许诺要改立李世民为太子。因此李建成知道以后，开始与齐王李元吉谋划作乱。

刘黑闼扯旗造反时，李建成手下谋臣王珪、魏徵对他说："秦王威名传播四海，殿下的功名不如秦王，何以自安？现在刘黑闼带领一群残兵败将，不过万人而已，粮草不济，大军一到，可不战而胜。希望殿下请求去征讨，以便结识山东英豪。"李建成听从了这个建议，率领大军征讨刘黑闼，顺利将其活捉。

当时唐高祖李渊晚年生下许多幼子，宠爱许多妃嫔，她们在得幸之余，都想把自己的亲戚安排到官府，或者捞一笔财物。秦王李世民当时总管戎务，唯以结交英豪为己任，那些妃子的请求，一概不许。洛阳刚刚平定的时候，一些妃子就索求财物，安排亲属，李世民认为财物已经封存，官爵则必须有功者才能授予，因此全部驳回。那些妃子从此深恨秦王。

李世民任陕东道行台时，一次淮安王李神通有功，李世民赐予良田数十顷；后来张婕妤之父也看上了这块地，让张婕妤去请求李渊把地赏给自己。李渊下诏赐地，李神通以秦王赐予在先，不给。张婕妤于是奏道："您赏给我父亲的地，秦王却夺了下来给李神通。"李渊大怒，斥责李世民说："我下的诏书没人肯听，你的命令却被州县执行。"过了几天，李渊对大臣裴寂等人说："此儿（指李世民）在外带兵已久，专掌大权，已经不是我当初的儿子了。"尹德妃的父亲尹阿鼠平时横行霸道，一次，李世民的谋臣杜如晦从其府门前经过，竟被尹府家童从马上拽下来打了一顿，说："你是何人，敢从我门口过而不下马！"尹阿鼠怕事情被李渊得知，反而教尹德妃颠倒黑白奏道："秦王手下凶残，欺负我的父亲。"李渊又斥责李世民说："你竟然敢殴打我妃嫔的娘家人，至于天下百姓就更不在话下了！"李世民百口难辩。妃嫔们常日里都哭着对李渊说："陛下百年之后，秦王定然不给我们母子活路；东宫（指李建成）慈厚，定能善待我们母子。"由此李渊对李世民愈发疏远，而李建成、李元吉则日渐受宠。

自此李建成、李元吉恣意妄为，贪赃枉法，甚至与李渊妃子张婕妤、尹德妃公然淫乱（《旧唐书》记载如此）。

其时，李建成趁李渊经常出外巡狩的机会，到父皇的后宫来偷香窃玉。原来，李渊为唐宫立下规矩，皇子一生下地来，就交奶妈抚育照管教养。直到十岁时，才送交到世子府教礼读书，非奉诏传唤不得擅自入宫。李渊共生有二十二子，窦皇后生的长子李建成、次子李世民、三子李玄霸、四子李元吉，除李玄霸幼年死难外，其余都封王建府。但是李建成却自恃是当朝太子，经常没有奉诏就随意出入于禁宫之中。

这尹德妃与张婕妤离开晋阳宫来到长安，虽得以双双侍奉李渊于枕席之间，但无奈李渊自登了大唐皇帝大位以后，年已过半百，精力渐渐不支，而后宫的新宠却一天多似一天，而尹、张二妃的地位虽高，但雨露之恩却一日少似一日。加上近年来李渊又经常外出到各处巡狩，而每次出巡只把几个新宠的妃嫔带在身旁，其余的一概丢在宫中。尹、张二妃此时正在花盛之年，再次感受长门寂寞的煎熬，对月月长吁，看花花洒泪。而正当此时，李建成正想到后宫偷香窃玉，三人一拍即合。从此李建成常常进宫来，左拥右抱，放浪形骸。

说起来尹、张二妃私通太子，除贪情恣欲外，应该还另有一番心思。尹德妃的儿子李元亨被封作酆悼王，外任金州刺史；张婕妤的儿子李元方被封作周王，开府在京中。两人无不年幼软弱，尹、张二妃生怕唐高祖李渊驾崩后，她们的儿子受他人的欺负，因此结欢太子，就是期望将来太子登上皇帝大位后，能够照顾好这两位同父异母的皇弟。

当然，李建成蓄意勾引尹、张二妃，除了一样的贪情恣欲外，应该也另有一层深意。一方面，李世民在反隋开国上功劳远大于李建成，而李世民仅被册封为秦王，李建成却成为大唐皇帝的法定接班人，朝野上下对此颇有微词。另一方面，李建成狂放自傲、纵情声色的不端行为，饱受朝野上下的诟病，许多大臣都要上本要求废掉太子。如今要保全自己的太子名位，非得有人在父皇身边吹枕边风不可。而尹、张二妃正是完成此等大任的最佳人选。

对于尹、张二妃来说，保住了他这个太子的名位，就是保住了自己儿子的禄位，怎么能不尽心尽力地替他出力呢？而对于李建成来说，既能享受尹、张二妃软玉温香的滋味，更能保住自己的太子名位，何乐而不为呢？

此外，李建成还暗中收罗各地的勇士，召集长安的恶少两千多人，作为自己掌握的军队，分别驻扎在左右长林门，叫作长林兵。李渊到仁智宫休养时，安排李建成留守京城，李建成首先命令庆州总管杨文干召集勇猛青年送到长安，准备政变。又派郎将尔朱焕、校尉桥公山送去武器赐给杨文干，命令他起兵配合接应。桥公山、尔朱焕等人害怕获罪就派人迅速到仁智宫向李渊报告此事。

杨文干一见形势不妙，果真造反。李渊问计于秦王，李世民说：“杨文干狂徒，官府应予围剿，即使他成了气候，也只需派一员大将即可平定。”李渊说：“此事涉及太子李建成，恐怕响应的人不少，你亲自去剿灭。回来以后，改立你为太子。我决不能像隋文帝杨坚杀死太子杨勇那样杀死李建成，把他废为蜀王也就是了，那里地势偏僻，将来他不肯臣服于你，也容易征伐。”李世民出发以后，李元吉及众妃子天天苦苦求情，大臣封伦也为太子游说，于是李渊改变了主意，仍让李建成留在京都，只归罪于中允王珪、左卫率韦挺及天策兵曹杜淹等人，把他们流放到巂州。

李渊在京城南面设场围猎，太子李建成、秦王李世民和齐王李元吉都随同前往，李渊命令三个儿子骑马射猎，角逐胜负。李建成有一匹胡马，膘肥体壮，但是喜欢尥蹶子，李建成将这匹胡马交给李世民说：“这匹马跑得很快，能够越过几丈宽的涧水。二弟善于骑马，骑上它试一试吧。”李世民骑着这匹胡马追逐野鹿，胡马忽然尥起后蹶，李世民跃身而起，跳到数步以外站稳，胡马站起来以后，李世民再次骑到马身上，这样的情况连续发生了三次。李世民回过头来对宇文士及说：“他打算借助这匹胡马害我，但人的生死自有命运决定，就凭他们能够伤害到我吗？”李建成听到此言，乘机教唆与他偷情的嫔妃在李渊耳边诬陷李世民：“秦王自称上天授命于他，正要让他去做天下的主宰，怎么会白白死去呢！”李渊大怒，先将李建成、李元吉二人召来，然后又把李世民召来，责备他道：“谁是天子，上天自然会授命于他，不是人的智力所能够谋求的。你谋求帝位之心怎么这般急切呢！”李世民摘去王冠，伏地叩头，请求将自己交付执法部门审讯证实自己没有说过这种悖逆之话，李渊仍然怒气不息。适逢有关部门奏称突厥前来侵扰，李渊这才改变了面容，转而劝勉李世民，让他戴上王冠，系好腰带，与他商议对付突厥的办法。

后来李建成又与李元吉合谋下毒，晚上请李世民喝酒，没喝几口就心中暴痛，吐血数升，由淮安王李神通狼狈扶回府去。李渊得知此事以后，也责备李建成说：“秦王素来不能饮酒，以后不要在夜里喝酒了。”李渊想起李世民素日的功劳，准备让李世民镇守洛阳。于是对李世民说：“从晋

阳起事，本来是你的谋略；能平定天下，这也是你的功勋。本要把你立为太子，你又坚决推让，就成全你的美意。建成当太子，已经好几年了，现在又不忍心废掉他。看你们兄弟的情形，终究不会和好，都在长安，必会愤怒争斗。你还是回行台去，居住在洛阳，陕州以东，全都由你管辖。按照前例让你树立天子旗号，如同梁孝王一样。”李世民哭泣着禀奏说：“今天对我的封赐，实在不是我的心愿，我不能远离父皇。”他说完呜咽抽泣，悲痛得难以忍受。李渊安慰道：“西汉的陆贾只是刘邦的太中大夫，还能在五个儿子的家中轮流吃住，何况我是天下君主，四海为家。洛阳、长安，近在咫尺，想念你就去，不用悲伤。”李世民于是准备启程，李建成、李元吉一块儿商议说：“秦王如果到洛阳去，有了领地、军队后，定会成为后患。把他控制在长安，就只是一个孤立无援的常人罢了。”他们暗中命令几个人向李渊呈递密封奏疏说：“秦王身边多数是洛阳一带的人，听说到洛阳去，都欢欣雀跃，看样子，只要一走，就没有打算回来。”李渊因此作罢。

从这以后，李建成日日夜夜暗中同李元吉一起勾结后宫妃嫔，对李世民的诬告越来越凶，李渊产生了疑惑。李世民惴惴不安，不知如何是好。李靖、李勣等人多次进言：“秦王您由于功勋卓著而遭猜忌，我们愿效犬马之劳。”封伦也暗中劝说李世民对付李建成、李元吉，李世民都不答应。封伦乃反复小人，反而对李渊报告说：“秦王倚仗自己立有大功，对位居太子之下不服气。如果不把他立为太子，就请早点安顿个地方。”他又怂恿李建成发动事变说：“为了夺得天下，就不应顾及父母兄弟。当年项羽要把刘邦的父亲熬成肉汤，刘邦却叫项羽分一勺汤喝，就是例子。”

以上史料，有可能是史官为了歌功颂德，而故意美化李世民，且丑化李建成。但是李渊在两个儿子之间举棋不定，这点倒是毫无疑问的。削减李世民的兵权，不行，平定四方还需要李世民东征西讨，就连一个小小的杨文干都要李世民亲自出马。干脆改立李世民为太子，还不行，周围大臣及妃子天天赞美李建成，诋毁李世民。李渊就这样摇摆不定，最终酿成了“玄武门之变”。

李元吉其人其事

李元吉一出生就皮肤黝黑，面目凶煞，其母亲窦夫人厌恶他的长相，不愿意抚养，命令家人将之抛弃。侍女陈善意偷偷将他抱回，秘密抚养，等李渊回家禀告了他，方才使得李元吉没有夭折在襁褓之中。然而陈善意的善举却未得善报，后反而因事被李元吉命壮士打死。李元吉后来也后悔了，私下追谥她为慈训夫人。

这个李元吉不仅长得很不好看，为人阴险狡诈、非常凶残，而且还沉溺女色，经常做出一些很荒唐的事情。

李元吉爱好打猎，装载罗网的车子就有三十多辆，他曾说“我宁可三天不吃东西，不能一天不打猎”，还放纵他身边的人掠夺百姓的财物。宇文歆多次劝阻但是他不听，就向李渊呈递奏表说：“齐王在并州，经常穿上便装出城，和窦诞一起游乐打猎，践踏农田庄稼，放纵身边的人，公开掠夺百姓的财物，境内的家禽家畜，几乎被他们抢光。他站在大路中间放箭射人，观赏人们躲避，作为娱乐。把兵卒分成左右两方，进行打仗游戏，直到互相殴斗砍杀，造成伤残甚至死亡。夜晚敞开府门，到别人家里公然干些淫猥勾当。黎民百姓怨恨，都是满腔愤怒。凭着这种状况守城，

怎么能够守住！”李元吉终于获罪免职。然而，他又婉转地动员当地德高望重的老人进京为他求情，不久就恢复了官职。

当时刘武周率领五千名骑兵到了黄蛇岭，李元吉派遣车骑将军张达带领一百名步兵先去试探。张达嫌人太少，坚决不去。李元吉强行派遣，士兵一到黄蛇岭就被杀光。张达愤恨恼怒，就为刘武周当向导攻克了榆次县城，进逼并州。李元吉十分恐慌，欺骗他的司马刘德威说：“您带着年老体弱的人员守城，我带上身强力壮的将士出城作战。”他却乘着夜晚部队出城的时机，带上妻妾丢下军队逃回了长安，并州很快就丢了。

不过，这个李元吉也并非百无一用，他从小生活在军营，力大无比，擅长使用各种兵器，李渊起兵反抗隋炀帝时就把他留在了太原镇守大本营，所以实际上李元吉在战斗中并没有立下多少军功，虽然在唐朝建立后被封为齐王，但是他的威信不高，在父亲李渊的心中地位也不高，尤其是他不守礼法，荒唐至极，李渊更是常常训斥他，所以他心里对父亲李渊以及李渊最宠爱的秦王李世民非常怨恨。

当时的太子是世子李建成，李元吉心想反正李渊不喜欢我，不如干脆投靠李建成，他可是未来的皇帝，于是李元吉很快便成为太子一党，还经常给太子出主意，要害死李世民。

他跟李建成联合算计李世民，分头招募勇猛打手，收容逃亡罪犯。还勾结后宫妃嫔，挨个儿奉承，又重金贿赂中书令封伦作为帮凶。李世民曾经陪同李渊到齐王府，李元吉让自己的护军宇文宝潜伏在卧室，准备暗杀李世民。李建成担心不能成功就制止了，李元吉气愤地说：“只是为你老兄着想而已，与我有什么相干！”

李建成、李元吉总想着害李世民，但是又怕李世民手下勇将多，真的动起手来，占不到便宜，就想先把这些勇将收买过来。

李建成私下派人送了一封信给秦王手下的勇将尉迟敬德，表示要跟尉迟敬德交个朋友，还给尉迟敬德送去一车金银。

尉迟敬德跟李建成的使者说："我是秦王的部下。如果私下跟太子来往，对秦王三心二意，我就成了个贪利忘义的小人。这样的人对太子又有什么用呢。"说着，他把一车金银原封不动地退回了。

李建成遭到尉迟敬德的拒绝，气得要命。当天夜里，李元吉派了个刺客到尉迟敬德家去行刺。尉迟敬德早就料到李建成他们不会放过他。一到晚上，故意把大门打开。刺客溜进院子，隔着窗户偷看，只见尉迟敬德斜靠在床上，身边放着长矛。刺客本来知道他的名气，怕他早有防备，没敢动手，偷偷地溜回去了。

李建成、李元吉一计不成，又生一计。突厥的郁射设统率军队驻扎到黄河南岸，围攻乌城。李建成就推荐李元吉代替李世民督率军队北上讨伐，照旧命令秦王府的猛将秦叔宝、尉迟敬德、程知节、段志玄等人一起出发。还调来秦王府的士卒花名册，挑选精兵强将，准备夺取李世民的人马来充实齐王府。还在李渊面前诬陷杜如晦、房玄龄，将他们赶回了家。李渊明知是他们的阴谋却不制止。李元吉乘势秘密请求除掉李世民，李渊说："秦王立有平定天下的功勋，罪行还没有暴露，要是杀他，凭借什么理由？"李元吉说："秦王经常违抗诏令。刚刚平定洛阳时，骄横傲慢踌躇满志，不愿赶紧回京，分赏财物，树立个人恩德。违背抗拒到这种程度，难道不是叛逆？只管赶快杀掉，不愁没有理由！"李渊没有应声，李元吉就退出去了。

李建成对李元吉说："已经夺取了秦王的精锐部队，你统率着几万兵众，我和秦王到昆明池，在那里为你饯行，命令勇士把他斩杀在帷幕后边，就说是暴病死去，估计父皇不会不信。我再派人劝说父皇，要他把朝政交给我。登位以后，把你立为皇太弟。尉迟敬德等人已经落到你的手中，到时活埋掉，谁敢不服？"率更丞王日至听到这个阴谋，秘密报告李

世民。李世民召集府中官吏们讲了这事，众人说："秦王您如不决断，江山就不属唐朝了。如果让建成、元吉的罪恶阴谋得逞，那伙小人得志，元吉凶狠暴戾，终究不会侍奉建成。以前护军薛宝向元吉呈递的符说：'元吉二字合起来就是唐字。'元吉得到符高兴地说：'只要除掉秦王，夺取太子易如反掌。'挑起内乱还没有成功，就打好了互相争夺太子的主意。凭着秦王您的威望，除掉建成、元吉如拔小草。"此时李世民还在迟疑。

秦王发难，血溅玄武门

尉迟恭听到这个阴谋，同长孙无忌立即赶来劝谏李世民，尉迟恭说："您如果不赶紧惩治他们，恐怕要被他们杀害，那么国家政权就危险了。"李世民叹息说："现在他们二人离间陷害同胞兄弟，除灭君主的儿子，这种危机，大家从头至尾都很清楚。我虽然深遭他们忌恨，灾祸就在眼前，然而兄弟之情，始终令我不忍下手。我打算在他们先动手后，再按义理惩罚他们，您二位认为怎么样？"

尉迟恭说："人的本性怕死，大家情愿以死来侍奉您，这是上天的恩赐，如果上天给您却不接受，反而会受罪责。虽然顾及了仁爱的私情，却忘掉了国家的大事，灾祸来了不知担忧，快要灭亡却无动于衷，丧失作为人臣不避艰险的气节，不具备前辈圣贤大义灭亲的品德，这些我没听说过。我的心愿，是请先下手杀掉他们。您如果不采纳我的意见，就请让我逃走，我不能坐等别人来杀。再说，靠危难成就大业，是圣贤的高明主见；把灾祸变为福祉，是智士的天赋机敏。我如果逃走，无忌也要一起逃走。”

李世民还是犹豫不决，长孙无忌说：“您如果不采纳敬德的意见，我们就不再侍奉您了。事情如果失败，您到底怎么办呢？”李世民说：“我刚才说的，还不能全然不顾，各位再商议吧。”尉迟恭说：“您现在办事犹犹豫豫，不算明智；面对危难不能果决，不算英勇。您即使不采纳我的意见，就请您自己考虑，到底怎样保全国家社稷？到底怎样保全身家性命？况且外边的八百名勇士，现在已经全都进了皇宫，手握兵器身穿铠甲，事情发展到这一步了您怎么能够拒绝！”尉迟恭又和侯君集日夜进言鼓动，李世民这才下了决心。

当时房玄龄、杜如晦都被李渊逐出了秦王府，不能再来。李世民叫长孙无忌秘密地把他们请来，房玄龄等人回话说：“陛下诏令规定不许我们再侍奉秦王，如果私自拜见，一定会杀我全家，不敢接受秦王的命令。”李世民大发脾气，对尉迟恭说：“房玄龄、杜如晦难道要背叛我吗？”他取下腰间的宝剑交给尉迟恭说，“你去一趟，倘若他们没有来的意思，斩下他们的首级带回来。”尉迟恭又去通知长孙无忌说：“秦王已决定限期除奸，您应该按时进府筹划。我们四个人不能在一起走。”于是房玄龄、杜如晦道士打扮跟着长孙无忌进了秦王府，尉迟恭也从另一条路进来了。

六月初三，李世民密奏建成、元吉淫乱后宫妃嫔，并欲杀他，拟为王世充、窦建德报仇，李渊愕然，声称明日早朝鞫问。

四日清晨，李世民率尉迟恭、侯君集、张公谨、刘师立、公孙武达、独孤彦云、杜君绰、郑仁泰、李孟尝等九将伏兵玄武门（长安太极宫北面正门）内。李建成和李元吉汇合之后，从东边走近玄武门。让李建成比较放心的是，玄武门这个最重要的地点，守卫的将军是自己的人。但是，他做梦也没有想到，玄武门屯守的将军，对于发生在眼前的战斗，要么抱着观望态度，要么跟随了李世民，唯独没有人肯为太子拼命。其中，当天在

玄武门当值的常何，正是李世民从太子阵营争取过来的军官。

何常原本是李建成的心腹，但是李世民却暗中将他笼络到自己的麾下。事变当天，李建成和李元吉为防万一，从何常把守的玄武门进宫。就在到达玄武门前时，玄武门却紧闭不开，李建成、李元吉觉得周围的气氛有点异常，心里犯了疑。两人拨转马头，准备回去。李世民从玄武门里骑着马赶了出来，高喊说："殿下，别走！"

李元吉转过身来，拿起身边的弓箭，想要射杀李世民，但是心里一慌张，连弓弦都拉不开来。李世民眼明手快，射出一支箭，把李建成先射死了；紧接着，尉迟敬德带了七十名骑兵一起冲了出来。双方的混战开始。李世民的马受了惊，跑到丛林里，马被树枝绊住，自己也被困住不能动弹。他受困的地点，正好距离李元吉很近。李元吉看到这个情况，立刻奔来，他取了李世民的弓箭，准备用弓弦勒死李世民。双方展开搏斗，千钧一发之际，尉迟敬德一边大喊，一边飞马赶到。李元吉一看敌我悬殊，转身逃跑，他想跑回武德殿。尉迟敬德当然不会放过，立即从他的背后开弓射箭，李元吉一头栽倒在地。尉迟敬德从容取下李元吉的人头。当然，李建成的人头也被取下。

到此，玄武门之变基本上已经画上了句号，但是李唐皇族的血并未流够。

因为斩草还须除根!

太子和齐王虽然已经被除掉了，但是他们的十个儿子还在。对于李世民而言，这就意味着残存的政治异己势力还在、一种潜在的复仇力量还在!

李建成有五个儿子，分别是：安陆王李承道、河东王李承德、武安王李承训、汝南王李承明、钜鹿王李承义。

李元吉也有五个儿子，分别是：梁郡王李承业、渔阳王李承鸾、普安王李承奖、江夏王李承裕、义阳王李承度。

这就是他们留在历史上的全部信息。虽然他们的年龄不详，可我们知道，李建成死时三十八岁，李元吉死时二十四岁，所以，他们的儿子能有多大也就可想而知。最大的估计也不过弱冠之年，最小的很可能仅仅在蹒跚学步。

秦王府诸将领准备将李建成和李元吉的一百多名亲信全部诛杀，并将他们的家产没收，尉迟恭再三争辩说："罪孽都是两个元凶所犯，而他们已经伏诛了，倘若还要牵连他们的党羽，就不是谋求安定的做法了！"于是诸将领停止了追杀。

当三兄弟打得你死我活时，李渊正带着大臣、妃嫔在太极宫中乘船游玩，此时尉迟敬德却一身豪气地前来"逼宫"："陛下，太子、齐王叛乱，已被秦王杀死，特派微臣前来为陛下护驾！"

李渊听到这个消息十分难过，一时无话，赶紧吩咐船只靠岸，问在侧的大臣裴寂："此事该如何收场？"

裴寂是个佞臣，忙推托说："这是陛下的家事。"萧瑀、陈叔达却趁机进言说："建成、元吉本不预义谋，又无功于天下，妒秦王功高望重，共为奸谋。今秦王已讨而诛之，秦王功盖宇宙，率土归心，陛下若处以元良，委之周事，无复事矣！"

李渊见大势已定，便顺势说："善，此吾之夙心也。"此时，宿卫及秦王府兵与东宫、齐王府兵的战斗尚未全部结束，李渊便写了"手敕"，命令所有的军队一律听秦王的处置。

玄武门之变就这样以李世民的成功而告结束。

十余天后，李渊将亲笔诏书赐给裴寂等人说："朕应当加上太上皇的尊号。"此语表达了自己要退位和内禅的想法。当月月底，李渊撤销了太子李世民兼任的天策上将府邸，为李世民登基做准备。

两个月后，唐高祖李渊颁布制书，将皇帝位传给太子李世民，自为太上皇，仍居于大内皇宫正殿——太极殿。李世民坚决推辞，李渊不许。

李渊颁布传位制书的第二天，即武德九年八月初九（626 年 9 月 4 日），太子李世民在东宫显德殿即皇帝位，是为唐太宗，并大赦天下，从此开始了他辉煌的皇帝生涯，即位第二年正月初一改元贞观。唐太宗李世民在位期间文治昭昭，武功赫赫，史称“贞观之治”。

李世民即位后，不久即下达诏书，追封已故太子皇兄李建成为息王，谥号为隐，是为息隐王；皇弟齐王李元吉为海陵郡王，谥号为剌，是为海陵剌王，以皇家丧礼重新安葬。安葬那一天，李世民在宜秋门大哭一场，显得十分哀痛。谏议大夫魏徵、王珪两人上表请求陪送灵车到安葬地，李世民答应了他们的请求，并命令原东宫和齐王府的幕僚属官都去送葬。从李世民给两位兄弟的封号和谥号来看，无疑是降低了他们的地位身份：李建成原为皇太子，降为息王（亲王级别），谥号为隐，是中下等谥号（按谥法：“隐拂不成曰隐。不显尸国曰隐。见美坚长曰隐。”指本性难改，言过其实。又：“隐，哀也。”指柔弱短寿）；李元吉原为齐王（亲王级别），降为海陵郡王（郡王级别），谥号为剌，是下等谥号（按谥法：“愎很遂过曰剌。不思忘爱曰剌。”指刚愎自用，忘恩负义）。

贞观十三年十二月初七乙亥日（640 年 1 月 5 日），李世民封庶出皇子李福为赵王，过继给已故皇兄建成为嗣。三年后，下诏恢复息隐王建成皇太子的封号，改封海陵剌王元吉为巢王（恢复为亲王级别），谥号不变，故后世称两人为“隐太子”、“巢剌王”。两人生前的身份地位恢复了，但恶谥依然伴随着他们。

李世民去世以后，继位人李治于显庆年间下达诏书，令太宗的小儿子、自己最小的弟弟曹王李明，过继给已故皇叔元吉为嗣。

既往不咎用能人

李世民发动政变后的第一天，冯立和谢叔方都自动站出。薛万彻逃亡躲起来以后，李世民多次让人明示他，他也回来了。李世民说："这些人都能够忠于自己所侍奉的人，是义士啊！"李世民赦免了他们。

之后，高祖李渊任命政变功臣宇文士及为太子詹事，长孙无忌与杜如晦为左庶子，高士廉与房玄龄为右庶子，尉迟恭为左卫率，程知节为右卫率，秦王府旧臣虞世南为中舍人，褚亮为舍人，姚思廉为太子洗马，论及政变的功劳，以长孙无忌和尉迟恭为第一，分别赐绢一万匹。李渊还特别嘉奖尉迟恭，慰劳他说："爱卿对于国家来说有安定社稷的功劳。"并把齐王府司的金银布帛器物全部赏赐给尉迟恭。

当初，太子洗马魏徵经常劝说太子李建成及早除去秦王。李建成败亡后，李世民传召魏徵，问道："你为什么挑拨我们兄弟的关系呢？"大家都为魏徵担惊受怕，魏徵却举止如常地回答道："如果已故的太子早些听从我的进言，肯定不会有今天的祸事。"李世民素来器重他的才能，便改变了原来的态度，对他以礼相待，引荐他担任詹事主簿。李世民还将王珪和韦挺从巂州（治所在今四川西昌）召回，两人和魏徵一起都担任了谏议大夫。

同时，任命政变功臣屈突通为陕东道行台左仆射，镇守洛阳。以秦王府护军秦琼为左武卫大将军，又以程知节为右武卫大将军，尉迟恭为右武

侯大将军，以高士廉为侍中（相当于宰相），房玄龄为中书令（亦相当于宰相），萧瑀为左仆射（亦相当于宰相），长孙无忌为吏部尚书，杜如晦为兵部尚书，以宇文士及为中书令，封德彝为右仆射（亦相当于宰相）；又以前天策府兵曹参军杜淹为御史大夫，前任中书舍人颜师古、刘林甫为中书侍郎，左卫副率侯君集为左卫将军，左虞候段志为骁卫将军，副护军薛万彻为右领军将军，右内副率张公谨为右武侯将军，右监门率长孙安业为右监门将军，右内副率李客师为领左右军将军。至此，李世民集团成员和支持李世民的官员控制了国家的要害部门和职位，完全掌握了全国军政大权。

太子李建成和齐王李元吉的余党流散逃亡到民间，虽然朝廷连续颁布赦免令，他们仍然感到内心不安，图谋侥幸获利的人争相告发捕捉他们，以此邀功请赏。谏议大夫王珪将这种情况告诉了太子李世民。李世民颁布太子令："六月四日玄武门之变以前与东宫和齐王府有牵连的人、六月十七日以前与李瑗谋反有牵连的人，一概不允许相互告发，对违反规定的人以诬告罪论处。"

随后，朝廷派遣谏议大夫魏徵安抚崤山以东地区，允许他见机行事。魏徵来到磁州的时候，遇到州县枷送前任太子千牛李志安、齐王护军李思行前往京城。魏徵说："我奉命出使的时候，对原来东宫与齐王府的属官已经一概赦免，不予追究。现在又押送李思行等人，那么谁会不对赦令产生怀疑呢！虽然朝廷为此派遣了特使，又有谁会相信他呢！我不能够因顾虑自身遭受嫌疑，便不为国家考虑。何况我既然被视为国中才能出众的人士而受到礼遇，怎敢不以国中才能出众人士的本色来报答太子呢！"于是，他将李志安等人一律释放。太子李世民得知此事后甚为高兴。

李世民即位后，于贞观十七年二月二十八戊申日（643 年 3 月 23 日）下令将宫廷画师阎立本所画的辅佐他平定天下，安邦治国的二十四位功臣的画像悬挂于宫中凌烟阁之上，世称这二十四位功臣为“凌烟阁二十四功臣”，其中大部分功臣都参与了“玄武门之变”的谋划，在政变前就属于李世民集团或支持李世民，也有如魏徵这样原为太子李建成部属、后来为太宗所用的能臣。

李世民心里的“鬼”

玄武门之变是李世民一生中最为重大的转折点，它将李世民一举推上了大唐帝国的权力巅峰，同时也将他推上了一个彪炳千秋的历史制高点。然而，不可否认的是，这个骨肉相残的悲剧事件无疑也使他背上了一个沉重的道德包袱——终其一生，李世民也未能真正摆脱玄武门之变留下的心理阴影。

有民间传说，李世民即位后，有一段时间睡眠非常不好，晚上睡觉常常听到卧房外边抛砖掷瓦，鬼魅呼叫，弄得后宫夜夜不宁。他有一段时间经常做噩梦，梦到自己的哥哥和弟弟带着妖魔鬼怪来杀他，心中十分害怕，夜间难以入眠，于是让手下两员大将秦叔宝和尉迟恭手持兵器站在门前值守，这样便能够安心入睡。可时间长了，两员大将长期夜不能寐，最后双双病倒，李世民只得命人将他们的形象画在纸上，贴在门上，用来震慑妖魔鬼怪，这就是门神的由来。

也有史料记载，李世民曾干预初唐历史的编纂。

进而言之，就是李世民很想看一看自己当年的所作所为，在史官笔下

究竟是一副什么模样。为此，当玄武门之变已经过去了十几年后，李世民终于还是抑制不住内心强烈的冲动，向当时负责编纂起居注的褚遂良发出了试探。

贞观十三年（639），褚遂良为谏议大夫，兼知起居注。太宗问曰：“卿比知起居，书何等事？大抵于人君得观见否？朕欲见此注记者，将却观所为得失以自警戒耳。”

遂良曰：“今之起居，古之左、右史，以记人君言行，善恶毕书，庶几人主不为非法，不闻帝王躬自观史。”

太宗曰：“朕有不善，卿必记耶？”

遂良曰：“臣闻守道不如守官，臣职当载笔，何不书之？”

黄门侍郎刘洎进曰：“人君有过失，如日月之蚀，人皆见之。设令遂良不记，天下之人皆记之矣。”（《贞观政要》卷七）

李世民打算调阅起居注的理由是“观所为得失，以自警戒”，听上去很是冠冕堂皇，也与他在贞观时期的种种嘉言懿行颇为吻合，可是褚遂良知道——天子的动机绝非如此单纯！退一步说，就算天子的出发点真的是要“以自警戒”，褚遂良也不愿轻易放弃史官的原则。所以，他毫不客气地拒绝了天子的要求，说：“从没听说有哪个帝王亲自观史的。”

李世民碰了钉子，可他还是不甘心地追问了一句：“我有不善的地方，你也记吗？”这句话实际上已经很露骨了，如果换成哪个没有原则的史官，这时候估计就会见风使舵，乖乖把起居注交出去了，可褚遂良却仍旧硬梆梆地说：“臣的职责就是这个，为何不记？”而黄门侍郎刘洎则更不客气，他说：“人君要是犯了错误，就算褚遂良不记，天下人也会记！”

这次的试探虽然失败了，但是李世民并没有放弃。短短一年之后，他就再次向大臣提出要观“当代国史”。这一次，他不再找褚遂良了，而是直接找了当时的宰相、尚书左仆射房玄龄。

李世民这次还是那套说辞，可在听到房玄龄依旧给出那个让他很不愉快的答复后，他就不再用试探和商量的口吻了，而是直接向房玄龄下了命令："卿可撰录进来。"在这种情况下，房玄龄如果执意不给就等于是抗旨了。迫于无奈，房玄龄只好就范。结果不出人们所料，李世民想看的正是"六月四日事"。

看完有关玄武门之变的原始版本后，李世民显得很不满意，命房玄龄加以修改，并且对修改工作提出了上面那段"指导性意见"。这段话非常著名，被后世史家在众多著作中广为征引，同时也被普遍视为李世民篡改史书的确凿证据。

贞观十七年（643），唐太宗李世民看了一本古籍中的一篇文章后，内心某个隐秘的角落忽然被触痛，于是潸然泪下、悲泣良久。他动情地对身边的侍臣说："人情之至痛者，莫过乎丧亲（父母）也……朕昨见徐干（东汉文学家、"建安七子"之一）《中论·复三年丧》篇，义理甚深，恨不早见此书。所行大疏略，但知自咎自责，追悔何及？"（《贞观政要》卷六）

李世民说的"所行大疏略"，意思是高祖李渊逝世时，他所行的丧礼过于粗疏简略，未尽到人子之孝，因此深感愧疚和自责，追悔莫及。

也怪不得李世民会感到痛心愧悔，因为对待高祖的身后事，他的许多做法的确有不尽如人意之处。比如埋葬高祖的献陵在规格上就比埋葬长孙皇后（包括逝世后的太宗本人）的昭陵要逊色得多。献陵是"堆土成陵"，规模和气势十分有限；而昭陵则是"因山为陵"，规模浩大、气势宏伟。高祖安葬后，李世民也并未流露出应有的思念之情，而对长孙皇后则是情深意长、无比怀念，曾"于苑中作层观，以望昭陵"（《资治通鉴》卷一九四），结果立刻遭到魏征的暗讽和讥刺。

而时隔多年之后，李世民突然对父亲流露出的这种忏悔和内疚之情，

难道仅仅是因为自己在高祖身后没有尽孝道吗？在高祖李渊生前，李世民又做得如何呢？之所以会有如此强烈的愧悔之情，是否跟武德九年（626）的玄武门之变有关呢？

或者我们可以换一个方式追问：在武德九年（626）六月四日清晨，当李世民在玄武门前一举除掉太子和齐王之后，当守门禁军与东宫齐王卫队激战正酣的时候，太极宫中到底发生了什么？是否真如史书所载，李渊和近臣们正悠然自得地“泛舟海池”，沉浸在一片诗情画意之中，对宫门前正在发生的惨烈厮杀一无所知？是否直到尉迟敬德满身血迹、“擐甲持矛”地前来“宿卫”，李渊和一帮近臣才如梦初醒？

事实上，六月四日高祖李渊“泛舟海池”的这一幕，历来备受后世史家的强烈质疑。

关于这个隐藏最深的真相，一部一千多年后重现人间的敦煌残卷，也在一定程度上为我们揭开了其神秘的面纱……

公元 1900 年，敦煌莫高窟的藏经洞被意外发现，消息震惊中外，可清政府并未对此采取任何保护措施。于是随后的几年里，一批又一批价值不可估量的古代文献被西方的探险家和文物掠夺者陆续盗运到了欧洲。在斯坦因（匈牙利人，后加入英国籍）盗走的文献中，有一部被冠以编号 S.2630 的敦煌写本，内容就涉及了唐太宗和玄武门之变。王国维先生是中国第一个研究这份文献的学者，将其命名为《唐太宗入冥记》。这份文献虽然只是唐代的民间话本，算不上正规史料，而且作者已不可考，但是里面透露的某些信息却至关重要，非常值得我们关注。

大概的意思是：玄武门事变以后，李建成和李元吉的鬼魂不散，到冥世阎王殿告状，最后阎王决定拘李世民的灵魂来冥世与李建成等对质。其中，有一个冥世的判官叫作崔子玉，他是辅阳县县尉，一个往来于人间与冥世的人。他看到自己的皇帝来到冥世，知道升官的机会到了。他开始跟唐太宗讨价还价，唐太宗不得已只好跟他搞交易。崔子玉说可以替唐太宗回答问题，但需要唐太宗给他报酬。回答什么问题呢？即“武德七年（玄武门事变发生在武德九年，小说作七年），为什么杀兄弟于前殿，囚慈父于后宫”。唐太宗一看这个问题，立刻傻了，“闷闷不已，如杵中心”，心中像塞了块木头。他说回答不了。最后，崔子玉替唐太宗回答了这个问题，大约是大义灭亲之类。于是李世民给了他一个蒲州刺史兼任河北二十四州采访使的大官。小说中，唐太宗的灵魂战战兢兢，因为心中有鬼。最后不得不接受崔子玉的敲诈，顺利通过冥世的拷问。

在这个故事中，崔子玉所提的那个问题是最重要的、也是最有价值的一个信息。其中，“杀兄弟于前殿”遍见正史记载，而且李世民本人对此也直言不讳，所以并不稀奇；真正让李世民感到难以启齿、同时也让我们感到非同小可的是后面的六个字——“囚慈父于后宫”。

很显然，这是一个被所有官修正史一律遮蔽掉的信息。

这部小说的创作年代不清楚，但肯定属于唐代，小说应该是经过了多人不同时期的修改，大概在武则天时期已经成形。其中，小说认为李世民有罪。其中特别清楚地说到他“囚慈父于后宫”。可见，早在唐朝就有这种李世民囚禁父皇的说法。

如果用这种观点来看玄武门之变后尉迟敬德出现在高祖李渊面前的一幕，意味就深远了……

然而，就算这样的说法渊源有自，可毕竟属于民间传闻，何况《唐太宗入冥记》也只有这语焉不详的六个字，除此之外我们什么都看不到。

玄武门兵变，可以说是李世民非法取得了皇位，有人说这是李世民当政一生的污点，从正统的中国文化观点来看，确实如此，但李世民毕竟征战一生，绝不是引颈待戮之辈，首先是要活着，夺皇位不过是搂草打兔子，所以，他的皇位是被逼出来的，逼出来一位历史明君，逼出来一个贞

观盛世，也逼出来了李唐三百年的基业。靠的是李世民的智慧还有铁血手腕与果敢。

如今，再探讨是否囚禁过李渊，并没有多大意义，弑兄已足够李世民喝一壶的。可这在一定程度上，似乎又掺杂了许多李世民的不情愿，谁让他李世民是个不甘寂寞的人，他要实现他的理想，就只能按照命运的安排。从史料上来看，李世民对此事也一直耿耿于怀，一辈子没有真正原谅自己，他终究不是杨广之流，不然也不会有贞观之治。

第四章　威加海内

——犯我唐者，虽远必诛

远离战争，和平发展是人类社会一直孜孜以求的梦想。然而在中国历史发展的长河中，战争始终与我们的文明进步如影随形。唐初，天下方定，四海之内骚乱不断，在那些血与火的战争中，涌现出了许多伟大的军事家、政治家及各种杰出人物，为后世留下了宝贵的历史遗产。

李靖北灭东突厥，西破吐谷浑

唐太宗刚即位不几天，突厥颉利可汗乘唐朝皇帝更替之机，遂率十几万精锐骑兵再次进犯泾州（今甘肃泾川西北），并长驱直入，兵临渭水便桥之北，不断派精骑挑战，还派其心腹执失思力入朝，以观察虚实（参见唐击突厥泾阳之战）。当时征调的诸州军马尚未赶到，长安市民能拿兵器打仗者也不过几万人，形势十分危急。在此种情况下，太宗曾冒险亲临渭水桥，与颉利可汗结盟，突厥这才退兵。事后，太宗擢任李靖为刑部尚书，不久转任兵部尚书。因他作战屡建功绩，赐实封四百户。

此后不久，东突厥国内发生了变乱，所属薛延陀、回纥、拔野古诸部相继叛离，又恰遇暴风雪，羊马死亡甚多，因而发生了饥荒，族人纷纷离散。贞观三年（629）八月，唐太宗接受了代州都督张公瑾的建议，决定出击东突厥，命兵部尚书李靖为定襄道行军总管，以张公瑾为副将，发起了强大的军事攻势。又任命并州都督李绩、华州刺史柴绍、灵州大都督薛万彻等为各道总管，统率十几万军队，分道出击突厥（参见唐灭东突厥之战）。

贞观四年（630）正月，朔风凛冽，李靖率领三千精锐骑兵，冒着严寒，从马邑（今山西朔县）出发，向恶阳岭挺进。颉利可汗万万没有想到唐军会突如其来，兵将相顾，无不大惊失色。他们判定：如果唐兵不倾国而来，李靖决不会孤军深入，于是“一日数惊”。李靖探知这一消息，密

令间谍离间其心腹，其亲信康苏密前来投降。李靖迅即进击定襄，在夜幕掩护下，一举攻入城内，俘获了隋齐王杨暕之子杨正道及原炀帝萧皇后，颉利可汗仓皇逃往碛口（今内蒙古自治区二连浩特西南）。李靖因军功晋封代国公，赐名马、宝器等。太宗高兴地对大臣说："李陵以步卒五千战于绝漠，然卒降匈奴，其功尚得书竹帛。靖以骑三千，喋血虏庭，遂取定襄，古未有辈，足濯吾渭水之耻矣！"

在李靖胜利进军的同时，李绩也率军从云中（今山西大同）出发，与突厥军在白道（今内蒙古自治区呼和浩特北）遭遇。唐军奋力冲杀，把突厥军打得溃不成军。颉利可汗一败再败，损失惨重，遂退守铁山，收集残兵败将，只剩下几万人马。

颉利可汗处于山穷水尽的境地，他派执失思力入朝请罪，请求内附，并表示愿意入朝。其实，他内心尚犹豫未决，意欲赢得时间，以苟延残喘，俟草青马肥之时，逃到大漠以北，以卷土重来。

唐太宗派遣鸿胪卿唐俭等前去安抚，又诏命李靖率兵迎颉利可汗入朝。李靖率兵抵达白道，与李绩谋议说："颉利虽败，其众犹盛，若走度碛北，保依九姓，道路且远，追之难及。今诏使在彼，虏必自宽，若选精骑一万，赍二十日粮往袭之，不战可擒矣。"商议已定，遂率军连夜出发，李绩继后而进。

李靖率军进至阴山，遇到突厥斥候千余帐，一战而全部俘获，命与唐军同行。这时，颉利可汗见到唐使臣，放松了戒备。李靖前锋苏定方率领的两百余骑又乘着大雾，悄然疾行，直到距颉利可汗牙帐七里远的地方才被发觉。如同惊弓之鸟的颉利可汗慌忙骑马逃走，突厥军也四散而逃。李靖大军随之赶到，杀敌一万余人，俘虏十几万，缴获牛羊数十万只（头），并杀死隋义成公主。颉利可汗率万余人想北过大漠，在碛口受李绩所阻，不能北逃，其大酋长皆率众投降。不久，颉利可汗被大同道行军总管任城

王李道宗擒获，并送到京师。东突厥从此宣告灭亡了。

自隋朝以来，突厥即是西北的强国。李靖等灭了东突厥，不仅解除了唐朝西北边境的祸患，而且也洗刷了唐高祖与太宗向突厥屈尊的耻辱。因此，唐太宗颇有感慨地说："朕闻主忧臣辱，主辱臣死。往来国家草创，突厥强梁，太上皇以百姓之故，称臣于吉利，朕未尝不痛心疾首，志灭匈奴，坐不安席，食不甘味。今者暂动偏师，无往不捷，单于稽颡，耻其雪乎！"太上皇李渊也欣喜万分，他把太宗、贵臣十几人，还有诸王、王妃、公主等召至凌烟阁，设宴庆祝。他一时兴起，还亲自弹起了琵琶，太宗起舞，大臣们也接连起身举杯祝贺，一直延续到深夜。

李靖虽在战场上勇猛善战，叱咤风云，但却性情沉厚。事后御史大夫萧瑀妄加劾奏李靖治军无方，在袭破颉利可汗牙帐时，一些珍宝文物，都被兵士抢掠一空，请求司法部门予以审查。太宗虽一时不明缘由，特赦不得审查。在李靖入见时，唐太宗仍严加责备，李靖却不加辩白，只是顿首谢罪。太宗以其功劳大，加授左光禄大夫，赐绢一千匹，加实封户，通前为五百户。后来，唐太宗知道李靖受了诬告，又赐绢二千匹，并由兵部尚书晋升为右仆射，成为宰辅。在宰相议政时，又"恂恂似不能言"。

李靖在青少年时曾锐意进取，然而一旦富贵在身，又深惧盈满，能知足而退。到了贞观八年（634）十月，担任宰相职务刚满四年的李靖即以足疾辞任，而且言辞恳切。唐太宗明白他的心意，并十分欣赏他的这一举动，派遣中书侍郎岑文本转告他说："朕观自古以来，身居富贵，能知止足者甚少。不问贤智，莫相自知，才虽不堪，强欲居职，纵有疾病，犹自勉强。公能识达大体，深足可嘉，朕今非直成公雅志，欲以公为一代楷模。"特颁下诏书，加授特进，赐物千余，名马两匹。如足疾稍好一些，每二三天可到中书、门下平章政事。不久，又特赐李靖一条灵寿杖，以帮助他疗养足疾。

可此事还未过两个月，就发生了吐谷浑进犯凉州的事件，朝廷决定兴兵反击，李靖是最为合适的人选，可惜足疾未愈。而这位年逾花甲的老将军一听到朝廷将远征吐谷浑的消息，顿时精神抖擞，他顾不上足疾与年事已高，主动去求见宰相房玄龄，请求挂帅，率军远征。唐太宗大喜过望，这年十二月，即任命李靖为西海道行军大总管，又分别任命兵部尚书侯君集、刑部尚书任城王李道宗、凉州都督李大亮、右卫将军李道彦、利州刺史高甑生五人为各道行军总管，统由李靖指挥（参见唐击吐谷浑之战）。于是一场大规模的反击吐谷浑的战争序幕拉开了。

李靖奉命赴任之时，正值寒冬腊月季节。他一路踏着冰雪，风餐露宿，备尝艰辛。翌年闰四月，唐军在库山（在今青海天峻）与吐谷浑交战，李道宗部大败吐谷浑，唐军首战告捷。

狡诈的吐谷浑可汗伏允一面往西败退，一面令人把野草烧光，以断绝唐军马草。干草已被烧光，春草尚未萌生，诸将大都认为战马瘦弱，不可长途追击。侯君集认为吐谷浑已“鼠逃鸟散，斥候亦绝，君臣携离，父子相失，取之易如拾芥，此而不乘，后必悔之”。李靖完全赞同他的意见，决定不给敌人喘息的机会，于是兵分两路：李靖与薛万均、李大亮等从北道，侯君集、李道宗从南道，两路大军一齐进发。

李靖亲自率领的北路军进展顺利。不几天，其部将薛孤儿于曼头山（今属青海）击败吐谷浑军，杀其名王，用缴获的大批牛羊充作军食。接着李靖的主力军也先后于牛心堆、赤水源两次大败吐谷浑军。侯君集、李道宗所率南路军进展也很迅速，他们深入荒漠两千余里。这里荒无人烟，温差变化大，有时酷热难忍，有时寒冷得令人战栗。有时无水，他们只能刺马饮血解渴。唐军克服了种种困难，长途奔袭，到了五月，终于在乌海（今青海兴海）追上了伏允可汗，又大败其军，俘获了其名王。薛万均等于赤海也打败了吐谷浑的天柱王军。

李靖督各军继续进击，又连战告捷。李大亮军于蜀浑山击败吐谷浑军，获其名王二十人。部将执失思力也在居茹川击败吐谷浑军。唐军乘胜进军，经过积石山河源，一直打到吐谷浑西陲且末（今新疆且末）。部将契苾何力追击伏允可汗，破其牙帐，杀数千人，缴获牛羊二十多万头（只），并俘虏了其妻子。

伏允可汗率一千多骑兵逃到碛中，已到了山穷水尽的地步，部下纷纷离散。不久，伏允可汗为部下所杀。其长子大宁王慕容顺杀死天柱王，率众降唐。李靖率军经过两个月的浴血奋战，平定了吐谷浑，并向京师告捷。唐朝为了控制吐谷浑旧境，封慕容顺为西平郡王、趉故吕乌甘豆可汗，并留下李大亮协助防守。

在进击吐谷浑时，利州刺史高甑生任盐泽道总管，未按期到达，贻误了军机，受到李靖的责备，他心怀不满。战事结束后，即串通广州都督府长史唐奉义诬告李靖谋反。唐太宗令调查此事，弄清事实真相，判定高甑生以诬罔罪减死，流放边疆。从此，李靖“乃阖门自守，杜绝宾客，虽亲戚不得妄进”。

不久，李靖以功晋封卫国公。贞观十七年（643），又与长孙无忌等二十四人图像立于凌烟阁，尊奉为功臣，并进位开府仪同三司。

贞观十八年（644），唐太宗亲自征伐高句丽，把李靖召入宫内，对他说：“公南平吴，北破突厥，西定吐谷浑，唯高句丽未服，亦有意乎？”这位年过七旬的老将虽染病在身，仍表示愿意从行，对太宗说：“往凭天威，得效尺寸功。今疾虽衰，陛下诚不弃，病且瘳矣。”太宗见他实在年老体衰，未同意他远征。

李靖虽未从征高句丽，但对前线的战事颇为关注。唐太宗进至驻跸山（今辽宁辽阳南）时，高句丽兵倾国出动，内部空虚，李道宗曾请求率精兵五千，奇袭平壤，太宗未答应。事后回京，太宗询问李靖说：“吾以天

下之众，困于蕞尔之夷，何也？”素善出奇制胜的李靖以为太宗未能听从李道宗的计谋，便说：“此道宗所解。”太宗询问李道宗，他说明了当时的建议未被采纳，太宗听后怅然说：“当时忽遽不忆也。”

李靖明察事件，善于见微而知著。唐太宗要他教给侯君集兵法，后来侯君集上奏太宗，说李靖将反，因为每到精微之处，李靖则不教授。太宗听后责备李靖，李靖却回答说：“此君集反耳。今中夏乂安，臣之所教，足以安制四夷矣。今君集求尽臣之术者，是将有异志焉。”此时，侯君集尚未有任何反迹，太宗似不相信。一次，朝后回尚书省，侯君集骑马越过省门数步尚未发觉。李靖见到这种情况，便对人说：“君集意不在人，必将反矣。”至贞观十七年四月，侯君集果然与太子承乾谋反，事情败露后被杀，证明了李靖的预见准确无误。

贞观二十三年（649），李靖病情恶化，唐太宗亲临病榻慰问。他见李靖病危，涕泪俱下，十分难过地对李靖说：“公乃朕生平故人，于国有劳。今疾若此，为公忧之。”这年四月二十三日（7 月 2 日），李靖溘然逝去。享年七十九岁。唐太宗册赠司徒、并州都督，给班剑、羽葆、鼓吹，陪葬昭陵。谥曰景武。坟墓如同卫青、霍去病故事，筑坟形如同突厥内燕然山、吐谷浑内积石二山形状，“以旌殊绩”。因为他战功显赫，死后经常显灵，为百姓救危解厄，百姓为其建庙供奉，于是到晚唐时候，李靖渐渐被神化了。

侯君集统兵灭高昌

唐帝国开始介入西突厥内乱，采取支持泥敦系突厥首领的政策。唐帝国册封泥敦系阿史那同俄为沙钵罗咥利失可汗，希望通过羁縻政策，控制整个西突厥。不久，原东突厥始毕可汗之子欲谷设也自立为乙毗咄陆可汗，两大可汗大打出手。

可是，随着泥敦系沙钵罗咥利失可汗的不断战败，欲谷设大有统一整个西域之势。与此同时，欲谷设控制了高昌，并联合高昌一起攻打焉耆，阻断了西域与唐朝的贡道。唐朝感受到来自西部边疆的巨大压力。为此，唐朝准备进兵西域，直接介入西域的政治、军事斗争。

贞观九年（639）十二月，在反击吐谷浑战争中表现卓越的侯君集被任命为交河行军大总管，薛万均被任命为副总管，辖下的将领还包括赵元楷、阿史那社尔等人，率步骑二十万及突厥、契苾之众征讨高昌。麴文泰以为唐离高昌有七千里之遥，沙碛阔约两千里，地无水草，气候异常，唐朝不会以大兵相加。另外，他还有一个重要的靠山，西突厥的欲谷设驻扎在可汗浮图城，与高昌互为犄角。及唐军在熟悉当地地形的契苾何力引领下抵达碛口时，麴文泰忧惧而死，其子智盛即位。

侯君集率兵进至柳谷时，探马禀报说麴文泰近日即将安葬，高昌国内人士都聚集在葬地。诸将闻听此报，请求趁机进行突袭。侯君集则认为："不可，天子以高昌骄慢无礼，使吾恭行天罚，今袭人于墟墓之间，非问

罪之师也。”于是擂鼓进军，进抵田地城。高昌固城自守，侯君集下书谕之，高昌守军也不回应。侯君集遂于清晨发动进攻。在出征前，唐太宗深知在远离中原作战，既无援军，又无后勤保障，所以必须速战速决，为此唐太宗征集了一些善于制造攻城器械的工匠从军。“君集遂刊木填隍，推撞车撞其睥睨，数丈颓穴，抛车石击其城中，其所当者无不糜碎，或张毡被，用障抛石，城上守陴者不复得立。”到了中午时便攻下田地城，俘男女七千余人。

侯君集随即命中郎将辛獠儿为前锋，于当夜直趋高昌城。麹智盛率军迎战，被击败后退保都城。唐军主力继至，直抵其城下。麹智盛走投无路，便给侯君集来信说：“有罪于天子者，先王也。天罚所加，身已丧背。智盛袭位未几，不知所以愆阙，冀尚书哀怜。”侯君集答复道：“若能悔祸，宜束手军门。”但麹智盛仍坚守不出。侯君集遂命将士填堑攻城，又造高五丈可以俯瞰城内的巢车，对城内动静了如指掌。城内行人走动以及飞石所中目标，在巢车上的人都大声告知唐军，以致高昌人皆在屋中躲避飞石。在唐军猛烈的攻势之下，高昌守军既无进攻之力，也无防守之力。唯一的希望，就寄托在盟友西突厥军队的支援了。

唐军的凌厉攻势，令西突厥人也感到震惊，欲谷设还没等高昌战役结束，便急忙离开可汗浮图城，将守城的任务交给大将，一口气向西跑了一千里。西突厥驻扎在可汗浮图城的将军向唐军投降。

麹智盛见大势已去，被迫于初八开门出城投降。侯君集继续分兵略地，共攻下 3 郡、5 县、22 城，得户 8046，人口 3.77 万，马 4300 匹，占地东西 800 里，南北 500 里。唐在其地置西州，在可汗浮图城置庭州。二十一日，又置安西都护府于交河城，留兵镇守，而后刻石纪功而还。

侯君集入高昌时，私取宝物；将士也竞相盗窃，侯君集自身不正，不敢禁制。还朝后，被人揭发，下狱，虽得免罪，却没有奖赏，他心怀不

满。后洛州都督张亮密告他煽动自己谋反，太宗认为两人对话，别无旁证，没有追究。这时，太子承乾屡有过失，魏王泰争立，两人各自树立徒党，侯君集与承乾结纳。有人告发承乾策划政变，结果承乾被废黜，侯君集也被杀。

李绩挥师重创薛延陀

薛延陀居于漠北。本为匈奴别种铁勒之一部，初与薛族杂居，后灭并延陀族，称为薛延陀，官制和风俗，与突厥大抵相同。

贞观二年，西突厥内乱，乙失之孙夷男率其部落七万余户臣服于东突厥，却又逢上颉利可汗的残暴统治。夷男乃率其部众，武力反抗，颉利派大军镇压，反被夷男所败，颉利部众归附者不少。铁勒诸姓共推夷男为可汗，夷男不敢当。这时，唐太宗正在设法削弱颉利势力，认为团结夷男，有利于唐对东突厥最后的反击，便遣游击将军乔师望暗里联络夷男，册拜夷男为珍珠毗伽可汗，赐以鼓纛。夷男大喜，遂成立了薛延陀汗国，建都于大漠郁督军山（今蒙古人民共和国杭爱山）下，与东突厥分庭抗礼，并遣使入贡，成为唐在漠北的一个附属藩国。

薛延陀汗国成立后，回纥、拔野古、阿跌、同罗、仆骨、霫等少数民族纷纷归附，其境东至靺鞨，西至西突厥，南接沙碛，北至俱伦水，有精兵数万。夷男派遣其弟入贡，太宗赐以宝刀及宝鞭，对他说：“卿所部有大罪者用剑斩之，小罪者用鞭鞭之。”夷男得到唐太宗这样的鼓励，更

不把颉利可汗放在眼里，频频出兵攻击。颉利可汗腹背受敌，遣使入唐称臣。

唐灭东突厥后，把大多数东突厥部众迁到黄河以南安置，设置了很多羁縻州府，委任原东突厥贵族担任州府长官。这样一来，朔塞空虚，薛延陀趁机迅速扩张势力，占据了原东突厥的大部分地盘，并将牙帐由郁督军山迁至都尉捷山北独逻河之南（今蒙古人民共和国土拉河流域），有精兵二十万，进入了全盛时期。

东突厥降众得到唐的优容使薛延陀妒火中烧，它认为唐应当更照顾它这个昔日的盟友，而不应像爱护孩子一样爱护东突厥这个阶下囚。故而，在东突厥部众面前，薛延陀人总是趾高气扬，一副盛气凌人的样子。

贞观十三年，唐太宗安排阿史那思摩重返草原，东突厥人早看清薛延陀不安好心，不愿出塞。于是唐太宗遣司农卿郭嗣本出使薛延陀，赐夷男玺书，其文大意是："当年大唐灭东突厥，并不想占其土地，只想赶颉利下台。现在东突厥部众繁衍已多，按照当初的计划，安排他们回归故土。大唐册你薛延陀可汗为大，突厥可汗为小。你在碛北，东突厥居碛南，不要相互抄掠，若有违反，大唐各问其罪。"薛延陀表示谨遵大唐安排。阿史那思摩率部落渡过黄河，薛延陀却以担心当年归附自己的东突厥部众叛归阿史那思摩为由，布署精锐骑兵，准备伺机突袭阿史那思摩。情势十分危急，唐太宗连忙下敕制止，薛延陀这回露出庐山真面目，极尽其口舌之能事，绵里藏针回答道："至尊让我们莫相侵掠，薛延陀怎敢不奉诏。但是东突厥反复难信，它没有灭亡之前，连年杀害国人，动辄数以千万计。至尊破东突厥，应当收其余众为奴婢，分给百姓，可是却把他像儿子一样养活着，结果呢？结率却率众而反（贞观十三年四月，突厥贵族结率谋刺太宗，杀卫士数十人，后被斩）。他们都是人面兽心，绝不可信。臣受至尊大恩很重，请为至尊诛杀他们。"太宗自然没有答应，薛延陀怏怏不乐。

阴山南北，水草肥美，薛延陀见不得东突厥部众在这里牧马放羊，总想找个机会把阿史那思摩赶走，并在军事上做着和唐朝开战的准备。当年，薛延陀在和西突厥骑兵作战时，发明了一种步战取胜的战术，即五人为一战斗小组，其中四人在前步战，一人在后照看战马，互相协作，取胜后，则授马于步战者追击。如果在战斗中五人不能紧密配合，则将失应者问罪处死，籍没家人，赏给战斗者。这次，薛延陀搬出了这个战法，在军队中广泛推广，加强训练。“功夫不负有心人”，薛延陀等待的时机终于到来了。

贞观十五年，唐太宗东巡洛阳，实质是为封禅泰山做准备。消息传到夷男那里，他认为这正是入寇的最佳时机，对部众说：“天子封泰山，精兵强将都跟随，边境必然空虚，我们这时攻击思摩，如摧枯拉朽。”他的分析的确有道理，当时李绩已被任命为兵部尚书，仍掌并州事，故而不在并州，而是到洛阳谒见唐太宗。于是，夷男命其子大度设发同罗、仆骨、回纥、靺鞨、霫等兵二十万，越过漠南，屯白道川，攻击阿史那思摩。阿史那思摩有四万骑兵，不敌大度设，节节抵御，向南退却，同时遣使到洛阳告急。唐太宗立即任命李绩为朔州道行军总管，组织北伐战役，又为李绩安排了四员能征惯战的大将，分兵五路迎敌。五路兵马分别是：右屯卫大将军张士贵为庆州道行军总管，出云中；右卫大将军李大亮为灵州道行军总管，屯灵武；凉州都督李袭誉为凉州道行军总管，发凉州；营州都督张俭出营州；李绩自率并州大都督府劲兵七万，出并州。北伐大军十五万人，从不同方面向叛军推进。

李绩统率的主力，距战场最近，李绩又急行军，最先赶到长城外。大度设率先锋部队三万，追击阿史那思摩，思摩急撤入长城。大度设不见思摩，派人登上思摩弃城，朝南乱骂。李绩领兵远远看见，一声令下，大军直扑叛军，杀声如雷，尘埃漫天。大度设害怕，率众沿赤柯泺北撤。李

绩选麾下及突厥精骑六千，抛下步兵，翻过白道山，咬住大度设，以六千对三万，大杀一阵。大度设又北逃，至诺真水（今内蒙古自治区达尔罕茂明安联合旗北），见甩不掉李绩，索性勒兵布阵，长十多里，使出杀手锏——步兵取胜战术，以对付李绩。李绩先令突厥骑兵冲阵，大度设的步兵取胜法果然厉害，突厥兵败。李绩又令唐军骑兵突击，结果大度设万矢俱发，唐军战马多被射死。李绩大怒，命令唐军下马，执长矟以步战对步战。唐军矟长，敌军刀短，一下子占了上风，挑杀敌军像穿糖葫芦一般，大度设大败。与此同时，李绩军副总管薛万彻率领数千骑，冲击薛延陀牵马者，将其战马掠夺殆尽。大度设兵败，又失去战马，难以逃脱，李绩纵兵奋击，斩首三千多级，俘虏军民五万多口。大度设脱身逃走，薛万彻追至漠北。薛延陀退回漠北，正逢天降大雪，人畜冻死者十之八九。

薛延陀在唐的使者要回薛延陀，太宗特意召见，警告说："我约你与东突厥以大漠为界，有相侵者，我则讨伐。你自恃强盛，越过大漠攻击东突厥。李世绩（即李绩）所带的部队才几千骑，你已狼狈如此！回去告诉你们可汗，以后行事，要择善而行。"

阿史那社尔十万雄师灭龟兹

唐朝建立后，龟兹王苏伐叠遣使朝唐。贞观四年（630）又遣使献马。太宗赐其以玺书，抚慰甚厚。后龟兹臣属于西突厥，并在唐军攻焉耆（今新疆焉耆西南）时，派兵增援焉耆，从此不再朝贡。贞观二十一年十二

月，苏伐叠死，其弟诃黎布失毕立，继续有失臣礼，进犯邻国。

太宗为打通西域商路，决定发兵攻灭龟兹。遂于二十六日诏使持节昆丘道行军大总管、左骁卫大将军阿史那社尔，副大总管、右骁卫大将军契苾何力、安西都护郭孝恪等率领唐军，并发铁勒十三州、突厥、吐蕃、吐谷浑等十余万（一说十万）骑，向西进攻龟兹。

贞观二十二年十月，阿史那社尔率军首先击败西突厥处月、处密二部，消除进军龟兹的侧后威胁。接着，自焉耆以西，分兵五道，出其不意地向龟兹北境进兵。焉耆王薛婆阿那支弃城奔龟兹，保其东境。阿史那社尔派兵追击，将其捕获斩首，另立其堂弟先那准为焉耆国王。龟兹大为震惊，守将多弃城逃走。

唐军进至离龟兹都城伊逻卢城（今新疆库车北）三百里的碛口（似为今新疆轮台地区），阿史那社尔命伊州刺史韩威率千余骑为前锋，右骁卫将军曹继叔率部继后，行至多褐城（似为今新疆轮台西），龟兹王诃黎布失毕、丞相那利、大将羯猎颠聚众五万抗拒。刚接战，韩威即引兵佯退，龟兹以全部兵力追击，行三十里后，韩威与曹继叔两军会合，乘龟兹军惧而将退之机，进行反击，大败龟兹军。继而乘胜追击八十里，诃黎布失毕率余部退保都城。

贞观二十二年十二月，阿史那社尔率军进逼龟兹都城，诃黎布失毕轻骑西逃，遂克其城。随后，阿史那社尔以郭孝恪、曹继叔、韩威各部留守该城，自率沙州刺史苏海政、尚辇奉御薛万备等精骑追击诃黎布失毕，行军六百里，诃黎布失毕慌忙退保拨换城（今新疆阿克苏）。阿史那社尔挥军攻城四十天，至闰十二月初一，攻克该城。诃黎布失毕、羯猎颠被俘。那利只身逃走，然后暗中引西突厥之众和本国兵万余人，回袭郭孝恪部。时郭孝恪在城外扎营，不听龟兹人好言预告，疏于戒备，待那利部突然逼近，即率所部千余人入城。但那利部众已登城，与城内降者相配合，共击

郭孝恪部，矢刃如雨，郭孝恪不能挡；复将出城，结果战死于西门。于是城中大乱。此时，唐仓部郎中崔义超为守卫军需物资，临时招募二百人，与那利部激战于城中。曹继叔、韩威各率所部迅即从城西北隅进击那利部，经一夜激战，将其击退，斩首三千级，那利逃走，城中复定。

十多天后，那利又率天山北龟兹兵万余，进攻都城，曹继叔率部迎击，大败那利，斩首八千级。那利单骑逃走，后为龟兹人抓获，送至唐军。

此战，唐军先后攻破龟兹大城五座，又派左卫郎将权祗甫等到各城晓以祸福，使各城相继请降，计得小城七百余个，俘获男女数万人。阿史那社尔向龟兹人宣示唐朝伐罪之意，另立龟兹王弟叶护为王，龟兹人大喜。

唐军攻灭龟兹，使西域大为震动，西突厥、于阗、安国等争送驼马和军粮。至此，唐朝已控制西达葱岭（今帕米尔高原）的广大地区，开辟了通往西域的南路交通要道。

苏定方百骑破万军

高宗永徽六年（655）五月，苏定方随从葱山道行军大总管程知节征讨西突厥，被任命为前军总管。大军行至鹰娑川（今新疆开都河上游），西突厥两万精骑前来抵御。两军展开恶战，总管苏海政激战数场未能取胜，西突厥别部鼠尼施等又率领两万多骑兵前来增援，形势相当危急。当时苏定方所部正在歇马，与大总管营帐相距十余里，中间只隔着一座小

岭，看到远处尘土飞扬，知道敌人大军已至，苏定方“率五百骑驰往击之，贼众大溃，追奔二十里，杀千五百余人，获马两千匹，死马及所弃甲仗，绵亘山野，不可胜计”。副大总管王文度嫉妒苏定方的功劳，对程知节说：“敌军虽然逃跑，官军死伤也多。现在应当结为方阵，将辎重集于阵中，四面列队，人马披甲，敌来即战，才是万全之策。不要让士兵轻率离阵，以免造成损伤。”王文度假称另有诏命，说程知节恃勇轻敌，让王文度从中节制。随即集结军队，下令不许深入敌中。唐军“终日跨马被甲结阵，由是马多瘦死，士卒疲劳，无有战志”。苏定方心急如焚，对程知节说：“天子诏令讨敌，如今反而自守，马饿兵疲，逢敌必败。如此怯懦，怎能立功呢？况且公为大将，前线之事不能自己决断，反而另派副将予以节制，必无如此之理！应拘禁王文度，将此情节急奏朝廷！”程知节没有听从。大军抵达恒笃城，有胡人率众归降，王文度又说：“这些胡人现在投降，等官军撤回后，他们仍会反叛，不如把他们杀尽，夺取他们的资财。”苏定方说：“如果这样处置，那便是自己当贼，又怎能说是讨伐叛逆？”王文度不听。等到瓜分资财时，“唯定方一无所取”。显庆元年（656）十二月，唐军最终无功而返，王文度坐矫诏该当判处死刑，后得以除名为民；程知节坐逗留追贼不及而贻误战机亦被撤职处分。

显庆二年（657）春，朝廷任命苏定方为伊丽道行军大总管，再次征讨西突厥，任雅相、回纥婆润等人为副将，又派已归附大唐的步真及弥射为安抚大使，自南道招抚西突厥旧部。苏定方在金山（今阿尔泰山）以北，大破西突厥处木昆部，俟斤懒独禄率领一万帐兵众投降。苏定方加以安抚，从中调拨了一千骑兵，共同进军至曳咥河（今新疆额尔齐斯河）。西突厥沙钵罗可汗阿史那贺鲁闻讯，率领十万大军前来应战。苏定方率唐军及回纥兵一万余人同敌展开战斗。“贼轻定方兵少，四面围之”，苏定方令步兵环踞南面高地，长矛外向，亲率精锐骑兵列阵于北原。西突厥军向唐军步兵发起三次冲锋，均未能打破唐军大阵的铜墙铁壁，士气渐泄，兵阵已乱。“定方乘势击之，贼遂大溃，追奔三十里，杀人马数万”，并“杀其大酋都搭达干等二百人”。

第二天继续进军，胡禄屋等五弩失毕举众来降，阿史那贺鲁独自与处木昆屈律啜率数百骑向西逃去。五咄陆部听闻沙钵罗可汗兵败，也纷纷归附了南道的安抚大使步真。苏定方命令副将萧嗣业、回纥婆润率各部虏兵赶赴邪罗斯川（今伊犁河西）追击敌兵，自己和任雅相率领新附之众拦截贼军后路。刚好赶上天降大雪，“平地二尺”，军吏请求让士卒稍事休息，苏定方说：“敌军倚恃大雪，以为我军不能前进，必休息士马，现在踏雪急追，掩其不备，可获大胜。如果放脱贺鲁，让他远逃而去，就不能擒获他了！”于是他整顿军队，“昼夜兼行”。进至双河（今新疆温泉、博乐一带），和弥射、步真会合，“军饱气张”，长驱两百里，距贺鲁牙帐只有一百里时，下令结阵而行，大军抵达金牙山（今吉尔吉斯斯坦托克马克以西）。此时贺鲁正准备打猎，苏定方乘其无备，令士兵发动进攻，“破其牙下数万人”。贺鲁率其残部继续逃亡，唐军穷追不舍，“定方追贺鲁至碎叶水（今吉尔吉斯和哈萨克境内楚河），尽夺其众”。沙钵罗可汗仅率其子咥运、婿阎啜等十余骑连夜逃往石国（今乌兹别克斯坦首都塔什干一带）西北之苏咄城。苏定方派遣副将萧嗣业一路追击至石国，沙钵罗可汗被石国城主伊涅达干诱捕，送交萧嗣业。此次唐军征伐贺鲁“收其人畜前后四十余万”，息兵后苏定方令西突厥诸部各归所居，修复道路，设置邮驿，掩埋尸骨，慰问疾苦，划定部落地界，恢复生产，并将沙钵罗可汗掳掠的财物、牲畜等，全部归还原主。

唐朝安西都护府胜利归来的苏定方在都城长安举行了隆重的昭陵、太庙献俘礼仪，“高宗临轩，定方戎服操贺鲁以献”。西突厥灭亡后，大唐“列其地为州县，极于西海（今咸海）”，原臣服于西突厥的中亚诸国纷纷

前来归附，整个西域置于唐朝的掌控之下。苏定方因功升迁为左骁卫大将军，封邢国公，另封其儿子苏庆节为武邑县公。显庆三年（658），安西都护府升格为安西大都护府，唐仍依两厢分治的历史传统，在西突厥故地分别设置濛池都护府和昆陵都护府。并将西突厥“所役属诸国皆置州府”。显庆四年（659）九月，“诏以石、米、史、大安、小安、曹、拔汗那、北拔汗那、悒怛、疏勒、朱驹半等国置州县府一百二十七”，并隶属于安西大都护府。西突厥及其属国全境纳入大唐版图后，大唐帝国统辖的疆域“西尽波斯”。

此役苏定方对西突厥实行分化和重点打击相结合的方略，攻守兼施，及时反击，掩其不备，穷追猛打，终获大胜，大唐帝国的势力也因此延伸至中亚。苏定方踏雪夜追贺鲁一幕堪称唐代著名边塞诗“月黑雁飞高，单于夜遁逃。欲将轻骑逐，大雪满弓刀”的真实写照。

显庆四年（659）冬，位于葱岭以西的（今帕米尔高原）思结阙俟斤都曼先镇诸胡，率所部及疏勒、朱俱波、喝般陀三国又再度反叛，并攻破了于阗国。高宗诏令苏定方为安抚大使，再度西征。唐军到达叶叶水（今乌兹别克斯坦和塔吉克斯坦境内的锡尔河），而敌军则在马保川筑营据守。苏定方“选精卒一万人、马三千匹驰掩袭之，一日一夜行三百里”，到天明时，唐军距城西只有十里。“都曼大惊，率兵拒战于城门之外”，敌军完全没做好作战准备，大败，退守马保城，唐军直逼城门之下。入夜后，后续部队亦陆续赶到，把城池四面包围起来，并伐木制造攻城器械，遍布城下。都曼无计可施，于是双手反绑，出城投降。显庆五年（660）春，敌虏被押回东都洛阳乾阳殿，“定方操都曼特勒献之”。有关官员请依法论处。苏定方磕头请求说：“臣先前已经晓谕陛下旨意，答应免他死罪，希望饶他性命。”高宗说：“朕为卿保全信义。”便赦免了都曼。至此，“葱岭以西悉定”。苏定方“以功加食邢州钜鹿真邑五百户”，迁任左武卫大

将军。

都曼降唐后，唐朝对原属西突厥势力范围内的葱岭（今帕米尔高原）以西诸国再次进行大规模建制行政区划。次年六月，唐朝以吐火罗、厌哒、罽宾、波斯、诃达罗支、解苏、骨咄施、帆延、石汗那、护时犍、怛没、乌拉喝、多勒建、俱蜜、护蜜多、久越得犍十六国分置都督府八，州七十六，县一百一十，军府一百二十六，均隶属安西大都护府，“仍立碑于吐火罗以志之”。至此唐朝的西部疆域臻于极致，为中华历代之最。

此战苏定方派出精锐骑兵长途奔袭，以迅雷不及掩耳之势直插叛军心脏，攻其无备，完全打乱了多国叛军的作战计划，收到了事半功倍的效果，唐军一昼夜疾驰三百里，如此惊人的行军速度在世界骑兵史上也是极为罕见的，是“兵贵神速”这一军事原理得以出色运用的经典战例。

显庆五年（660），唐高宗前往太原，任命苏定方为神丘道大总管，率水陆大军十万余人征讨百济国，新罗国王金春秋被任命为嵎夷道行军总管，率新罗兵配合唐朝大军作战。唐军自成山（今山东省荣城县东北海边）乘船渡海，直抵熊津江口（今朝鲜半岛南部锦江口）。百济军沿江布防，苏定方率部由东岸登陆，据山布阵，与百济军交战，唐军“扬帆盖海，相续而至”。百济战败，死者数千人，余众皆溃。唐军大部队乘潮上岸，兵力更盛。战船首尾相连而进，擂鼓呐喊，苏定方率步、骑兵夹江并进，直逼真都城。距城二十余里，“百济倾国来战，大破之，杀万余人”，乘胜攻进外城。百济国王扶余义慈及太子扶余隆向北境逃去，苏定方包围百济都城泗沘城（今韩国忠清南道扶余郡），义慈次子扶余泰自立为百济王，率民固守。义慈的孙子文思对泰说：“王与太子临危出奔，叔叔岂能擅自为王？如果国王率师返回，我父子二人怎保性命？”于是文思率其左右从城上缘索而下，众人纷纷跟随，泰无法制止。苏定方趁势命士卒登上城楼，插上唐朝旗帜。城中人心惶恐，扶余泰处境窘迫，开门请命，“其

大将祢植又将义慈来降，太子隆并与诸城主皆同送款”。

百济平定后，“国分为五部”，唐朝“以其地置熊津、马韩、东明、金连、德安五都督府，并置带方州”。五都督府下辖三十七州，二百五十县完全纳入唐朝版图。左骁卫郎将刘仁愿受命率领万名唐军并联合新罗王子金仁泰所率的七千新罗军，共同守卫百济都城。显庆五年（660）十一月，百济国王义慈及太子隆、泰等五十八人被苏定方献俘于东都洛阳则天门。至此“定方前后灭三国，皆生擒其主。赏赐珍宝，不可胜计”，唐廷“赐天下大酺三日”，并加授其子苏庆节为尚辇奉御。苏定方攻灭百济，高句丽失去盟国，从此陷入孤立境地，而唐朝却以百济故土为重要据点，对高句丽形成南北夹攻之势，为后来高句丽的最终灭亡奠定了坚实的基础。

在苏定方回国献俘后不久，唐朝又开始策划新的征伐计划。显庆五年（660）十二月，唐廷下诏以契苾何力为浿江道行军大总管，苏定方为辽东道行军大总管，刘伯英为平壤道行军大总管，程名振为镂方道总管，率兵分道进击高句丽，“青州刺史刘仁轨坐督海运覆船，以白衣从军自效”。龙朔元年（661）一月，又以萧嗣业为夫馀道行军总管，率领回纥等诸部兵进军平壤。郎将刘仁愿则留守百济府城，镇压百济复国叛乱。早在贞观十九年（645），李世民率领李绩、李道宗等多位将领亲征高句丽，围攻安市城（今辽宁海城一带）至九月仍未攻克，随着冬天的来临，草枯水冻，被迫班师还朝。龙朔元年四月二十九日，李治欲效仿太宗率军御驾亲征，被武后谏阻，未能成行。五月二日，唐军的作战部署又发生了重大变化，唐廷下诏以左骁卫大将军、凉国公契苾何力为辽东道行军大总管，左武卫大将军、邢国公苏定方为平壤道行军大总管，兵部尚书、同中书门下三品、乐安县公任雅相为浿江道行军大总管，统率大军“水陆分道并进”，征伐高句丽。

“苏定方破高丽于浿江（今朝鲜大同江），屡战皆捷，遂围平壤城（高句丽首都）”而北线的陆路唐军进展却相对缓慢，高句丽权臣盖苏文派遣

其长子泉男生率精兵数万，固守鸭绿江，唐军无法渡江，双方一直僵持到九月底。天气开始寒冷，鸭绿江水瞬息结冰，唐军在契苾何力的率领下踏冰而过，鼓噪奋击，高句丽军大溃，“追奔数十里，斩首三万级，余众悉降，泉男生仅以身免”。正当辽东道行军大总管契苾何力率领的北路唐军顺利推进，将南下与苏定方会师平壤的时候，“会有诏班师，乃还”。很快漠北铁勒九姓便发生了叛乱，回纥比粟毒与同罗、仆固进犯大唐边境。十月，夫馀道行军总管萧嗣业从高句丽战场迅速回国后改任仙萼道行军总管并加入了铁勒平叛大军。契苾何力和萧嗣业班师后，唐军南北合击高句丽的战略部署落空，战争陷入了持久战。

入冬后高句丽冰天雪地，气候及其他因素再次成为唐军进攻的阻碍。此前唐高宗让新罗王子金仁问回国“举兵相应”，同时敕令新罗向唐军输送军粮，但新罗军在翁山城（今韩国忠清南道境内）受阻，无法按期抵达高句丽进行军事支援。新罗军士不至，粮道不继，唐军开始出现粮草、冬衣的补给问题，进攻的最佳时机已不复存在。龙朔二年（662）初，沃沮道总管庞孝泰率岭南兵与高句丽战于蛇水之上，军败，与其子十三人皆战死。同月，唐军三大主将之一的浿江道行军大总管任雅相在军中病逝。孤军围城的苏定方没有办法得到友军的协同作战援助，又值大雪，攻克平壤已不可能，遂于二月班师回朝。

龙朔三年（663）五月，唐朝西北边境局势又告不安，吐蕃与吐谷浑互相攻伐。此后吐谷浑被打败，吐谷浑可汗曷钵与弘化公主率领数千帐弃国投奔凉州，请求移居唐朝内地。唐高宗任命凉州都督郑仁泰为青海道行军大总管，率领右武卫将军独孤卿云、辛文陵等分别屯兵于凉、鄯二州，以防备吐蕃。六月，又任命左武卫大将军苏定方为凉州安集大使，“节度诸军”，“以定吐蕃、吐谷浑”。年逾古稀的苏定方正是在西北边陲啸啸马鸣、瑟瑟寒风中，度过了他戎马生涯的最后时刻。乾封二年（667），苏定

方病逝，享年七十六岁。唐高宗闻讯后悲伤痛惜，责备侍臣道："苏定方于国有功，例合褒赠，卿等不言，遂使哀荣未及。兴言及此，不觉嗟悼。"于是下诏追赠苏定方为幽州都督，谥号为"庄"。

薛仁贵两千人马灭高句丽

贞观十九年（645），唐太宗于洛阳出发亲征高句丽。同年三月，在辽东安地战场上，唐朝将领刘君邛被敌军团团围困，无法脱身，无人能救，在此危难时刻，刚参军不久的薛仁贵单枪匹马挺身而出，直取高句丽一将领人头，将头悬挂于马上，敌人观之胆寒，遂退，刘君邛被救。想一想他只是唐军的一个小兵，但敢为大将之事，勇气甚佳，本领更佳，此役过后，薛礼名扬军中。

随后不久，薛仁贵在安市之战中把自己的武艺发挥得淋漓尽致，凭此一战，完全可以说他是唐朝武力第一猛将。贞观十九年（645）四月，唐军前锋进抵高句丽，不断击败高句丽守军，六月，至安市，高句丽莫离支遣将高延寿、高惠真率大军二十五万依山驻扎，抗拒唐军。唐太宗视察地形后，命诸将率军分头进击。此战薛仁贵可能是要把握机会出名，于是身着奇装异服，与其他士兵不一样的白衣，手持方天画戟（历史明确记载，他才是使用方天画戟这种武器的名将）腰挎两张弓，单骑冲阵，一个人杀入敌人二十五万大军的阵势里面，打得敌人阵形混乱而无法战，高延寿、高惠真屡次想重新组织队列，可是被薛仁贵冲杀得七零八落，唐军大举跟

进，高句丽军大败。战时，李世民在远远的地方已经望见那个白袍小将在人山人海中奋勇搏杀，非常惊讶，接着就是惊喜，于是战后，李世民立即召见还只是小兵的薛仁贵，赐马二匹，绢四十匹，生口十人为奴，并提拔他为游击将军、云泉府果毅，一个身无任何官职的小兵被皇帝亲自召见，可见实力非同小可。后来唐军被困在安市城下，江夏王李道宗献策派兵偷袭平壤，以调虎离山之计将安市城敌军引向平壤一线，以攻取安市城。因为皇帝在军中，长孙无忌极力劝阻，顾及皇帝安危，不敢偷袭平壤，未成。加之李绩大放厥词，破城之日，屠杀城内军民百姓，以至于守城将士更加齐心合力，此后久攻不克，又值冬天大雪，粮草不济，遂撤退。途中，李世民对薛仁贵说了这样的一番话："朕旧将并老，不堪受阃外之寄，每欲抽擢骁雄，莫如卿者。朕不喜得辽东，喜得卿也。"意思是我的将领们都老了，现在遇到战事已经不堪忍受这种重负了，我想挑选年轻能干的将军，没有比得过你的了，这次征伐，就算得到辽东也不是我高兴的，最高兴的是能得到你这样的一个人才。"太宗"朕不喜得辽东，喜得卿也。"几乎成了名言。拿尽辽东大地、百万领土来评价薛仁贵，可以看出他的能力，之后又提升他为右领军中郎将。

回到中原以后，薛仁贵被委以重任，统领宫廷禁卫军被派驻扎玄武门，宫廷禁卫军统领虽不是职位特别高的官，但那是守卫皇帝安全的工作，是很重要的职位，一个农民出身的士兵而且没有任何家庭背景和人际关系的人，可以被皇帝这样信任，足可见其忠义与实力，加上那是唐太宗得天下的门，也能看出意义非凡，这个"守天下之门"日后他也做到了。就这样没什么战事，薛仁贵守了十二年半的玄武门，期间千古一帝唐太宗也去世了，纵观薛仁贵起家，是唐太宗亲自发现了这块埋在土里的金子，但是真正给了他叱咤风云的军事舞台的却是唐太宗的儿子，雄韬大略的唐高宗。唐高宗永徽五年（654），闰五月初三夜，天降大雨，山洪暴发。

洪水冲至玄武门，守护皇帝的人大多都已逃命去了，薛仁贵很愤怒，说："安有天子有急，辄敢惧死？"然后薛仁贵冒死登门框向皇宫大呼以救高宗。高宗感其恩，说："赖得卿呼，方免沦溺，始知有忠臣也。"多亏靠了你，我才没有被水溺死，我才知道这世上有忠臣啊，并特赐御马一匹。根据记载，这次山洪灾害死了几千人。幸好薛仁贵在，否则中国历史可能就该改写了。唐高宗非常感谢薛仁贵，以至于日后多次提起这事，这件功劳也许大家认为不是什么开疆拓土的大功，但是皇帝认为这功很大，毕竟是救了自己一命，从此薛仁贵的人生迈上了一个新台阶。

显庆二年春（657），苏定方进军西突厥，薛仁贵虽然没参加，但献出了最重要的政治决策，为苏定方灭西突厥作出了重要贡献。薛仁贵上书说："臣闻兵出无名，事故不成，明其为贼，敌乃可伏。今泥熟仗素干，不伏贺鲁，为贼所破，虏其妻子。汉兵有于贺鲁诸部落得泥熟等家口，将充贱者，宜括取送还，仍加赐赉。即是矜其枉破，使百姓知贺鲁是贼，知陛下德泽广及也。"意思就是出师有名，收揽人心。苏定方比薛仁贵年长二十多岁，这样一位大将能接受薛仁贵这一个看门将军的意见，可见他对薛仁贵军事才华的尊重。苏定方最后成功地开拓西域也得益于薛仁贵的建言。显庆三年（658），已经44岁的薛仁贵，终于自己统率军队，开始了自己那传奇的军事指挥官生涯。这一年，薛仁贵和营州都督兼东夷都护程名振骚扰高句丽，薛仁贵率众一举攻克赤烽镇，斩首四百人，俘虏一百余人。同年6月，高句丽派遣大将豆方娄率军三万人迎战唐军，被薛仁贵击败，斩首三千级。第二年，薛仁贵率军与高句丽大将温沙门大战于横山（今辽阳华表山），薛仁贵匹马当先。高句丽军无法抵挡，大败而逃。已经是军队的统帅，还能身先士卒，足见其勇猛与胆气。同月唐军又与高句丽军战于石城，薛仁贵单骑冲阵活捉高句丽一神箭手。此战开始时，高句丽一神箭手，连续射杀唐军十余人，此时薛仁贵怒发冲冠，并没有用他最擅长的箭术与对方对垒，而是纵马冲过去，那箭手射出之箭皆被薛仁贵躲开，近其身，将那神箭手活捉而回。同年 12 月，薛仁贵与辛文陵在黑山击败契丹。擒契丹王阿卜固及诸首领，押送东都洛阳。薛仁贵因功升任左武卫将军，封为河东县男。生擒的契丹王是薛仁贵生擒的第一位政权君主，此后还有几个“大王”被薛仁贵活捉了。

龙朔元年（661），铁勒九姓叛乱，进犯唐边。薛仁贵为铁勒道行军副大总管。出发前唐高宗宴请将士，席间唐高宗对薛仁贵说：“古善射有穿七札者，卿试以五甲射焉。”薛仁贵应命，置甲取弓箭射去，只听弓弦响过，箭已穿五甲而过。唐高宗大吃一惊，又不好意思，当即命人取更加坚固的铠甲赏赐薛仁贵。回纥铁勒九姓突厥（九个部落联盟）得知唐军将至，便聚兵十余万人，凭借天山（今蒙古杭爱山）有利地形，阻击唐军。当年三月初一，唐军与铁勒交战于天山，铁勒派几十员大将前来挑战，薛仁贵应声出战，独挑几十人，连发三箭，敌人三员将领坠马而亡，敌大军见之，立时混乱，薛仁贵指挥大军趁势掩杀，不多时，敌人大军投降。因为铁勒骚扰唐边境达数十年之久，薛仁贵命令将投降兵士就地活埋，以除后患，蒙古杭爱山现在还有坑杀遗迹。但是作为一名大将军应该没有权力坑杀这么多的人，这是和唐朝的民族政策相背离的，所以这应该是朝廷的指令。之后大军继续北进，将铁勒九部的首领伪叶护三兄弟生擒（第二次生擒政权君主了），从此回纥九姓突厥衰落。当时世间流传歌谣：“将军三箭定天山，战士长歌入汉关。”想想这仗打得多漂亮啊，战争本来是艰苦、残忍的事情，士兵能唱着歌回家，表达了军民将士们的喜悦之情。这次战役，薛仁贵虽然立了大功，但主将郑仁泰犯了错误，导致了这场战争不完美。铁勒的思结、多览葛等部落本来要投降，郑仁泰不接纳，反而出兵捕获了对方的家属，赏赐给部下，这些部落只好逃亡。郑仁泰派兵追赶，不但没有找到敌军，还因为缺乏粮草，损失了许多兵员。薛仁贵自己也娶了

一个妾。一回到朝廷，部队的许多将领都遭到朝臣的弹劾，唐高宗以功抵过，未加追究。

天山之战本来可以一举消灭铁勒，开拓唐朝北方边疆，从而遏制东突厥势力的发展，但由于主将郑仁泰的严重政治性错误使得此战前功尽弃。但薛仁贵三箭定天山使得对唐边境威胁达数十年的铁勒族在不到一个月的时间就马上衰败，可以说是古代将军的唯一一位。接着就是薛仁贵展示自己指挥才能的舞台了——高句丽灭国之战。

说到对高句丽的战争，隋唐两代四位帝王前前后后进行了数次征讨，隋炀帝杨广三征高句丽，次次出兵三十万以上，最多一次居然派出了112万，号称两百万的大军，结果次次失败，损失惨重，可以说强大的隋帝国的灭亡跟不断讨伐高句丽有很大关系。唐太宗的征伐也被困在了安市城，成为这位伟大帝王的终身遗憾，至于其他的征讨多为小规模的战争。而到了唐高宗时期，唐朝国力强盛，唐高宗雄才大略，决定完成父亲遗志，灭掉高句丽。乾封元年（666），高句丽泉盖苏文死，长子泉男生继任莫离支，与其弟泉男建、泉男产不和，泉男建自称莫离支，发兵讨伐泉男生。泉男生于是派其子泉献诚到唐朝求援。同年六月初七，唐朝廷任命右骁卫大将军契苾何力为辽东道安抚大使，领兵救援泉男生；任命泉献诚为右武卫将军，担任向导。左金吾卫将军庞同善、营州都督高侃为行军总管，共同讨伐高句丽。9月，庞同善大败高句丽军。同年9月，薛仁贵统兵出征。12月，命李绩为辽东道行军大总管，司列少常伯郝处俊为副大总管，契苾何力、庞同善亦为副大总管并兼安抚大使，水陆诸军总管和运粮使窦义积、独孤卿云、郭待封等亦受李绩节度，诸路合击高句丽。征调河北诸州县的全部租赋以供辽东军用。乾封二年（667），李绩兵取高句丽军事重镇新城（今辽宁抚顺北高尔山城）。留契苾何力镇守，并趁势将附近的十六座城池全部攻下。

新城是一座战略位置极其重要的城市，是整个战场的军事血脉的枢纽，其重要性不言而喻，而且李绩自己也说了“新城，高句丽西边要害，不先得之，余城未易取也”。而李绩却疏忽了对刚打下来的新城的防守，往往这样就会出事故，果然刚过几天，高句丽总头领之一泉男建率大军夜袭唐军大营，新城告急。关键时刻，薛仁贵率军狂奔而到，天降神兵，突然杀到，把处于劣势的战局瞬间扭转过来，倒过来斩杀敌军数百人，解救了新城之围。

庞同善继续进攻，在金山路上遇到高句丽大军十多万人，被打得落荒而逃，高句丽军追的兴起，薛仁贵率本部兵马冲杀出来，将敌人大军拦腰截断，敌军大乱，薛仁贵领兵奋力杀敌，此战杀得昏天暗地，最后薛仁贵大败高句丽军，斩首五万余。唐军乘胜攻占南苏（今辽宁抚顺东苏子河与浑河交汇处）、木底（今辽宁新宾西木奇镇）、苍岩（今吉林集安西境）三城，与泉男生部会合，赢得了金山之战的胜利。高宗亲笔写诏书慰劳薛仁贵：“金山大阵，凶党实繁。卿身先士卒，奋不顾命，左冲右击，所向无敌，诸军贾勇，致斯克捷。宜善建功业，全此令名也。”金山之战是唐初年间罕见的大规模遭遇战，是灭高句丽四大战役中最关键、最大的一次战役，基本消灭了高句丽精锐部队，为彻底胜利奠定了基础，此战由薛仁贵亲自指挥，功不可没。

随后，薛仁贵仅带两千人的兵马向前进军，发兵扶余城（今吉林四平），有的将领大力反对，认为人实在太少了，搞砸了不好收场。但是薛仁贵说：“兵不在多，顾用之何如。”意为兵不在多少，就看你主将会不会用，历史上能说出这样“大话”的将军也没有几个。兵贵神速，接着一场人类战争史上的奇迹又出现了。高句丽派出数万大军快速出兵新城，想夺回主动权，这正好就着了薛仁贵的道了。当敌人行军的时候根本无法想象唐军居然会那么快就打过来。时逢冬天，东北大地，白雪皑皑，薛仁贵两

千玄甲骑兵全部着白衣。当他们发现敌人的时候，薛仁贵当机立断，利用平原利于骑兵作战的优势，冲杀敌人。于是在白色的雪域平原上，正在行军的高句丽兵看见一大团白色飞冲而来，还以为是雪崩呢。薛仁贵指挥杀敌，用了七个时辰，不到十五个小时的时间斩杀俘虏敌人万余，剩余军队四散溃逃，这次战役也可看出唐玄甲军战斗力的恐怖之处，据考证这是最早利用保护色取胜的战役。

接着薛仁贵率领两千将士继续前进，乾封三年（668），薛仁贵的部队攻占坚固的扶余城。之后高句丽连续四十多座城池直接向薛仁贵投降，薛仁贵声名鹊起，威震辽海，神威四方，自此，高句丽所最为惧怕之人为薛仁贵。

就这样薛仁贵大军沿途破城抵达平壤城下，与行军大总管李绩等诸路大军会师平壤，大军合围，攻破平壤，薛仁贵亲自接受高句丽国王的投降，根据史料记载，高句丽国王高藏在向薛仁贵投降签字的时候，连抬头看薛仁贵的勇气都没有，可见其威慑力到了何种地步。真有张辽使江东小孩夜不敢哭的风采。自此，隋唐几代帝王灭亡高句丽的愿望终于在唐高宗这里得到了实现。

第五章　武后夺宫
——红颜亦可称至尊

她是商人之女，被袁天罡相面后惊为“天下之主”；入宫十年，从太宗的病榻移到了太子的床榻；身陷尼寺，却成功地与新皇藕断丝连；放手一搏，赢得了你死我活的皇后争夺战；代夫掌政，不知不觉地将权力转入自己手中；独揽朝政，一手剪除皇族集团，一手培植新贵势力；67 岁，她应百官之请登基称帝，开始了 14 年空前绝后的女皇时代；82 岁，她退位禅让，被政敌尊为“则天大圣皇帝”，治国开启盛唐序幕，身后留下无字丰碑。武则天的 82 年人生，每一天都走在生死边缘，而她赢得了每一次决斗。

女主降世的传说

隋朝时，有个挑担子去各村卖豆腐的青年，叫武士彟，他攒下一笔钱以后，又和同乡许文宝一起经营木材生意，因而发迹。但这个武士彟并不是以致富为目的的一般商人，他是个读书识字有政治抱负的人。隋朝末年，由于杨广的残暴统治，农民起义四起。就在这样的形势下，“深沉行人略”的武士彟，弃商从戎，在太原做一名队正。在和隋朝的战争中，武士彟给予了李渊父子很大的支持，李渊曾表示如果将来取得成功，“当同富贵耳”。

武士彟于军中供职期间，仍留在原籍的夫人相里氏和一个儿子相继死去，只留下武元庆和武元爽两个男孩。武士彟勤于职守，没有回家。后来李渊知道此情况，特下敕表扬。武士彟的妻子死去不久，李渊就主动为这位老友考虑起续娶的问题了。李渊选中隋朝贵族杨达的女儿，令桂阳公主主办婚事，结婚费用全部由国库支给。皇帝提亲、公主主婚、费用国家支给，这是历史上罕见的殊恩和殊荣，由此也足见李武两家关系之密切。武士彟和杨氏结婚以后，共生了三个女孩，一代女皇武则天就是其次女。

有个传说，贞观初年，刚登上皇帝宝座的李世民，得到太史令奏报“太白频见昼”。太史令解释道，这次金星昼现兆示“女主昌”，加上曾流传“当有女武王者”之谶语。是天相昭示，还是人心附会。不可而知，很玄妙。这时，武则天还未出生。

还有个传说，说武则天的母亲曾在一个叫龙潭的地方游玩，忽然水中跃出一条金龙，围着她盘旋而上，嬉戏交欢，武则天的母亲就怀孕了，生下了武则天。按照古代的说法，这叫作“神灵感孕”。它传达给世人们的信息是，武则天的出身很神奇，她的父亲不是一介凡人，而是龙，她是一个龙种，所以后来才能成为真龙天子。

武则天刚出生不久，唐代相面大师袁天罡就来到其父武士彟的官邸，当时在襁褓中的武则天穿着男孩的衣服。袁天罡看过后大惊：“龙睛凤颈，极贵之相。若是女孩，当为天下主！”说完，没分清男女的袁大师走了，空留下武士彟在那里愣神。

武则天在她父亲死后的第二年，入宫成了唐太宗的才人（既是女官又可作为嫔妃），但她险些死在一则谶言之上。

据《朝野佥载》记载，李世民曾得到一本秘谶，也就是一本预言书，里面对唐朝的未来作了这样的预测：“唐三代后，有女武代王！”说的是唐朝三代之后，皇帝羸弱，有武姓女子取代李家，成为新皇帝。所谓三人成虎，同样的预言李世民听了两次，不能不在意，他深为不安，叫来李淳风询问。

李淳风看后回答：“书中预测的征兆已生成，这个武姓女子现在就生活在皇宫中！三十年后，她将成为帝国的统治者，李家子孙会被她诛杀很多。”

李世民问：“那我现在就找到她，斩杀之，如何？”

李淳风说：“不可。武姓女子为帝，乃天命，不可改。天命不绝此女，假如妄加行动，会伤及无辜。而且，此女为皇帝，当在三十年后。到那时，她也老了，会仁慈一些。大唐王朝中途易姓，只是暂时的，此女人终不能彻底断绝唐朝。但如果现在就寻找此女，捕而杀之，那么还会出现其他人篡夺李唐江山。而据我推算，新出现的人，会比那武姓女子更强大和

凶狠，到那时您的后代恐怕就不会有命了。所以，相比较而言，留着武姓女子之命比现在杀了她更有利。”

李世民默然不语，最终采纳了李淳风的建议。于是，此时已在后宫战战兢兢的武则天能活了。事实上，皇帝的恐惧并未到此为止。

一次，宫内大宴群臣，行酒令，要求群臣以乳名相称呼。轮到李君羡，李君羡小名五娘，李世民大笑，他说：“有你这样强健的姑娘吗？”群臣也哄堂大笑。笑过之后，李世民猛然想起，李淳风卦言“女主昌”，李世民理解，应是一个名字里有“女”的男人。李君羡小名五娘，此一验也；“唐三代之后，武氏有天下。”李君羡为左武卫将军，封地武连县，是唐武定人，而且他的工作岗位又是在玄武门。谁能比他更“武”？更况且李君羡有勇有谋，深得群臣推崇。《资治通鉴》记载李世民“深恶之。”没多长时间，李世民找了一个理由，贬李君羡为华州刺史。到华州后，李君羡与一个叫道信的布衣，交上了朋友。道信这个人，好佛，练习过气功，会气功里的辟谷术。《资治通鉴》记载：“有布衣道信，自言能绝粒，好佛法，君羡深敬之。”御史说李君羡与妖人通，想谋反。李世民查都没有细查，就诛灭了李君羡和他的全家。李君羡到死都没有明白为什么被杀。

数十年以后，武则天称帝了，李君羡家人才来喊冤：“我家将军可是替您死的啊！”武则天也承认这个事，下令把李君羡重新风光大葬。

几滴珠泪逞娇媚

武则天初入宫时，事实上并没有引起太宗皇帝的注意，两个多月也没能见到皇帝一面。武则天整日待在掖庭宫里，跟太监学一些规则、礼仪、用语等方面的知识。而和她一起入宫的徐惠因父亲在朝廷为官，有传言说皇上近日要宠幸她。武则天心思一转，决定通过徐惠接近皇上。

于是，武则天每天千方百计讨好徐惠。这徐惠是一个才女，武则天常常以向徐惠请教学识为借口前往她的房间，一来二去，两人就熟悉了。武则天见时机成熟，便向徐惠提出义结金兰之事，心机不深的徐惠不假思索地答应了。当天晚上，两人穿戴整齐，来到院中，燃香结拜，并互立誓言，谁先被皇上宠幸，就提携对方，俩人同时到皇上身边才好，可以互相照应，永不分离。

几天后，徐惠果然被皇上宠幸。武则天按捺不住喜悦，事情进展的和她预料的差不多，她为自己的下一步谋划着，甚至每个细节、每个对话和动作。几天过去了，徐惠一去杳无音信。武则天并不灰心，她了解徐惠的脾气秉性，知道徐惠不会扔下她的。但是，武则天也积极行动，她托太监给徐惠捎信。

徐惠没有忘记武则天，皇上赏识她的才华，封她为婕妤，住到别处去了。但她一有机会就向皇上说武则天如何如何好，说得皇帝心里直痒痒。在皇上的眼里，掖庭宫里的新女人们，仍旧是青涩果物，没有散发出成熟

的滋味，所以，他也就不太感兴趣。而徐惠常常夸奖的武则天却让他动起了想见见的欲望。

武则天第一次要被临幸。她当然知道，在同辈之间，有许多竞争者。帮她打理的这位老太监也许发觉她对自己的第一次很不安，基于好意，说了些安慰她的话，其中就有徐惠陪皇上的事。

武则天坦诚地接受了他的好意。可同时，也激起了她不服输的心理，她想要超过她们。初更两点，武则天由提着灯笼的太监引导，到当时天子常住的甘露殿。终于能见到皇上了，看着近在咫尺的皇上，武则天的心紧张得快要跳出来了。李世民的动作很粗鲁，完事后，一颗泪珠禁不住滚了出来。

李世民喜上眉梢，在他的眼里，这眼泪就像稀世珍宝似的，还从来没有人当着他的面哭过。以前，李世民宠幸的少女不计其数，她们都拼命地忍耐，木偶般的脸上强露出死板的笑。而怀中的武则天却不同，她并不隐藏此时的痛苦，她梨花般娇美的脸颊上泪珠晶莹剔透，闪着妩媚之光，让李世民备感珍贵，心中非常快慰。

其实，武则天的哭开始时是情不自禁，当她看到皇上兴奋的样子，决定继续哭下去。喜得皇上爱不释手，他第一次觉得怀中拥有的不是傀儡，而是个活生生的女人。李世民被武则天的眼泪所打动，他亲自给她赐名叫武媚，所以又有称她为武媚娘的。至于“武曌”这个名字，从字形上看，代表着日月当空，唯我独尊的意味，是她在称帝以后，自己给自己取的新名字，“曌”字也是她自己创制的。至于武则天这个名字，就更晚了，因为她死后被尊为“则天大圣皇后”，所以后人才叫她武则天，而她的原名现在已经无法查证了。

十二载清冷岁月

唐太宗虽然喜欢过武则天，还给她起了一个名字叫武媚娘，可是后来军国大事一忙，他就把这个小小的武媚娘给丢到一边去了。但是武则天怎么能够容忍皇帝冷落她呢，于是就上演了狮子骢事件。

狮子骢是一种名马。《朝野佥载》记载：隋文帝时，大宛献千里马，其鬃曳地，号曰狮子骢。唯郎将裴仁基能驭之，朝发西京，暮至东洛。唐太宗也得到一匹这样的马，这马长得高大威猛，神骏异常，但是性子暴烈，没有人能驯得了它。太宗是个马上皇帝，对驯服烈马有偏好，但几次尝试都不成功，为此很是着急。有一天，他带着一群妃嫔到马厩来看这匹马。太宗围着狮子骢转了一圈，忍不住叹息道："这真是一匹好马呀，可惜就是没人能驯得了。"其他的妃嫔都默不作声，一片寂静。突然，武才人挺身而出，说："陛下，我能制服它！"唐太宗吃了一惊。武则天严肃地说道："不过，我需要三样东西。第一，铁鞭；第二，铁锤；第三，匕首。"唐太宗说："这可不是驯马的东西啊！"武则天笑道："陛下，这马如此暴烈，必须用特殊手段。铁鞭鞭之不服，则以铁锤击之，再不服则用匕首割断其喉杀之。"唐太宗听罢，禁不住倒吸了一口凉气。这恐怕也是武则天不受李世民特别宠爱的原因之一吧。

根据现在的史料来看，李世民其实是个挺好色的皇帝。他一生共有三十五个子女，却没有一个是武则天生的。武则天进入后宫正值豆蔻年

华，李世民也正是春秋鼎盛，而且双方都有较强的生育能力，即便是唐太宗在人生后期也有生育子女的记录。武则天跟随李世民身边整整十二年，又是处理贴身事务的才人，竟然没有生下一男半女来。这是为什么？这在很大程度上说明，在唐太宗眼里武媚娘在后宫还算不上头牌美女，还不能引起他足够的注意力。

唐太宗的后宫虽然佳丽如云，美女荟萃，从漂亮和美丽程度上来看，唐太宗眼里最美丽的女人是自己的弟媳妇，就是四弟李元吉的妃子杨氏。

杨氏原本是长安市内一个红得发紫的歌舞伎，容貌秀美，风姿绰约，万种风情，千般妖娆，又通晓诗文，能歌善舞，曾令长安城无数公子哥儿拜倒在她的石榴裙下，但最终她还是嫁给了李元吉，成了齐王妃。

玄武门兵变后，原东宫和齐王府的女眷全部没入宫中，杨氏被李世民纳为妾，但没有正式封号，宫中呼为“巢剌王妃”，十分受宠，是长孙皇后去世以前唯一一个生下子女的嫔妃。

杨氏为李世民生下的儿子，取名为李明，李世民因此立杨氏为贵妃，并为他们母子建造了一座豪华的宫殿，自己一有时间就来到这里。贤淑温婉的长孙皇后见丈夫似乎淡忘了兴业大志，整日迷恋于酒色之中，便出面劝阻唐太宗。但是已对杨氏痴迷的唐太宗一时不能自拔，反而准备废掉长孙皇后和太子李承乾，改立杨氏为后，李明为太子。

然而，唐太宗的想法却遭到谏议大夫魏的征极力反对，他上书劝谏道：“长孙皇后贤德可风，不可无过废立；况且长孙家族为大唐之兴立下了汗马功劳，怎能无故遭受打击？杨氏曾为齐王妃，人尽皆知，立为贵妃尚且不妥，岂可立为皇后！倘若陛下一意孤行，必受天下之人非议。”而此时，朝廷的不少大臣也多有微词，唐太宗仔细斟酌思量，最后不得不悄然地取消了自己的想法。

这段历史也成了李世民为部分学者所诟病的原因，认为他霸占弟媳，有违伦常。不过也有学者认为李唐皇室本就有北方少数民族血统，较中原汉族更为开放，兄纳弟媳很正常，他们的思想中乱伦的概念较为淡薄。

那么，既然不是最美的，武则天是不是李世民后宫中最有才情的女人呢？当然也不是。当时唐太宗的后宫之中，比武则天更有才情的，人也长得漂亮的是上面提到的徐惠，李世民特别喜欢她。据《新唐书·徐贤妃》记载："太宗贤妃徐惠，湖州长城人。生五月能言，四岁通《论语》《诗》，八岁自晓属文。"唐太宗听说后便召徐惠入宫，立为才人。不久，徐惠晋升为正二品级别的充容，而武则天，到唐太宗驾崩时还是个才人品级的嫔妃。

而徐惠对李世民似乎也是动了真情。唐太宗驾崩后，徐惠"哀慕成疾，不肯进药。曰：'帝遇我厚，得先狗马侍园寝，吾志也。'"不久，这个才华出众、容貌美艳的女子在哀伤中撒手人寰，年仅二十四岁。徐惠病逝后被封为"贤妃"，陪葬唐太宗于昭陵。而反观当时的武则天，她是从武才人，到武才人，最后还是武才人。很明显，徐惠的性格和为人也比武则天更讨唐太宗的喜欢。

从李世民的后宫来看，这位充满阳刚之气的千古一帝，似乎更偏爱那种贤德、温顺、体谅、娇柔的女性，而武则天虽有美貌与才干，但性格使然，自然无法得到唐太宗的真正赏识。因此，入宫十二载，与唐太宗的关系始终不咸不淡。然而，当强悍的武才人遇到软弱多情的唐太宗第九个儿子李治时，她的命运轨迹就全改变了。武则天费尽心力十二年搞不定唐太宗，却能游刃有余地一夜之间搞定李治这位后来的唐高宗。也正是她搞定了李治，为她后来成为一代女皇奠定了牢固的基础。

宫里宫外皆风流

贞观二十三年（649），武则天所遭受的这种清冷的日子终于熬到了头。可是熬到头并不等于熬出头，武则天的命运不料想又陡然下降一大格。

那为什么说熬到头了呢？因为太宗的身体一天不如一天了，快要不行了。

李世民早年就患有“气疾”，贞观二十一年（647）二月间，又因中风而加重。好不容易好了，到了这年三月又复发，竟严重到不能临朝听政了，就让太子李治主事。四月，他到专门用于疗养的终南山翠微宫养病。在这里又染上了痢疾，需各妃嫔轮番入侍。而太子在下朝后也必来，端茶煎药。到最后昼夜不离太宗之侧，有时数日不食，急得连白头发都生出来了。

武则天就在这个时候，媚倒了前来陪床的李治。

自从太宗患病以来，李治只要一有空就守候在太宗左右，这是其他儿子做不到的。太宗心疼他，让人在自己的寝宫旁边专设了一所“别院”，让李治住，省得来回跑太辛苦。

想不到这样一来，李治就与同在这里入侍的武则天擦出了感情火花。这种事，始于何时，如何触发，是当事人之间的秘密，不可能史有明载。《唐会要》中仅仅是说：“时上（李治）在东宫，因入侍，悦之。”大部分史书，都这样说。

李治当时二十二岁，小武则天四岁，而且这时已有了太子妃王氏，但他却扛不住武媚娘的“媚”，瞬间就拜倒在了石榴裙下。当然，也可能是双方早有好感，只不过此时才有机会罢了。

至于两人好到了什么程度，不详。有现代史家说那是一段“激情燃烧的岁月”，看来是可以推测、但无确证，恐怕早已超越了眉来眼去、暗送秋波的阶段。

贞观二十三年，唐太宗李世民驾崩。按宫中的惯例，没有生育过的嫔妃们是要出家做尼姑的，而生育过的则要打入冷宫，为死去的皇帝守寡，因为她们都是皇帝的人，即使皇帝死了她们也是不许任何人去动的。武则天则因为没有生育过而被送到感业寺出家。然而她在感业寺出家的两年中也并不是安心礼佛。

武则天入寺为尼，开始了一段悲苦孤寂的尼姑生活。就在武则天跌落人生最低谷时，住在附近白马寺的冯小宝出现了。书中记载，武则天与冯小宝在井台邂逅，冯小宝怜香惜玉，经常帮武则天到井中打水，你来我往，二人就这样熟悉了。由于两人都是半路出家，根本抵挡不了世俗的诱惑，冯小宝又偏偏爱吃肉，经常打山鸡送给武则天吃，就像现在年轻人谈恋爱说的“要俘虏你的心就先俘虏你的胃”。冯小宝三天两头弄好吃的东西偷偷送给武则天，武则天也经常借井边打水之名，与冯小宝幽会。在武则天回宫之后，还经常暗中与冯小宝偷偷摸摸地来往。直到高宗去世后，武则天在后宫广纳男宠，而她那位落难时的知己冯小宝就是她第一个男宠，武则天任命他为侍从，和冯小宝夜夜同枕共眠。

冯小宝入宫后，与武则天幽会十分不便，因为他不是士族出身，武则天就想方设法改变冯小宝的身份，赐他姓薛，改名叫薛怀义。不光如此，武则天还让他与太平公主的丈夫驸马薛绍联宗，让薛绍称他为叔父，这就大大抬高了薛怀义的地位。但是得宠的薛怀义并不忠心于武则天，根据书

中的记载，薛怀义在外面包养了很多情妇，还生育了十几个子女，但其中最大的情人不是别人，正是武则天的女儿太平公主，薛怀义成了武则天母女共用的男宠。得到武则天母女的宠信后，薛怀义的气焰十分嚣张，骄横傲慢至极，还借机打压武则天的其他男宠。武则天此时对他已经逐渐厌恶，而太平公主也劝告武则天，说薛怀义只是市井无赖之徒，根本不值得宠幸，否则会被千秋万代讥笑的。最终薛怀义落得个“乱棍打死”的下场，不仅如此，武则天还命人将薛怀义的尸体送到白马寺，烧成灰烬，和在泥里建造佛塔。

第一场血雨腥风

也许当时武则天自己都不敢奢望，她有朝一日还能重返后宫，而这，却要感谢日后被她残杀的王皇后。

王皇后出身于并州（今山西太原）的名门望族。祖父曾是三品高官，父亲也官至刺史，为四品大员。她从小就贤淑聪慧，一表人才。唐太宗的姑母同安公主下嫁到王家，见王家的这位姑娘长得漂亮聪慧，便向侄儿推荐。唐太宗听从姑母的建议，为儿子李治定下了这门婚事。李治为太子时，王氏为太子妃。夫妻间感情很好，可是王氏一直未能生儿育女，这使李治心中不安，颇为遗憾。因此，李治对王氏的感情日渐淡薄，爱上了萧良娣。李治当上了皇帝，在隆重的登基大典之后，按惯例把元妃王氏立为皇后。王皇后虽然位居六宫之首，母仪天下，但从丈夫那里得到的爱仍然少得可怜。萧良娣也位升一级，被封为淑妃，唐高宗仍然专情于她。这使王皇后十分苦恼又十分嫉妒，她在心中时时想着削夺丈夫对萧妃的专情。不久，机会终于来了。

永徽元年（650）五月二十六日，是唐太宗去世的周年忌日。王皇后随丈夫及宫妃、文武大臣来到感业寺，为死去的太宗祭酒祈福。太宗生前的嫔御自然也在队伍之中。高宗与武则天就在这时又相见了。唐高宗看着曾令自己动情的美人秀发皆无，愁容满面，不禁黯然神伤。武则天想到自己多舛的命运，更是不胜凄楚。而王皇后看到一位俏丽的少妇走到丈夫的面前，娓言倾诉着离别之情，泪珠夺眶而出，抽泣之声令睹者为之动容，激起唐高宗的无限怜爱之情，使他潸然泪下，一个计谋便在王皇后心中油然而生。回宫后，她一面偷偷地派人转告武则天蓄发，一面劝说丈夫接武则天入宫。她这样做的目的，就是为了让武则天入宫削夺萧妃的专宠，以解她对萧妃的心头之恨。

王皇后的想法正中唐高宗的下怀。不久，武则天就回到宫中，被唐高宗封为昭仪（正二品的内官），两人的夙愿终于实现了。武则天很聪明，又很会耍手腕。刚回宫的时候，她对王皇后十分谦恭，很快便取得了王皇后的信任。王皇后在唐高宗面前时常夸赞武则天的才能和为人。王皇后的心愿倒是很快便得到了满足，唐高宗果然不再专情于萧妃。但是，唐高宗却宠爱起武则天来。两个人很快便好得如胶似漆，形影不离。王皇后做梦也没有想到，她的悲惨命运从这时候起便一步步开始了。

唐高宗对王皇后与萧妃的情爱，被武则天一起夺走了。于是，三角争爱的斗争开始了。

三个人争着在唐高宗面前表现自己，竭力指斥别人的毛病。但是，王皇后和萧淑妃在聪颖灵巧、计谋多端的武则天面前显得苍白无力。因此没过多久，萧淑妃就被打入了冷宫。

除掉萧淑妃以后，武则天的野心更大了，她一想到过去的生活就变得更加肆无忌惮。她知道在宫中要想不居于其他人之下，就必须当上一人之下万人之上的皇后，所以她想取代王皇后之位，自己坐上“宝座”。但是，王皇后可不像萧淑妃那么好对付，她背后有强大的门阀士族势力的支持，于是她就另想他法寻找机会。其实王皇后也是一个很有心计的女人，当武则天怀孕的消息传出以后，王皇后因自己没有生子十分恐惧，她恐怕武则天一旦生下皇子，自己的皇后之位就会受到威胁，所以她就联络她的舅父中书令柳奭等人，让他们提议立后宫刘氏所生的唐高宗的长子李忠为太子，并把当时的重臣长孙无忌、褚遂良、韩瑗、于志宁、张行成、高季辅等人拉进了辅佐太子的班子，经营得如同铁桶一般，这样一来武则天就少了一个机会。她以为这样自己的皇后之位就可以坐稳了，但是她低估了武则天，因为武则天绝不是一个容易被打败的人，所以她对于皇后之位是绝不会轻易放弃的。

武则天看到王皇后质朴实在，平时与身边的侍从很少交谈。她的舅父中书令柳奭出入宫禁时对宫内役妾们也无谦和之礼。于是，她专捡王皇后和柳奭不礼重的侍从和宫人结交，还常常把自己得到的赏赐送给她们，以赢得她们的拥戴和保护。这样，那些得到好处的宫人们都成了武则天安插在王皇后、萧淑妃和唐高宗身边的耳目。因此，王皇后、萧淑妃和唐高宗的一举一动武则天都知道得一清二楚。

柳奭看到自己的外甥女失宠，担心她会失掉皇后的地位，就让王皇后认领唐高宗与一个侍妾所生的一个男孩为自己的儿子，起名李忠，并劝说唐高宗把他立为太子。唐高宗虽然按照王皇后的意图办了，但宠爱武则天却一如既往。为了试探唐高宗，柳奭主动提出辞去中书令的职务。谁知唐高宗毫不客气，顺水推舟令他退出中书省，让他去尚书台当了吏部尚书。这样，王皇后受到了第一次打击。

虽然获得了初步的胜利，但武则天对皇后位置的争取丝毫没有放松，她一直在寻找更佳的机会。公元 654 年的春天，武则天生下一个女儿，这女孩儿看上去极其灵秀可爱，深得李治的喜爱。王皇后见高宗很长时间都没有来自己的宫中，就猜想他肯定夜夜泡在武昭仪宫中了，于是想去打听点儿口风。这天下午她便来到武则天的宫里说是来看看武则天母女。武则天装作一副亲热的样子与她闲聊，过了一会儿还让宫女把女儿抱了过来。

王皇后也不是一个铁石心肠的人，自己又久无子女，所以她一见这孩子长得伶俐可爱，心里就十分喜欢，忙逗着小孩子玩，直到玩得累了她才起身离去。

武则天在王皇后走后就来到女儿床前，想要扼死自己的亲生女儿来陷害王皇后。但当手伸到女儿的脖颈时又下不了手了，因为毕竟是自己的心头肉，再说母女连心啊。可想想若是失去这个天赐良机，自己可能就得这样做一辈子的昭仪，然后渐渐地失宠，说不定最后连昭仪也保不住。想到这里她心一狠，双手就向女儿脖子扼去。女儿哭都没哭，蹬了几下腿，就不动了。她连忙把女儿放好，又盖上被子，弄得跟睡熟了一般，然后自己赶紧到花园中去了。

高宗一回到昭仪宫，总是习惯性地先到小女儿床边去逗爱女玩，而武则天也正是摸准了这点，才出了这一狠招。平时她估摸着高宗快回来了就早把小孩逗醒，以讨高宗欢心。这天高宗回宫没有看到武则天来迎他，又见小女儿正睡着，心中便不免生疑，环视四周也没什么人，于是便到小女儿床边坐下。但仔细一瞧，女儿脸色已经发青了，掀开被子一看，女儿脖子上还有掐过的手印，于是搭手一摸，尸体居然早已僵硬了。高宗大怒，高喊“来人”。宫女太监们都闻声赶来，围了一圈儿。大家见状，都是又惊又怕。高宗忙问 :“武昭仪呢？”有宫女说在后花园，于是忙派人去传。

武则天装作惊慌地赶回来，一进屋就抱着女儿大哭，还呼天抢地地骂“不知是谁这么没良心”，一句话提醒了高宗，高宗连忙问下午有谁来过。宫女禀报说王皇后来过，于是高宗把桌子一拍就叫人去传。

王皇后来了之后，又惊又怕，但有口也难辩了。谁会相信自己会对自己的女儿下此毒手啊，所以一切怀疑都降到了王皇后的身上。从这以后，唐高宗便产生了废立皇后的念头。

武则天终于取得了可以当皇后的机会。当时她十分清楚，废立皇后可不是件小事，必须取得元老重臣们的支持，求得李氏宗亲长辈的认可才有可能。于是，她劝唐高宗去找舅父长孙无忌商量。

为了争取长孙无忌，唐高宗和武则天亲自登门求情，又封长孙无忌的三个儿子为大夫，还送去十车金银珠宝。但是，长孙无忌根本不表态。武则天又让母亲杨氏多次带着重礼亲自到长孙无忌家求情劝说。长孙无忌也不答应。武则天还请礼部尚书许敬宗多次登门拜访，劝说长孙无忌成全此事，但遭到长孙无忌的当面斥责。

既然身为宰相的舅父不同意立武则天为皇后，唐高宗只好暂且作罢，但将武则天所生的两个牙牙学语的小儿李弘和李贤册封为王。

为了再次打击王皇后，武则天告发王皇后与其母柳氏共同搞诅咒厌胜之术。唐高宗听信武则天的谗言，下令不准柳氏入宫，并将柳奭出贬为茶州刺史。

永徽六年（655），长孙无忌上书，奏请唐高宗将中书舍人李义府贬为壁州司马。诏书未下，李义府便得到消息，急忙问计于同僚王德俭。王德俭是许敬宗的外甥，李义府又与许敬宗早有勾结，王德俭自然不能不帮忙。他给李义府献策说：“皇上想立武昭仪为皇后，但怕宰臣不同意。你如果能大胆地上书建策，倡议立武昭仪为皇后，给皇上一个表态的机会，那你一定会转祸为福的。”李义府得计后大喜，决定马上采取行动。恰逢这天王德俭在中书省值夜班，他便前去代替，乘机叩阁上表，建议废王皇后，立武昭仪为皇后。唐高宗得表后非常高兴，立即召他面谈，并赐给他珠宝一斗，批准不再出贬，官复原职，继续为中书舍人。武则天自然也喜出望外，秘密派人致谢。

一石激起千重浪。李义府的一纸奏文，在朝野上下引起了轩然大波。拥王派的元老重臣和拥武派的新政客展开了激烈的斗争。为了震慑反对派，武则天唆使唐高宗采取高压政策：先将长安令裴行俭出贬，然后宣召长孙无忌、李绩、于志宁、褚遂良等人，让他们对废立之事表态。

李绩老奸巨猾，深知此事难办，便托病请假。长孙无忌等三人硬着头皮入见，唐高宗直截了当地说："王皇后无子，武昭仪有子，我想立武昭仪为皇后，你们看如何？"

褚遂良作为顾命大臣，当面反对说："王皇后出身名门，是先帝给陛下娶的，再说皇后又没有什么过错，怎么能说废就废呢？"

唐高宗见话不投机，就把他们打发走了。

第二天上朝，唐高宗又提到废立皇后的事。褚遂良说："陛下就是要换皇后，也要选一个名门闺秀；武氏出身寒微，怎么配呢？再说，武氏曾经是先帝的妃子，这是众所周知的事。现在把她接入宫中，立为昭仪，倍受恩宠，就已经可以了。陛下还要把她立为皇后，万代以后，人们会怎么议论陛下呢？"

这话惹恼了唐高宗。他气呼呼地一挥手，让褚遂良退下去。

武则天在帘子后面听到了，更是怒不可遏。她最怕人家说她做过唐太宗妃子这段历史，所以恨透了褚遂良。她在帘子后面大声喊道："还不赶快把这狗东西打死！"

长孙无忌出面解救，褚遂良方才得免。

过了几天，唐高宗又询问李绩的意见。圆滑的李绩则说了一句不置可

否的话："废立皇后，这是陛下的家事，何必询问外人呢？"这话提醒了唐高宗，也使他看出了破绽，原来元老重臣们也不是铁板一块，执掌军权的司空李绩是支持武昭仪做皇后的。于是，他下定了废立皇后的决心。

善观时变、阿谀奉上的许敬宗，受武则天的指使，为她做舆论宣传。许敬宗公开在中书省散布说："种地的穷农夫多收十斛麦子还想更换妻室，何况是富有天下的皇帝呢！"武则天是想通过许敬宗这样的中书要员为自己做宣传，并以此观察朝臣们的反应。朝臣们都明白，废立皇后不仅是武则天的欲望，也是皇帝的想法；裴行俭、褚遂良这样的朝廷要员都被贬官了，自己何必自讨苦吃呢。所以，大多数人都不敢表示异议。这样，废立皇后的时机成熟了。

永徽六年（655）十月二十三日，唐高宗下诏将王皇后和萧淑妃废为庶人。七天后，唐高宗立武则天为皇后。十一月初一，司空李绩奉诏临轩册封，文武百官都前往肃义门朝贺，山呼皇后千岁。内外命妇入谒。历史上百官、命妇朝见皇后，自此开始。次年正月，太子李忠被废，封梁王。武则天的长子李弘被册立为太子。

武则天被立为皇后以后青云直上，一步登天，同时意味着与她争宠的王皇后、萧淑妃命运的悲苦，她们骤然间滑向了没有光明的无底深渊。王皇后和萧淑妃被废以后，囚禁在后宫的一所密室之中。密室四面高墙，没有门窗，只在一扇小门上开了一个很小的孔，以通食器。门外有武则天派去的人看守。二人困在里面，昼夜不见日月，终日只能以泪洗面，互诉悲苦。

一天，唐高宗想起了被废的王皇后和曾经忘情恩爱的萧淑妃，便想去看看。内监引导着唐高宗来到密室。只见门禁严锢，只有一个小孔送入饮食，唐高宗不禁恻然心动，为之神伤。他走上前去，大声说："皇后、良娣，无恙乎？今安在？"王皇后、萧淑妃听见是皇上的声音，而且就在门外，两人喜出望外，泣不成声地说："陛下幸念畴日，使妾死而更生，复见日月，乞署此为回心院。"唐高宗伤感之下，泪眼蒙眬，满口答应："朕即有处置！"

武则天立即得到了心腹的奏报，待唐高宗离去，马上派人杖王皇后、萧淑妃各一百，直打得两人血肉模糊。然后，吩咐将两人的手脚剁去，将她们装在酒瓮中。武则天恶狠狠地说："令二妪骨醉！"

几天后，装在酒瓮中的两个人仍然没死，武则天便逼着唐高宗下诏赐死。行刑官奉旨来到囚室，宣读诏书。王皇后哽咽受诏说："陛下万年，昭仪承恩，死吾分也！"轮到萧淑妃，她受诏后便破口大骂："武氏狐媚，翻覆至此！我后为猫，使武氏为鼠，吾当扼其喉以报！"

武则天得报萧淑妃的这些咒语，下令后宫再也不许养猫。有好一阵，武则天常常梦见二人，披头散发，血淋淋地前来索命。武则天大为憎恶，请巫祝镇邪。不久，她又徙居蓬莱宫，但还是时常梦见二人。后来，武则天便干脆迁往洛阳，终生不回长安。为表示自己对二人的憎恶，武则天下令改王氏为蟒氏，萧氏为枭氏。唐中宗即位之后才恢复其本姓。

与老公并驾齐驱

中国古代有一种非常有名的执政方式，叫垂帘听政。就是在朝堂之上，前头坐一个小皇帝，小皇帝背后拉一个帘子，后面坐着老太后，比如历史上大名鼎鼎的慈禧就是垂帘听政的典范。坐在前面的小皇帝只是个摆

设，后面的慈禧才是真正管事的人。可是鲜为人知的是，唐朝的武则天也曾经垂帘听政过，但是在武则天垂帘听政的时候，前头坐的不是小皇帝，而是她自己的丈夫。

武则天之所以能够垂帘听政，在于高宗体弱，由于信任武则天，逐步将处理军政的权力交给武则天打理，这也为武则天顺利杀害大唐重臣和夺取中央实权埋下伏笔。最终在皇帝病重的时候，代替高宗使皇权，行王事，成为实质上的执政者。

当年，在废后一事上，长孙无忌虽未明言反对，但却在一定程度上支持褚遂良。武则天因长孙无忌接受赏赐却不肯支持自己，对他怀恨在心。

显庆四年（659），武则天命许敬宗指使人向高宗呈奏密章，称监察御史李巢勾结长孙无忌，图谋造反。唐高宗便命许敬宗与侍中辛茂将一同审查。许敬宗奏道："长孙无忌谋反已露苗头，我担心他知道事情暴露，会采取紧急措施，号召同党，必成大患。希望陛下能果断处理，尽快拘捕。"

唐高宗哭道："我怎忍心给舅舅判罪，后代史官会怎么看待我？"许敬宗举汉文帝杀舅父薄昭，天下以为明主之例，宽慰高宗，又引"当断不断，反受其乱"的古训，催促其下决心。唐高宗也不与长孙无忌对质，便下诏削去他的官职和封邑，流徙黔州，并让沿途州府发兵护送。长孙无忌的儿子都被罢官除名，流放岭南。

同年七月，唐高宗又让李绩、许敬宗复审长孙无忌谋反案，许敬宗命中书舍人袁公瑜到黔州审讯长孙无忌谋反罪状。袁公瑜一到黔州，便逼令长孙无忌自缢。长孙无忌死后，家产被抄没，近支亲属都被流放岭南为奴。

长孙无忌一死，武则天参政的障碍就扫除了一大半。

显庆五年（660），高宗患上头风之疾，头晕目眩，不能处理国家大事，遂命武则天代理朝政。但武则天生性霸道，故每当决事，高宗每每受制于武则天，高宗非常不满，两个人的关系逐渐出现了裂痕。麟德元年（664），武则天引道士入宫，行厌胜之术，被宦官王伏胜告发。新事旧事堆到一起，触发了唐高宗的真怒，于是意欲将武则天废为庶人，便密召上官仪商议。上官仪道："皇后专横，海内失望，应废黜以顺人心。"高宗便命他起草废后诏书。武则天得到消息，向高宗申诉辩解。高宗又不忍废后，因怕武后怨怒，便道："这都是上官仪教我的。"

武则天记仇于心，遂指使亲信许敬宗，诬陷上官仪、王伏胜勾结废太子李忠，图谋叛逆。上官仪曾在李忠的陈王府担任谘议参军，与王伏胜一同事奉过李忠，因此遭到诬陷。不久，上官仪下狱，与儿子上官庭芝、王伏胜一同被处死，家产抄没。李忠也被赐死于贬所。从此，唐高宗大权旁落，朝政完全由武则天掌控。

通过处理上官仪事件，武则天垂帘听政，这就是唐代历史上著名的二圣临朝。从此武则天在群臣面前树立了和唐高宗并尊的地位。然而武则天的权力欲并没有满足，她还想把自己和唐高宗二圣并尊的地位，展现给全天下人，那么武则天又是如何做到这一点的呢?

公元666年的封禅大典是大唐开国以来的第一次封禅大典，封禅的时候先由皇帝初献，公卿当亚献。但封禅毕竟没有皇后的事，于是她又说，封禅为祭地之仪，由太后配享，彰显后土之德。让公卿为亚献非常不妥，因为男女有别。不能让外臣来祭祀。所以要由她自己充当亚献，好孝敬孝敬自己的婆婆，唐高宗果然答应。后来在麟德三年（666）正月初一这天，她与唐高宗一同封禅泰山，充当亚献，而且还给百官赐爵加阶，使百官对她感恩戴德。

此后，唐高宗的身体每况愈下，繁重的国事必须由武则天来决断。于是武则天又有了新的想法。上元元年（674），武则天撺掇高宗以孝顺的名义，把祖宗封了个遍。追尊唐高祖李渊为神尧皇帝，他的皇后窦氏为太穆神皇后；追尊唐太宗李世民为文武圣皇帝，长孙皇后为文德圣皇后。于是

为了避讳，唐高宗自称天皇，武皇后改称天后。可见武则天这时的欲望有多大！不仅仅是这样，武则天还上书唐高宗，提出十二条改革措施，向全天下颁布了她的政治纲领。历史书一般把它叫作“建言十二事”。这十二件事分为四个方面：第一方面，施惠百姓，切实减轻农民负担。劝课农桑，轻徭薄赋。停止对外作战，减少公共工程。把京城老百姓的徭役给免了。第二方面：笼络百官。从提高官员的待遇入手，给八品以上的官员涨工资，给才高位卑、长期得不到晋升的中下级官僚升官。第三方面：提高母权。如果母亲去世，父亲还在世，也要为母亲守孝三年。第四方面：取悦皇帝。第一，王公以降皆习《老子》。第二，提倡节俭，要求服务于宫廷的手工业作坊停止生产奢侈品。当时皇后的裙子一般是十三个褶，可武则天只穿了七个褶子的裙子。“建言十二事”使武则天的威望更加提高了。

死因成谜两太子

偃师市缑氏镇有一座规模宏大、保存完好的唐恭陵，俗称太子冢，又叫孝敬皇帝陵。这个陵的主人，是武则天的长子李弘。

李弘是武则天生的第一个儿子。为巩固武则天母子的地位，立太子的时候，高宗还大张声势，让玄奘法师在慈恩寺设了五千僧斋，满朝文武都来上香。

李弘也确实是个做储君的合适人选。他除了身体孱弱时常生病外，别的方面简直无懈可击，比如孝敬父母、体恤民情等，得到朝野的一致好评。

其实，从李弘降生之初，李治和武则天就开始把他往接班人的方向培养。就拿他的名字来说，这可不是随便取的，其中大有来历：南北朝时，战乱频仍，社会动荡，百姓朝不保夕，惶惶不安。因此，民间一直流传着“终世之说”，即末日来临说，余风一直延续到初唐。道教适时放出了“老君当治，李弘应出”的谶语，意思是太上老君将转世为人主，化名李弘，拯救众生。在这个时候，武则天和李治给儿子取这个名字，用意十分清楚，就是要“应谶意”。可见从一开始，他们就对这个孩子寄予了厚望。

然而，李弘的命运没有按照高宗预设的那样走下去。

上元二年（675）四月，李弘随父母出行洛阳，在合璧宫绮云殿猝然暴薨，年仅二十三岁。高宗非常悲痛，破例追加太子李弘为皇帝，这是唐朝建国以来父亲追赠儿子为皇帝的先例，可见高宗对太子早逝的深深哀痛与惋惜。

关于李弘的死，历来众说纷纭。有说他是被母亲武则天毒死的，有说他是自己病死的，史书也难以给出统一的答案。

现存关于李弘死于非命的材料，最早出于唐肃宗时柳芳写的《唐历》——“弘仁孝英果，深为上所钟爱。自升为太子，敬礼大臣鸿儒之士，未尝居有过之地。以请嫁二公主，失爱于天后，不以寿终。”所谓“不以寿终”，既可说是遇鸩被害，也可解释为夭折早逝。

第二个提出此观点的是唐德宗时的宰相李泌，他对唐德宗说：“高宗大帝有八子，睿宗最幼。天后所生四子，自为行第，故睿宗第四。长曰孝敬皇帝，为太子监国，而仁明孝悌。天后方图临朝，乃鸩杀孝敬，立雍王贤为太子。”李泌的说法很明确，他这段话还被《唐会要》《追谥皇帝》和《资治通鉴》所采录。

而正史都未明确记载是武则天毒死了李弘，只采取间接说法，说李弘

暴毙，“时人以为天后鸩之”。《资治通鉴》说得较明白一些：“（上元二年四月）己亥，太子薨于合璧宫，时人以为天后鸩之也。”不过，司马光本人对这个结论也不敢打保票，只好又补充说：“按弘之死，其事难明，今但云时人以为天后鸩之，疑以传疑。”意思是武则天毒死儿子这件事，都是“时人”在传来传去，究竟是不是真的，其实他也没完全搞明白。

那么，武则天为什么要毒死自己曾最疼爱的儿子呢？据说原因有两个：

一、李弘深得高宗的钟爱，立为太子后，仁孝谦谨，礼接士大夫，中外属心。时高宗出幸东都，常命李弘留京师监国。高宗因病，还令李弘受诸司启事，实习朝政。

这一切表明，高宗虑及自己身体不支，有禅让太子之意。而武则天眼见儿子长大成人，又很能干，有碍自己夺取王位，故派人把李弘鸩杀了。《旧唐书》卷一一六《承天皇帝倓传》曰：“天后方图临朝，乃鸩杀孝敬。”

二、李弘与武则天之间的确有矛盾，主要反映在两件事上：

第一件事，当时李弘有两个异母姊姊，即义阳公主与宣城公主，因为她们的母亲萧淑妃以前得罪过武则天，所以一直被幽禁在宫中，直到年过二十还没有结婚。李弘发现此事后，感到震惊且同情，便请求让两位姊姊能够结婚。这件事触怒了武后，武后便随便将她们许配给侍卫。李弘从此渐渐不得母亲喜爱。

第二件事，是太子选妃未能如愿。原来，太子妃初选的是司卫少卿杨思俭的女儿，望族出身，书香门第，又有殊色。可是，就在定下婚期后，姑娘竟被武则天外甥、韩国夫人子贺兰敏之“逼而淫焉”，婚事被荒暴地破坏了。这就造成李弘同武家人的宿怨，加深了母子感情的裂痕。李弘对抗武氏家族，武则天当然不会容忍。

到了现世，有人提出不同看法，认为李弘并非武则天所杀，而是死于肺结核（古称痨瘵）。其根据是：

一、有关鸩杀李弘的记载，以《唐会要》和《新唐书》最肯定，但两书晚出，或为嫉恨武则天的人所传，或为间接的史料，并不能作为武则天鸩杀李弘的直接佐证。

二、早在咸亨二年，李弘就因痨瘵缠身，不能胜任监国重任。时隔四年，当他死后，高宗在《皇太子谥孝敬皇帝制》中说，李弘自立为太子后，就染上痨瘵，又接受父君之命，带病理政，以致操劳过度，使旧病加剧，最终病卒。

三、对于武则天来说，她虽不一定精通医术，但痨瘵是不治之症，应是了然于心的，没有必要去加害一个将要死去的亲生儿子。事实上，李弘死后，武则天曾用抄写佛经的形式，为他祈福，表达了内心的哀伤。

“合璧宫命案”真相究竟如何，已成为一个千古之谜，李弘显然是最清楚真相的人，却早已在黄泉下无奈地缄口了。

李弘猝死后，李贤被立为太子。

论才华，李贤则是唐朝皇子中的佼佼者。二十余岁已能统召帝国杰出的学者们注释晦涩难懂的《后汉书》，其亲笔点评更被后世称为“章怀注”，极具文史意义。作为太子，李贤曾三次监国，并得到高宗褒奖和群臣拥戴，可见这个年轻太子堪当大任，是帝国合格的接班人。然而，当时正值他的母亲武后政治得意之时，母子二人因此互忌，颇多嫌隙。

据史料记载，武后曾多次亲手书信责备太子，并遣人送《少阳正范》《孝子传》等书籍予太子，以此责备李贤不懂得为人子、为太子。李贤常年处于惶恐之中，而宫中关于“太子不是皇后亲生”的流言更为母子关系雪上加霜。当时，一个名叫明崇俨的道士深受帝后信赖，常伴随武后左右。一次武后请明崇俨为皇子看相，明崇俨随即做出“英王（武后三子）状类太宗、相王（武后幼子）最贵，而太子（李贤）不堪大任”的论断，

事情传到太子耳中，令李贤更加恐惧。

680 年，明崇俨为盗所杀，武后怀疑是太子所为，随即派人搜查太子府第，查出皂甲三百余副，太子遂因谋逆罪被捕囚禁。唐高宗向来宠爱这个儿子，犹豫再三，希望赦免太子，但被武后以“为人子心怀谋逆，天地不容，大义灭亲，何可赦也”的论断驳斥。高宗无奈下令三司会审太子谋逆案，太子最终未能洗脱罪名，被废为庶人，在长安拘禁一年多后被流放到偏僻的巴州（今四川巴中），走前妻子、儿女、仆从衣不蔽体，十分悲凉。公元 684 年，高宗驾崩，中宗即位不久即被武后废黜改立幼子睿宗，睿宗柔弱形同傀儡，武后自此完全把持朝政。

唐睿宗即位初，武后因担忧废太子在外有所图谋，便以校检李贤宅第的名义派遣丘神勣赴巴州，丘神勣到达巴州后即逼迫李贤自杀。依据《资治通鉴》的说法，李贤之死很可能直接出于武后的懿旨。李贤死后，武后恢复其雍王王爵，并在流放地下葬。705 年，武后崩，中宗即位。唐中宗念及兄弟之情，追授李贤“司徒”官爵，并将灵柩迁回长安，以亲王礼陪葬乾陵。712 年，李贤遗孀房氏病故，唐睿宗下旨追加李贤“皇太子”身份，谥号“章怀”，房氏追加“太子妃”，两人合葬于今“章怀太子墓”。

千百年来，关于章怀太子的死莫衷一是。两唐书均在言语间暗示太子是被武后诬陷杀害，《旧唐书》在高宗诸子列传中评论：“唐年韵德，章怀最仁，凶母畏明，独乐其身。”称太子是个品德高尚的孝子，以此驳斥他生前不孝谋逆的罪名，暗示太子是含冤被害。1972 年考古人员从李贤墓中发掘出了《章怀太子李贤墓志铭》，文中多次以晋献公听信骊姬之言杀申生、汉武帝听信江充之言杀刘据等历史典故，暗喻李贤之死。但都未有明言直接死因。郭沫若曾对此提出自己的看法，认为章怀之死与武后无关而是当时的宰相裴炎为夺权所为。

总之，不论章怀太子是否含冤被害，或者被谁所害，他死于帝国最高权力的争夺和由此产生的忌恨、阴谋却大体可以肯定。自古以来为了夺得皇位，兄弟相残、父子反目的事情时有发生，这也是古时封建统治的残酷之所在。

李氏子孙遭了殃

李贤因谋逆罪被废为庶人后，武则天的三儿子李显被立为太子。

永淳二年（683）十二月，李治驾崩，临终遗诏：太子李显于柩前即位，军国大事有不能裁决者，由天后决定。四天以后，李显即位，是为唐中宗，尊武后为皇太后。

光宅元年（684）二月，中宗李显打算任命韦皇后的父亲韦玄贞为侍中，宰相裴炎不同意，力谏。李显很生气，“朕即使把天下都给韦玄贞，又有何不可？还在乎一个侍中吗？”《资治通鉴·唐纪十九》记载：“我以天下与韦玄贞，何不可！而惜侍中邪！”武后以此为借口将李显废黜为庐陵王，并迁于房州。立第四子豫王李旦为帝，是为睿宗，武后临朝称制，自专朝政。

同年九月，徐敬业、徐敬猷兄弟联合唐之奇、杜求仁等以扶持庐陵王为号召，在扬州举兵反武，十多天内就聚合了十万部众。武后当即以左玉钤大将军李孝逸为扬州道大总管，率兵三十万，前往征讨。十一月，徐敬业兵败自杀。

垂拱二年（686）三月，武后下令制造铜匦（铜制的小箱子），置于洛

阳宫城之前，随时接纳臣下表疏。同时，又大开告密之门，规定任何人均可告密。凡属告密之人，国家都要供给驿站车马和饮食。即使是农夫樵人，武后都亲自接见。所告之事，如果符合旨意，就可破格升官。如所告并非事实，亦不会问罪。同时，武后又先后任用索元礼、周兴、来俊臣、侯思止等一大批酷吏，掌管制狱，如果被告者一旦被投入此狱，酷吏们则使用各种酷刑审讯，能活着出狱的百无一二。这样，随着告密之风的日益兴起。于是在朝廷内外便形成了十分恐怖的政治气氛，以致大臣们每次上朝之前，都要和家人诀别，惶惶不可终日。为奖励告密，武后对告密者破例授官，以卖饼为生的侯思止，是一名无赖，因诬告舒王元名与恒州刺史裴贞谋反，被任命为游击将军、侍御史。王弘义以无德行见称，告乡里谋反，擢授殿中侍御史。武则天是年杀安南王李颖等宗室十二人，又鞭杀故太子李贤二子，唐之宗室至是杀戮殆尽，其幼弱幸存者亦流岭南，又诛其亲党数百家。

李姓诸王自然也不愿意坐以待毙。垂拱四年（688）八月，博州刺史琅琊王李冲于博州（今山东聊城东北）举兵，豫州刺史越王李贞起兵豫州（今河南汝南）呼应。武后分遣丘神勣、魏崇裕击之。琅琊王李冲起兵七日败死；九月，越王李贞兵败自杀。武后想尽除李氏诸王，使周兴等审讯他们。迫韩王李元嘉、鲁王李灵夔、黄国公李撰、东莞郡公李融、常乐公主等自杀，亲信等均被诛。

据林语堂先生《武则天正传》，武则天一生共诛杀了九十三人（不包括其受到株连的亲属）。其中她自己的亲人二十三人，唐宗室三十四人。

恐怖在延续

从临朝称制到称帝前期，武则天运用其铁血的手腕，残忍的性格，实行了十余年的酷吏政治。这固然是出于维护统治地位的目的，但如果从她不惜扼杀亲女加害王皇后的行为来看，何尝不是武则天迷信恐怖的高压的残忍本性。但由于武则天的放纵和重用，酷吏们无所忌惮地扰乱刑罚，滥杀无辜，为了邀功大肆制造冤假错案，十分猖狂。也许是因为武则天信奉佛教，在其政权得以巩固之后又开始“以恩止杀”，体现了她政治家的灵活性。

为了巩固自己的统治，武则天物色了一批酷吏，其中，索元礼、周兴、来俊臣最为臭名昭著。这些人大都出身无赖，性情残忍，专以告密陷害为事。来俊臣和万国俊等还专门编写了一部告密专著《罗织经》，作为培养新酷吏的教材。

他们创造了名目繁多的审案酷法，如“驴驹拔橛”、“犊子悬车”、“仙人献果”、“玉女登梯”、“方梁压髁”、“凤凰晒翅”、“猕猴钻火”等。

除此之外，这些酷吏还创制了十个大枷，且命以不同的名堂：定百脉、喘不得、突地吼、着即承、失魂魄、实同反、反是实、死猪愁、求即死、求破家。这些骇人听闻的酷刑，使囚犯“战栗流汗，望风自诬”。

这样，一整套完整的执行恐怖政策的制度和机构建立起来了。在恐怖政策下，武则天放手任用酷吏，被杀和遭流放者动辄几十、几百，甚至上

千人。

李唐宗室是酷吏们打击的主要对象。由于他们不甘心先帝的基业落在异族女性手里，因此极端仇视武则天。他们的反抗，招致了武则天残酷的镇压。宗室子孙除李显、李旦及其子女尚能保全外，只有李治的千金公主因百般献媚得以安宁，其余的或被杀，或自杀，或流放。

酷吏们打击的另一对象便是元老大臣。这些人每以唐家老臣自居，以匡救社稷为己任，对武则天的“倒行逆施”深恶痛绝。因此，武则天对他们防范甚严，只要稍露形迹，甚至只凭诬告，就对他们下手。

冯元常是李治的信重大臣。他曾密奏：“皇后权太重，应当抑损一下。”因此武则天怀恨在心。再加上他平时对武则天又多有不恭。因此，武则天对他极为反感。垂拱三年（687），酷吏周兴罗织罪名，将他逮捕入狱，折磨而死。

第二年，周兴又诬告武将黑齿常谋反，逼他自缢而死。黑齿常是百济人，降唐后历任禁军将领，多次奉使御边，令吐蕃、突厥望而生畏，是当时仅存的几员名将之一。

右卫将军李安静是隋唐间名将李纲之孙，忠贞耿直。武则天改唐为周时，公卿百官皆上表劝进，参予闹剧，唯独李安静坚决反对。天授二年（691），酷吏来俊臣逼他供认谋反，李安静回答说：“以我唐家老臣，须杀即杀！若问谋反，实无可对。”终于被来俊臣杀害。

据统计，武则天临朝称制期间，做宰相的共 24 人，在六年多的时间中，被杀或贬流罢相的就有 17 人。

但是，武则天毕竟是一位成熟的政治家，她任用酷吏是有限度的。27 名酷吏除傅游艺外，即如周兴、来俊臣、索元礼等也无一授相职，只是让他们执法而不与他们执掌大权。在司法机构中又保留了狄仁杰、徐有功、杜景佳、李日知等一批执法公允的良吏。尽管这批能干优秀的大臣被酷吏们视为眼中钉，一再受到诬陷，但总是受到武则天的保护，这对整个政局的稳定起了重要作用。

唐有日月当空曌

武则天巩固了统治之后，已不再满足于太后执政的地位。

薛怀义猜到太后的心思，伪造了一部佛经，献给武则天。那部佛经里说，武则天本是弥勒佛投胎到人世来的，佛祖派她下凡，就是要让她代替唐朝皇帝统治天下。

垂拱三年（687）二月，武则天下令拆除乾元殿，改建为举行祭祀庆赏大典的明堂，让颇精通建筑绘画雕刻艺术的薛怀义督造。明堂是一种与上天沟通、宣传皇权天授观念的象征性建筑，但它只在周朝时有过，后世并没有兴建明堂。武则天此举目的在为她当皇帝亦是天意做舆论准备。

这年四月，武承嗣指使他人向武太后献上一块刻有“圣母临人，永昌帝业”的石头，说是从洛水中打捞出来的瑞石。武则天便又利用这块石头大造舆论，将它命名为“宝图”，并给自己加上了“圣母神皇”的尊号。既是圣母，又称神皇，这是武则天要称帝的信号。五月，武则天下诏亲拜洛水，以受“宝图”，并御临明堂庆祝，命诸州都督、刺史及宗室、外戚在拜洛水大典举行之前十天齐集神都洛阳。

又过了几个月，有个叫傅游艺的官员，联络了关中地区九百多人联名上书，请求太后即位称帝。武则天一面推辞，一面提升了傅游艺的官职。

结果，劝她做皇帝的人越来越多，据说当时文武官员、王公贵族、远近百姓、各族首领、和尚道士，上劝进表的有六万多人。

永昌元年（689），武则天对唐朝宗室诸王再次举起屠刀，以谋逆罪名，诛杀了汝南王李炜、纪王李慎等人，牵连达数百家，李唐宗室人员或被杀，或遭流放。至此，唐宗室已被清除殆尽。

经过一系列的大清洗，武则天认为唐王室再无人敢反对她了。于是，在永昌元年（689）11 月下诏，改用“周历”，宣称周是武氏的远祖，以示武姓为王的源远流长。她还让远房内侄宗秦客创制了十几个在诏书、祭祀文告中常用的新字，表示更新。她自创名为“曌”，含“日月当空，恩被天下”之意。这一字巧在对男尊女卑观念的回击，表明武则天就是要阴（即月的寓意）处阳（即日的寓意）位，主宰天下。

关于这个“曌”字，还有一个颇为有趣的传说。

传说有一天，武则天心血来潮，想为自己取一个好字，可是琢磨了好几日，还是没有找到最合适的，就决定向天下文人征求最吉利的字，于是一张征求御字榜文贴到了长安城墙上。

话说少林寺有一个烧火的和尚，叫明空，此人除了方丈教会自己的僧号，斗大的字不认识几个。

这一日，明空到长安买菜。买菜回来，到城墙处，他忽然觉得肚子疼，想上茅厕，抬头看到城墙上贴着一张纸，也没细想就撕了下来，准备如厕用。

守候此皇榜的御卒见好几日没人揭榜，就到一旁的西瓜摊吃西瓜。御卒吃完西瓜回来，正好看到明空揭榜，心中高兴，总算有人揭榜了，自己可以复命了。

御卒见明空揭了榜想走，急了，上去就把明空拽住，“和尚你不能走！”

明空见一个当兵的拉住自己，不知道怎么回事，问道："官爷，为什么不让我走啊？"

御卒就把武则天征字的事讲了。

明空一听，一屁股坐到地上，昏过去了。等到御卒把他叫醒，明空号啕大哭，哀求道："官爷，我不知道哇，我哪里会取字啊，您放过我吧，我把御榜再贴上去，您看行吗？"

御卒一听摇头道："不行，你必须和我进宫！"明空见求情不行，只好跟御卒去见武则天。

明空一路上又懊恼又害怕，懊恼自己莽撞揭了御榜，害怕自己会掉脑袋。但是，他不想就这样稀里糊涂地死了，于是脑筋一转打定了主意。

武则天听说有人揭了榜，很是高兴，连忙召揭榜人进殿。

明空颤颤悠悠进殿，见到武则天连忙跪倒请罪。武则天见进来一个和尚，又是请罪，问道："和尚，是你揭榜了吗，你为何请罪啊？"

明空低着头说："我是出家人揭御榜恐怕不合适，有辱圣明！"

武则天一笑说："无妨，你倒说说你为我取的字是什么？"

明空到这时候只有豁出去了，说："我这个字，字典里没有。"

武则天说："那你写出来吧！"

于是武则天命左右给明空拿去纸墨。明空歪歪扭扭地写了一个"曌"字，这是明空在路上想好的，他就认识自己僧号的这两个字啊，所以干脆把二字叠加，变个"曌"出来。

武则天一看这个字，呵，还挺独特，问道："和尚，这字怎么读啊？"明空一愣，这他倒忘记了。好在他还算机灵，眼珠一转道："日月当空普照大地，就念照吧！"

武则天听了大喜，赏赐明空十万两银子重修寺庙。明空欢欢喜喜地回寺了。

传说，后来武则天做了皇帝，还为这个字作了一首打油诗：

“日月当空曌，则天长安笑；一朝做皇帝，世间我最傲。”

武则天称帝后，经过两年整顿，清除了政敌，杀掉了大部分酷吏，内政巩固，令行禁止。自唐高宗病故，武则天一直忙于宫廷斗争，西边与北边吐蕃、突厥出兵侵扰，无力抗击，故安西四镇失守。武则天在整顿内政之后，立即着手恢复她与唐高宗打下的疆域。长寿元年（692）九月，派王孝杰与阿史那忠节率军出征西北。十月二十五日，王孝杰大破吐蕃，收复龟兹、疏勒、于阗、碎叶安西四镇，设安西都护府于龟兹。在群臣一致反对的情况下，武则天毅然加派安西四镇守兵三万。这一措施使安西四镇从此安定，直到唐玄宗时再无反复。

武则天的边疆政策是降则抚之，叛则讨之，坚决反对各势力之间的侵扰。在武则天政策的感召下，长寿元年（692）二月，吐蕃、党项部落万余人归降；三月初五，天竺国遣使朝贡；五月，吐蕃酋长曷苏率部请归降；六月，别部酋长昝捶率羌蛮八千余人归降。圣历二年（699）四月，吐蕃赞婆率所部千余人归降。

收复安西四镇之后，武周王朝对外战争的目标主要是北方的契丹与突厥。万岁通天元年（696）五月十二日，营州契丹松漠都督李尽忠、归诚州刺史孙万荣举兵造反，13天后，武则天派左鹰扬卫将军曹仁师、右金吾卫大将军张玄遇、左卫大将军李多祚等率军征讨，八月二十八日战于峡石谷，唐军大败。继而叛军又设计伏击，唐军全军覆灭。武则天再次发兵征讨，九月，在唐军与突厥兵的共同打击下，李尽忠兵败身亡。孙万荣收拾余众，军势复振，多次侵扰州县。神功元年（697）四月十八日，武则天派武懿宗、何迦密率军征讨，五月初八，又派娄师德、沙吒忠义率军二十万征讨，终于在六月三十日讨平契丹，斩杀孙万荣。长安元年（701）十一月，武则天以郭元振为凉州都督、陇右诸军大使。郭元振到任后，以南境硖口设和仁城，北境碛口设白亭军，控其要冲，拓宽州境一千五百里，突厥不敢侵扰。郭元振又令甘州刺史李汉通开置屯田，五年中夷夏畏慕，令行禁止，牛羊遍野，路不拾遗，积军粮可支数十年。长安二年（702）十二月，设北庭都护府于庭州，安定了北部边境。

武周时期与周边各国的局部小战争，时起时伏，以武周胜利为多。武则天在位 15 年中，基本上维护了帝国的统一，疆域的辽阔，国家的强盛。

无法主导的结局

武则天可以在一个男权社会里争得主导的地位，可以冒天下之大不韪登基做皇帝，在这个过程中一切艰难险阻她都无所畏惧，她相信自己可以主导这一切。但继承人的难题让她意识到，自己注定无法主导结局。

随着酷政的终结，帝位巩固了，政治气氛也随之得以改善，然而，武则天并没有感到舒心，在皇位继承人的选择上，她无力摆脱传统的束缚，从而陷入困境。

武则天改唐为周后，立即起用武氏子侄为宰相、为将军，臣下有功者也赐给武姓，又免去天下武姓的田赋，改文水县为武兴县，追封武氏先人，上谥号，立庙宇。显然，她是想传位给武氏子孙。

以武承嗣、武三思为首的武家子侄们更是跃跃欲试，甚至勾结酷吏迫

害李氏宗室。武承嗣对皇嗣李旦的地位提出了公开挑战。长寿二年元旦，武则天在万象神宫（明堂）举行祭典大礼，她竟让武承嗣为亚献、武三思为终献，公开摆出武氏家天下的阵势。皇嗣李旦尴尬地站在一边。由此，李武两姓争夺储位的斗争日趋激化了。

其实，武则天对皇嗣的问题也是左右为难：立本家子侄为皇储，可以保全她的武周政权，但继位的人是不会把她作为先祖供奉太庙的。而立儿子为储君，可以同夫君共享子孙的祭祀，得到名正言顺的皇太后位置，但这又必然使自己重新回到她亲手打破的传统中去。

一天，74 岁高龄的武则天对狄仁杰说：“昨天夜里，朕梦见一只大鹦鹉，两翼折断了，卿看是何征兆？”狄仁杰趁机借题发挥说：“鹉者，武也，即指陛下，两翼即指陛下的两个儿子。陛下若起用两位殿下，两翼不就复振了吗？”

圣历元年初，武则天派人把庐陵王李显秘密接回洛阳，皇嗣李旦知趣地请求退位，李显被立为太子。武承嗣眼看太子位到手又将易人，一气之下，怏怏死去。

庐陵王的复位，使一度紧张的气氛趋于缓和。武则天为了防止在自己死后，诸武姓之人与太子再度纷争残杀，便召集起太子李显、相王李旦、太平公主与诸武姓之人，宣誓明堂，祭告天地，立下铁券，藏于史馆，让他们和平共处。由此，武则天赢得了最后一段比较安定轻松的日子。复立李显为太子的事件，是放弃酷吏政治之后，这位女政治家晚年的又一巨大成功。

武则天晚年，很得益于男宠张易之、张昌宗兄弟的悉心侍奉，她很感激张家兄弟的奉献，授之高官，委以国政，成为她晚年最亲信的人。但是，也正是因为这两位张家兄弟，引发了“五王政变”，使病榻中的武则天被迫逊位。

张易之、张昌宗兄弟，中山义丰（今河北安国）人，其祖父辈的张行成在贞观末年当过宰相，也算得上名门出身。薛怀义被杀后，御医沈南缪充为男宠，但沈已年过中年，难以满足武则天的要求。

还是女儿理解母亲的心思。万岁通天二年，太平公主将美貌少年张昌宗带给武则天，张昌宗聪明伶俐，通晓音律，当场献上一曲，然后相拥入内室。侍寝一宿，武则天非常满意。半月后，张昌宗又把自己的亲哥哥张易之推荐给武则天，说他哥哥侍寝更有经验。武则天果然满意。从此，张易之、张昌宗俨若王侯，每天在后宫陪侍女皇。在则天皇帝近似溺爱的宠幸下，这对美少年的势力迅速膨胀。朝中的当权者武承嗣、武三思、武懿宗、宗楚客、宗晋卿等人，争先恐后献媚二张。

圣历二年正月，武则天在宫中新置控鹤府，以张易之为控鹤监，张昌宗、吉顼、李迥秀、薛稷等为内供奉（后来改名奉宸府，张易之为奉宸令），专供他们宴饮嬉戏的场所。为掩饰他们的荒淫生活，武则天又召集宋之问、阎朝隐、李峤、张说、刘知几等文人学士，在控鹤府编纂《三教珠英》1300 卷，张昌宗、李峤为修书吏。

二张恃宠而骄，不仅在后宫恣意专横，而且开始干预朝政，武则天也有意把政务委托给他们处理，二张的势力迅速膨胀起来。文武大臣深为二张干政所惶恐，朝野上下议论纷纷。武则天病卧床榻，累月不见宰相，身边只有二张侍奉，“居中用事”，使朝臣们心神不安，不知二张会干出什么事来。

张柬之与崔玄礼、桓彦范等人为了不让皇帝墨敕让位于张昌宗，决定迅速起兵，实行兵谏。神龙元年（705）正月二十二日，张柬之等人集合羽林军数百人，拥太子李显从玄武门杀入，将张易之、张昌宗杀死，进入女皇寝殿。此时武则天昏病在床，她环视周围，一切都明白了，她不得不接受这一现实。次日，神皇降制敕，任命太子监国。正月二十四日，武则

天正式让位于太子李显，国号仍为大唐。至此，中国历史上第一位、也是最后一位女皇帝的统治宣告结束。

正月二十五日，太上皇武则天从迎仙宫抬出，移居上阳宫。从此过着寂寞的病榻生活，到十一月二十六日病死，年届 82 岁。按武则天遗诏，去帝号，称则天大圣皇后，陪葬高宗的乾陵。陵上立一块无字碑，一生功过待后人去评说。

第六章　明皇兴唐
——扭转乾坤的放手一搏

李隆基的皇位是靠自己的努力和才能争取到的。武则天之后，韦后乱政，大唐江山再一次岌岌可危。这时候，李隆基站了出来，鲜衣怒马，在风诡云谲的宫廷斗争中杀出一条血路，开创了中国历史上最为壮丽辉煌的开元盛世。

生于忧患的太平天子

唐玄宗李隆基出生的时候，正是武则天主政要做女皇之时，所以他小时候就经历了错综复杂的宫廷变故，李隆基五岁时，父亲李旦被祖母武氏废除帝位，迁居东宫。也许正是这一变故促使他形成了意志坚定的性格。

那一年，宫中传出一个令人毛骨悚然的消息，皇嗣李旦的两个妃子刘氏、窦氏被武则天召入宫中，最终竟然被杖杀，尸体被随便埋葬。

消息传来，众皆震惊，而皇嗣李旦更是悲愤不已，但他也只能打碎了牙往肚子里咽。此时正值武则天大搞酷吏政治之时，告密成风，人人自危，政风可谓极其险恶。此番大祸来自一个叫团儿的奴婢的诬告，她向武则天举报说刘氏、窦氏用巫术诅咒皇帝，所以引发了武则天的愤怒。有人说团儿是因为勾引李旦未遂，所以报复。还有人说她是想借这股告密之风为自己牟取私利。不管怎么样，李旦的两个爱妃是死于非命了。

李旦根本不敢在武则天面前表现出任何悲痛，行为举止都与平常一样。而此时比他还要悲痛的，应该是九岁的李隆基了，因为窦氏是其亲生母亲，他幼年丧母，而且父亲还被吓得战战兢兢不敢吭声，这对李隆基来说是一个怎样险恶的环境啊。

李隆基可能从小就对自己的祖母没什么好感，对于李唐被篡权更是耿耿于怀，七八岁的时候他就勇敢地展示过自己的反抗精神。有一次他来上朝，带着车骑随从。武家子弟武懿宗看见这个孩子的队伍整齐威武，于是

想挫一挫他的锐气，便站出来呵斥车骑队伍。这个武懿宗是武家子弟中的“极品”。他的祖父是武则天的伯父，他本人算是武则天的侄子，不仅相貌猥琐，而且品质极坏，常滥杀无辜。所以李隆基见他就生气。见武懿宗呵斥自己的队伍，李隆基立即站出来指责说：“这是我李家的朝堂，干你什么事？竟敢如此放肆地训斥我家骑士护卫。”权势熏天的武懿宗被这个七岁的小孩呵斥得目瞪口呆，武则天得知后，对这个志存高远的少年郎更加喜欢。唐人郑处诲在《明皇杂录》中记载，武则天做女皇时，在朝堂大殿中宴请诸位皇孙，说是观赏子孙相互嬉戏，实则心机深沉的女皇是在观察后代，挑选事业接班人，为此女皇不惜命人取来西域国进献的宝贝玉环钏作为奖品，让李氏诸孙比试本领，其他人都表现得很积极，踊跃相争，唯独李隆基冷眼相向，不为所动，武则天非常惊奇，抚其后背赞赏道，此儿当为太平天子。

虽然李隆基获得了祖母的宠爱，但其母窦氏与嫡母皇嗣妃刘氏还是被武则天秘密杀害，尸骨无踪。根据史料可知，李旦的另一位妾室豆卢氏和李隆基的姨妈窦氏抚养、照料过年幼丧母的李隆基。李隆基先被封为楚王，后改封为临淄王，兼潞州别驾。

淫乱韦后欲主唐宫

武则天驾崩后，李显再次当上了皇帝，马上立韦氏为皇后。李显为太子时，韦氏因姿色美艳，立为妃。李显第一次当皇帝时，韦氏被立为皇

后。李显被武则天废黜，迁于房州（今湖北房县），韦氏随行。在流放生活中，韦氏与之患难与共，排解了中宗的悲愁惶惧情绪。中宗发誓如能复位，定任她所为，不加禁制。中宗重登帝位后，为了兑现自己的承诺，每上朝的时候，韦后都会陪伴在唐中宗身侧，开始听闻政事。唐中宗本身懦弱无能，重登帝位之后，与韦后整日奢靡无度，不管民间百姓的疾苦。

韦后生性淫荡，贪婪。时刻都想以她的婆婆武则天为榜样。而她的女儿安乐公主一心想要和她的姑姑太平公主相媲美。这母女俩于是在唐宫之中上演了一幕荒唐秽乱的闹剧。

韦后与武三思秽乱后宫，上官婉儿也是其中重要的人物之一，也就是她的缘故，武三思才得以和韦后相勾搭。当时的上官婉儿是李显的婕妤，由于李显过多地宠爱韦后，不加禁制，使得韦后涉足于朝政，甚至掌握朝政。上官婉儿为了讨好韦后，巩固自己的地位，于是就将武三思引荐给韦后，使他们苟合成奸。

后来武三思的儿子与安乐公主成亲，也就是这层亲家关系让武三思出入皇宫更加方便了。于是武三思与韦后眉来眼去，暗度陈仓。但是重登皇位的李显对排挤自己，给自己戴绿帽的人以及武氏家族却并没有一点憎恶之意，张柬之等人眼看皇帝无能，准备杀掉与武氏相关的人。谁知李显却叮嘱他们："杀任何人都行，就是不能杀武氏家族的人，跟我有关系的人不能滥杀。"并把这些事告诉了韦后，韦后再转告给武三思，武三思立即打击报复，将张柬之贬出朝廷，使之死在襄州。其他正直官吏也一一遭到贬逐。武三思因而权倾人主，作威作福。一批趋炎附势的官僚集在他门下，其中有五人特别卖命，被称为"五狗"。韦皇后中宗的太子李重俊，非韦氏所生，遭到韦后厌恶；安乐公主与其夫武崇训经常侮辱李重俊；武三思猜忌李重俊，武崇训唆使安乐公主请求中宗废太子，立她为皇太女。

皇太子李重俊感到了极大的威胁和恐惧，他要先下手为强，擒杀韦后

和安乐公主。于是太子与左羽林军大将李多祚、将军李思冲、李承况、独孤伟等人，假传皇帝的命令，率领羽林军骑兵三百人，冲入武三思的家里，杀死了武三思和武崇训及其亲属党羽十多人，然后又自肃章门斩关而入，企图一举杀掉韦后、安乐公主和上官婉儿。

当时，中宗夜宴刚刚结束，忽闻太子作乱，就连忙与韦后、安乐公主和上官婉儿一起来到玄武门，并急命右羽林军大将刘景仁率百余骑前来护卫，又急忙宣布命令，赦免一切跟从起事的人员。众人一听太子原是矫诏，又闻皇上的赦免令，就纷纷弃戈投降，最后只剩下三两个人跟随太子逃去。后来几人逃到今陕西的户县，在林中休息时，太子被随从杀掉。

李重俊被杀。武、韦集团权势更盛。

安乐公主恃宠，骄恣专横，势倾朝野，她曾将自己草拟的诏敕，掩住正文，请中宗在文后签署，中宗竟不看诏文，笑而署敕。她和长宁公主（亦韦后所生）及韦后妹郕国夫人、昭容上官婉儿等仗势弄权，卖官鬻爵。受钱三十万即自己写好封官墨敕（不盖官印），不经宰相审议签署，斜封交中书省执行，称为“斜封官”。当时，以员外同正、试、摄、检校等名义授官的，就有几千人。她们又大肆营建第舍，穷奢极欲。安乐公主强夺民田作定昆池，方圆数里；一幅织成裙，值钱十万。中宗、韦后和公主们又多建佛寺，劳民伤财。其时后突厥攻掠陇右；西突厥别部突骑施部攻陷安西都护府，断安西四镇路。内地则水旱为灾，户口逃散，民不聊生。中宗却与韦后恣为淫乐，不理朝政，还处死上书告发韦氏乱政的人。据说，景龙四年（710）韦氏恐其丑行暴露，安乐公主欲使韦氏临朝，自为皇太女，遂合谋毒死中宗。韦后临朝摄政，立李重茂为帝，史称少帝。

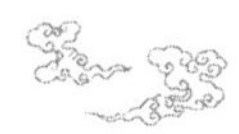

唐隆政变初露锋芒

唐中宗李显暴死后，外界都在传韦后和安乐公主下毒，暗杀李显，朝野上下人心惶惶。韦后意欲临朝摄政，她扶李重茂登基，改元唐隆，并将领南北衙禁卫军交与韦家子弟统领，其独揽大权之心昭然若揭。

宰相宗楚客伙同太常卿武延秀、司农卿赵履温、国子祭酒叶静能以及韦家诸人一同劝说韦后沿用武则天的惯例登基称帝，当时守卫宫城的南北禁卫军以及地位重要的尚书省诸司，都已经被韦氏子弟所控制，他们大量网罗党羽，在朝廷内外互相勾结。宗楚客又秘密地上书皇太后韦氏，引用图谶来说明韦氏理当取代大唐朝而君临天下。宗楚客还打算害死李重茂，只是十分担心相王李旦与太平公主会从中作梗，于是与韦温和安乐公主密谋除掉他们。

李隆基在此之前已被免去潞州别驾的职务，从潞州（治所在今山西长治）回到西安。他在京师私下召集智勇双全之士，谋划匡复大唐社稷。当初唐太宗选拔官户和蕃口中骁勇善战的人员，让他们身穿绘有虎皮花纹的衣服，使用绘有豹皮花纹的马鞍，在太宗巡游狩猎时，就让他们随侍在鞍前马后一同射杀飞禽走兽，这些人被称为百骑；武则天时期逐渐增为千骑，隶属于左右羽林军；李显把这支部队称为万骑，并设置官员统领。李隆基对万骑兵中的豪杰之士都深相结纳。

兵部侍郎崔日用平素一向依附韦后及武氏集团，与宗楚客交情也很好，他得知宗楚客的阴谋以后，担心自己会因此遭祸，便派宝昌寺僧人普润秘密地去向李隆基报告，并劝李隆基尽快发难。

李隆基于是与太平公主及其子卫尉卿薛崇行、西京苑总监赣县人钟绍京、尚衣奉御王崇晔、前任朝邑尉刘幽求、利仁府折冲麻嗣宗等人策划先行举兵发难，铲除韦氏集团。韦播、高嵩二人为了树立自己的威严，多次鞭打万骑兵，从而引起万骑兵对他们的普遍怨恨。果毅葛福顺和陈玄礼向李隆基诉说此事，李隆基暗示他们应当诛除韦后集团，两人听后都精神振奋地表示愿效死力。万骑果毅李仙凫也参与了具体谋划。有人建议李隆基应当把这件事告诉他的父亲相王李旦，李隆基回答说："我们这些人是为了大唐的江山社稷才干这种事的，事成之后福分归于相王，万一事情失败了我们为宗庙牺牲也就是了，不必因此而连累相王。如果告诉了他，他同意这样做，就等于让他也参与这种极为危险的事；若是他不同意这样做，那就只会坏了大事。"于是李隆基没有把这件事告诉其父李旦。

唐隆元年（710）六月二十日申时，李隆基身穿便服与刘幽求等人进入禁苑之中，到钟绍京的住所集合。此时钟绍京已有后悔之意，便想将李隆基拒之门外，他的妻子许氏对他说："为了国家大事而不计个人安危的人必得神助，再说你平常就一直与他们共同谋划这件事，现在即使你不去亲自参加，又哪里能够脱得了干系呢！"钟绍京听完后赶忙开门出来拜见李隆基，李隆基拉着他的手与他一起坐下。

这时左右羽林军将士都驻扎在玄武门，等到夜色降临之际，葛福顺和李仙凫都来到李隆基处，求问起事的信号以便行事。将近二更时，夜空的流星散落如雪，刘幽求说道："天意如此，机不可失！"葛福顺拔剑直闯羽林营，将韦璿、韦播、高嵩三人斩首示众，高声喝道："韦后毒死先帝，谋危社稷，今晚大家要齐心协力，铲除韦家人及其死党，凡是长得高过马鞭的人一律斩杀；拥立相王为帝以安定天下。倘若有人胆敢首鼠两端帮助

逆党，判的罪要连及三族。”

羽林军将士全都欣然从命。于是葛福顺将韦璿等人的首级送给李隆基，李隆基在灯下看过之后，便与刘幽求等人一同走出禁苑南门，钟绍京率领着工匠二百余人，手持斧头锯子跟在后面。李隆基派葛福顺率领左万骑攻打玄德门，派李仙凫率领右万骑攻打白兽门，双方约定在凌烟阁前会师后，即大声鼓噪。葛福顺等人分别杀掉守门的兵将，攻入宫中。李隆基率兵守在玄武门外，三更时分，听到宫中鼓噪声之后，即率领总监及羽林兵进入宫中，在太极殿负责守卫中宗灵柩的南牙卫兵们听到鼓噪之后，全都披挂整齐响应李隆基等人。韦后惶惑中逃入飞骑营，有一个飞骑兵将韦后斩首，并把首级献给李隆基。安乐公主正对着镜子画眉，被士兵斩杀。此外还将武延秀斩首于肃章门外，将内将军贺娄氏斩首于太极殿西。

上官婉儿则极有心计，她听悉变故，急忙写了一张让李隆基的父亲相王李旦登基的诏书，藏在袖中，率宫女列队迎接李隆基，希望能免一死。李隆基见了诏书后，对左右说道：“此婢妖淫，渎乱宫闱，怎可轻恕，今天不诛，后悔无及。”刘幽求为她向李隆基求情，李隆基没有答应，下令将上官昭容在旗下斩首。

这时李重茂住在太极殿，刘幽求对众人说道：“大家约好了今晚上拥立相王为帝，现在为什么不早一点儿定下来呢！”李隆基急忙制止了他，下令将士们捕捉宫中和把守宫中各门的韦氏族人，平常得到韦后信任重用的人也一起斩首。天将破晓，宫内外均已平定。

李隆基出宫拜见李旦，为自己起事之前未能告诉李旦而叩头谢罪。李旦流着眼泪抱住李隆基说：“大唐宗庙社稷得以保全，全是你的功劳！”李隆基于是率军迎接李旦入宫辅佐李重茂。

李隆基下令将京城各门及所有宫门关闭，然后又派遣万骑兵分头搜捕韦家的亲属徒党。将太子少保、同中书门下三品韦温斩首于东市之北。中

书令宗楚客身穿丧服，骑着一头黑驴外逃，在他逃到通化门时被守门的兵士认出。兵士对他说："您就是宗尚书吧！"说完摘下他的孝帽并将他斩首，同他一起被杀的还有他的弟弟宗晋卿。

李旦侍奉少帝来到安福门安抚百姓。起初，赵履温不惜耗尽国家资财以讨安乐公主的欢心，没完没了地为安乐公主起宅第、修园林，甚至于用手按住自己的紫色官服，用脖子驾着公主坐的牛车。安乐公主被杀后，赵履温赶忙跑到安福楼下手舞足蹈地山呼万岁，声音未落，李旦便下令万骑兵将其斩首。老百姓早已因赵履温屡次增派劳役而对他恨之入骨，此时见他被杀，便争相割下他尸体上的肉，转眼就只剩下一副骷髅。秘书监汴王李邕的妻子是韦后的妹妹崇国夫人，他与御史大夫窦从一分别砍下各自妻子的首级进献给相王李旦。李邕是李凤的孙子。左仆射、同中书门下三品韦巨源听到李隆基起事的消息后，家人劝他外逃躲避，他回答说："我身为朝廷大臣，怎么能有难不赴！"说完便走出家门，来到大街上，被乱兵所杀，时年八十岁。此时李隆基已派人将马秦客、杨均、叶静能枭首示众，并将韦后暴尸街头。崔日用带兵到京城南边的杜曲诛杀韦氏家族的其他成员，连尚在襁褓中的婴儿也不放过，居住在杜曲的杜氏家族也有很多人被冤杀。

三天之后，太平公主逼李重茂退位，李旦登上宝座，是为唐睿宗，改元景云，又过了三天，李隆基被立为太子。此次政变虽结束了韦皇后集团控制朝堂的状况，但代之以太子李隆基与太平公主的对抗，

太平公主不太平

在一些传闻中，太平公主和李隆基的关系很微妙，他们之间的情感好像不只是姑侄这么简单，还掺杂了一些感情纠葛。

但传闻并不是真实的历史，在历史上，由于唐朝风气开放的缘故，又因为武则天的家族的确比较特殊——不太在乎伦理，乱伦之爱比比皆是。武则天的母亲杨氏可以和外孙子贺兰敏之私通；武则天的姐姐韩国夫人在丈夫死后和妹夫（即唐高宗）私通，并把自己的女儿也送进宫，侍奉舅舅（即唐高宗）；武则天的侄子武三思与表嫂（或表弟妹）韦皇后私通。但从史料中还没有寻到太平公主和侄儿李隆基之间情感纠葛的一丝痕迹，不过，他们围绕权力而进行了你死我活的斗争却是真实的。

经过唐隆政变，太平公主的权势地位更加显赫重要，李旦经常同她商量朝廷的大政方针，每次她入朝奏事，都要和李旦坐在一起谈上一段时间。有时她没去上朝谒见，李旦会派宰相到她的家中征求她对某些问题的处理意见。每当宰相们奏事的时候，李旦就要询问：“这件事曾经与太平公主商量过吗？”接下来还要问道，“与三郎商量过吗？”在得到宰相们肯定的答复之后，李旦才会对宰相们的意见表示同意。三郎指的是皇太子李隆基。凡是太平公主想干的事，李旦没有不同意的，朝中文武百官自宰相以下，或升迁或降免，全在她的一句话，其余经过她的举荐而平步青云担任要职的士人更是不可胜数。由于太平公主的权势甚至超过了李旦皇帝，所以对她趋炎附势的人数不胜数。太平公主的儿子薛崇行、薛崇敏、薛崇简三人都受封为王。太平公主的田产园林遍布于长安城郊外各地，她家在采买或制造各种珍宝器物时，足迹远至岭南及巴蜀地区，为她运送这类物品的人不绝于路。太平公主在日常衣食住行的各个方面，也处处模仿宫廷的排场。

李旦则试图在李隆基和太平公主之间寻求政治平衡，以避免伤害到任何一人。公元 712 年，睿宗怕再这样下去，李唐江山又大乱，于是毅然把帝位让给了儿子李隆基，改元先天。只是仍然掌握着朝政大权：朝廷三品以上官员的任免权和军政大事的决定权。睿宗的让位加剧了李隆基和太平公主的矛盾。双方都在积蓄力量，准备除掉对方。

这姑侄俩的争斗，从李隆基被立为皇太子后就开始了。唐睿宗重新称帝后，首先遇到的是如何确定太子的问题。李隆基在兄弟排行中是第三，所以小名“三郎”，睿宗李旦的长子乃是宋王李成器，后来他改名为李宪。睿宗复位后，按照嫡长子继承的制度，太子应该是李宪，而不是三子李隆基。但李隆基作为政变的主谋者，他的功劳是其他人无法相比的。当时，诸王和公卿大臣们“亦言平王（隆基）有安社稷大功，合居储位”。李宪的性格颇肖其父，厌薄权位，不以万乘为贵，他认为父亲得天下都是弟弟李隆基的功劳，便坚决让出皇太子的位子，而且一生小心谨慎，没有可指摘的过失，李隆基对哥哥既敬重，又感激。李隆基的父亲唐睿宗于是立李隆基为太子。后来李宪死后，李隆基对群臣说：“我的天下是哥哥让给我的，一般的谥号不足以说明我对哥哥的感情。”便给李宪加谥号为“让皇帝”。

这种情况下，李旦颁下制书晓谕昭告天下臣民，以平息各种流言蜚语。太平公主还常常派人监视李隆基的所作所为，即使一些细微之事也要报知李旦，此外，太平公主还在李隆基身边安插了很多耳目，李隆基感到十分不安。

矛盾愈演愈烈，太平公主同益州长史窦怀贞等结成朋党，想加害于太子李隆基，便指使她的女婿邀请韦安石到自己的家中来，韦安石坚决推辞，没有前往。李旦曾经秘密地召见韦安石，对他说：“听说朝廷文武百官全都倾心归附太子，您应当对此多加留意。”韦安石回答说：“陛下从哪里听到这种亡国之言呢！这一定是太平公主的主意。太子为宗庙社稷立下了大功，而且一向仁慈明智，孝顺父母，友爱兄弟，这是天下人都知道的事实，希望陛下不要被谗言所迷惑。”李旦听过这话之后十分惊异地说：“朕明白了，你不要再提这件事了。”当时太平公主正在帘子后面偷听他们君臣之间的谈话，事后便散布各种流言蜚语对韦安石横加陷害，想把他逮捕下狱严加审讯，多亏了郭元振的救助才得以幸免。

太平公主还曾乘辇车在光范门内拦住宰相，暗示他们应当改立皇太子，在场的宰相们全都大惊失色。宋璟大声质问道：“太子为大唐社稷立下了莫大的功劳，是宗庙社稷的主人，公主为什么突然提出这样的建议呢！”

宋璟与姚元之秘密地向李旦进言道：“宋王李成器是陛下的嫡长子，豳王李守礼是高宗皇帝的长孙，太平公主在他俩与太子之间互相构陷，制造事端，将会使得东宫地位不稳。请陛下将宋王和豳王两人外放为刺史；免去岐王李隆范和薛王李隆业所担任的左、右羽林大将军职务，任命他们为太子左、右卫率以事奉太子；将太平公主与武攸暨安置到东都洛阳。”李旦说：“朕现在已没有兄弟了，只有太平公主这一个妹妹，怎么可以将她远远地安置到东都去呢！至于诸王则任凭你们安排。”于是先颁下制命说：“今后诸王、驸马一律不得统率禁军，现在任职的都必须改任其他官职。”

太平公主得知姚元之与宋璟的计谋之后勃然大怒，并以此责备李隆基。李隆基感到害怕，便向李旦奏称姚元之和宋璟挑拨自己与姑母太平公主和兄长宋王李成器、豳王李守礼之间的关系，并请求对他们两人严加惩处。甲申日（初九），李旦将姚元之贬为申州刺史，将宋璟贬为楚州刺史。丙戌日（十一），宋王李成器和豳王李守礼被任命为刺史的事也停止执行。

太平公主又指使一个懂天文历法的人向李旦进言说："彗星的出现标志着将要除旧布新，再说位于天市垣内的帝座以及心前星均有变化，所主之事乃是皇太子要登基即位。"李旦说："既然这样，我就将帝位传给有德之人，以避免灾祸。"太平公主和她的同伙都极力谏阻，认为这样做不行。李旦说："中宗皇帝在位时，一群奸佞小人专擅朝政，上天屡次用灾异来表示警告。朕当时请求中宗选择贤明的儿子立为皇帝以避免灾祸，但中宗很不高兴，朕也因此而担忧恐惧以至于几天吃不下饭。朕怎么能够对中宗可以劝他禅位，对自己却不能做到这一点呢！"于是在八月传位与太子李隆基，自己退为太上皇，改元先天。同年，太平公主的丈夫武攸暨去世。

李隆基虽然当了皇上，但太平公主倚仗太上皇的权势专擅朝政，与李隆基发生尖锐的冲突，朝中七位宰相之中，有五位是出自她的门下，文臣武将之中也有一半以上的人依附她。太平公主与窦怀贞、岑羲、萧至忠、崔湜以及太子少保薛稷、雍州长史新兴王李晋、左羽林大将军常元楷、知右羽林将军事李慈、左金吾将军李钦、中书舍人李猷、右散骑常侍贾膺福、鸿胪寺卿和胡僧慧范等一起图谋废掉唐玄宗，此外，太平公主又与宫女元氏合谋，准备在进献给李隆基服用的天麻粉中投毒。

至此，姑侄之间的争斗进入了白热化阶段。

早在李隆基当太子时，曾请求李旦任命王琚为诸暨主簿，王琚曾对李隆基说："韦后毒死中宗，人心不服，所以容易被除掉。太平公主是武后的女儿、皇上的妹妹，非常凶恶、狡猾，大臣多半都依附于她，所以我为殿下暗中担心。"

他又说："太子的仁慈孝顺，和普通老百姓不一样，首先须能安定社

稷宗庙。盖长公主，是汉昭帝的姐姐，从小抚养昭帝，后来她有罪尚且被杀了。为了天下安危，殿下岂能顾忌小节，那么又怎能成就大业呢！”

李隆基听了王琚的劝告，留下他做太子詹事府司直。

此时，王琚再次劝李隆基尽快下手，以免造成突发事件，后悔都来不及。尚书左丞张说也从东都派人献上佩刀一把，暗示李隆基当机立断，快刀斩乱麻。荆州长史崔日用潜回长安，悄悄地对李隆基说：“太平公主谋反已经很长时间了。陛下以前在东宫，是臣子身份，如果讨伐她要用谋力。如今已经即位，下一道制书就行了，谁敢不服？”

再说太平公主见毒不成李隆基，便召集私党另想办法。

崔湜献计说：“羽林军大将常元楷、李慈二人忠于公主，如果他们率兵直入武德殿，迫使皇上退位，重兵之下，他不能不答应，再由窦怀贞、萧至忠号召南牙兵作为外援，不需半日，大事可成。”

太平公主认为此计可行，便决定在七月初四举事。正在这时，太平公主的长子武崇简从外面进来，极力劝阻太平公主不要这样做。太平公主大怒，拿起手杖劈头盖脸打来，武崇简被打得满脸是血。

这个阴谋被左散骑常侍魏知古知道了。于是，魏知古向李隆基秘密告发了太平公主的计划。李隆基接到密报，就和李隆范、李隆业、郭元振、龙武将军王毛仲、殿中少监姜皎、太仆少卿李令问、尚乘奉御王守一、宦官高力士等人决定先行下手，铲除太平公主一党。

甲子日（初三），李隆基通过王毛仲调用闲厩中的马匹以及禁兵三百余人，从武德殿进入虔化门，召见常元楷和李慈二人先将他们斩首，在内客省逮捕了贾膺福和李猷并将他们带出，又在朝堂上逮捕了萧至忠和岑羲，下令将上述四人一起斩首。窦怀贞逃入城壕之中自缢而死，唐玄宗下令斩戮他的尸体，并将他的姓改为毒氏。李旦听到事变发生的消息后，登上了承天门的门楼。郭元振上奏李旦说：“皇帝只是奉太上皇诰命诛杀窦怀贞等奸臣逆党，并没有发生什么其他的事。”李隆基随后也来到门楼之上，于是李旦颁发诰命列举窦怀贞等人的罪状，并大赦天下，只是逆臣的亲属党羽不在赦免之列。薛稷被赐死在万年县狱中。

太平公主逃入山寺，直到事发三天以后才出来，被李隆基下诏赐死在她自己的家中，她的儿子以及党羽被处死的达数十人。薛崇简因为平日屡次谏阻其母太平公主而受到责打，所以例外地被免于死刑，李隆基赐他姓李，并准许他留任原职。唐玄宗还下令将太平公主的所有财产没收充公，在抄家时发现公主家中的财物堆积如山，珍宝器玩可以与皇家府库媲美，厩中牧养的羊马、拥有的田地园林和放债应得的利息，几年也收不完。

太平公主的野心太大了，大到已经威胁到李隆基的皇权了，不被赐死才怪呢，哪怕是至亲骨肉。太平公主的故事告诉后人一个简单的道理，当一个人自己的本事不足，德行不够，而自己的野心却大于自己的本事、德行时，他（她）的失败也就完全在预料之中了。

最强盛世在开元

唐玄宗虽然在清除太平公主之后，彻底巩固了皇权，但当时的形势不容乐观：兵变大大地伤了朝廷元气，吏治的混乱、腐败亟待治理。所以，唐玄宗表示要量才任官，提拔贤能人做宰相。在这方面，唐玄宗眼光精准，能够根据时代需求来选拔贤才。如著名的宰相姚崇、宋璟、张说、张

九龄。

开元初年，国家需要拨乱反正，走上正轨，玄宗看中了多谋善断的姚崇。在渭川见面时，玄宗提出让他当宰相，姚崇向唐玄宗提出了“十事要说”，玄宗一一应允，他这才同意。“十事要说”包括了勿贪边功、广开言路、奖励正直大臣、勿使皇族专权、勿使宦官专权等，唐玄宗基本上都按照姚崇的建议执行了。姚崇上任后，帮助玄宗裁冗员、杜绝斜封官、整治外戚等。姚崇还主持了开元初年对蝗灾的治理工作。当时在黄河的南北地区都发生了严重蝗灾，对庄稼的破坏异常严重。姚崇深知如果不能及时消灭蝗虫，不仅会导致经济的重大损失和百姓的灾难，而且对于国家稳定也至关重要。他亲自指挥，下令各郡县要全力以赴消灭蝗虫，有功的进行奖励。在他的大力推动下，蝗灾没有再继续蔓延，很快被制止住了。

国家渐入正轨后，玄宗要以法治国。这时，打击政敌、揽权纳贿、搞小集团的姚崇便下台了。玄宗又看中了为人耿直、讲原则的宋璟。为政期间，他直言上谏、不树私恩、严于律己，并且继续实行姚崇时期好的制度。他也很重视对人才的选拔任用，虽然他掌握朝政大权，但他决不徇私枉法，相反，对自己的亲属还更加严格地要求。一次，他的远房叔叔宋元超在参加吏部的选拔时，对主考官说了自己和宋璟的特殊关系，希望能予以照顾，弄个好官儿做做。结果被宋璟得知后，不但没有给他说情，反而特地关照吏部不给他官做。最后，宋璟因工作失误以及过于守旧被罢相。

宋璟罢相后，张嘉贞接替了他的位置。不久，文武双全的张说又取代了他。张说上任后，军事上，裁减了二十万边防军，把府兵制改成了募兵制；政治上，改革宰相机构，把“政事堂”改为“中书门下”，增加了中书省的权力；文治上，任丽正书院领导（后改名为集贤殿书院）。在张说

的辅佐下，开元盛世发展到了极点。开元十三年，在张说的主持下，唐玄宗在泰山举行了封禅大典。张说后的几位宰相，都因为不和而被罢免。

开元时期的最后一位贤相张九龄是广东人，当时的广东被称为岭南，还不是发达地区，犯罪的人也经常被流放到那里，以示惩罚。所以在人们眼里，那里是荒凉、艰苦的地方。出身于广东的人由于历代在朝中做官的很少，所以那里出来的人很难在朝中做到宰相这么高的官。但是张九龄却凭借着自己出众的才华被玄宗相中。

张九龄在做宰相之后，也像玄宗那样看重人的品德和才干，而不是看重其背景。在吏部主持选拔官吏时，他一直主张要公正选才，量才任用。同时，对于玄宗的过错，他也及时地指出，加以劝谏，不因为玄宗对自己有知遇之恩就隐瞒实情。

唐玄宗不仅慧眼识贤相，还对吏治进行了整治，提高官僚机构的办事效率。他采取了很多有效措施，第一，精简机构，裁减多余官员，把武则天以来的许多无用的官员一律裁撤，不但提高了办事效率，也节省了政府支出。第二，确立严格的考核制度，加强对地方官吏的管理。在每年的十月，派按察使到各地巡查民情，纠举违法官吏，严惩不贷。第三，重新将谏官和史官参加宰相会议的制度予以恢复。这本是唐太宗时期的一种制度，让谏官和史官参与讨论国家大事，监督朝政。到了武则天主政之后，提拔了许敬宗和李义府等人做宰相，有的事不敢再公开，因此将这种制度废除了。第四，重视县令的任免。唐玄宗认为郡县的官员是国家治理的最前沿，和百姓直接打交道，代表了国家形象。所以，玄宗经常对县官亲自出题考核他们，确切地了解这些县官是不是真正地称职。如果考核优秀，可以马上提拔，如果名不副实，也会马上遭到罢黜。

唐玄宗知人善任，赏罚分明，办事干练果断，这是他能开创开元盛世的主要原因。

唐玄宗不仅对内政进行有效的治理，对于边疆也进行了有成效的治理，将武则天时期丢失的领地重新夺了回来。

早在唐玄宗即位之前，北方边境已是危机四伏。在武则天做皇帝的初期，即 686 年（万岁通天元年），契丹的李尽忠利用当时的社会矛盾，煽动部下反叛唐朝，而且攻占了营州。武则天派兵反击，结果失败。此后，在 703 年，安西地区的碎叶镇也被突厥攻占，致使丝绸之路最后断绝，严重影响了唐朝的声誉和外贸经济。

北方的领土在唐朝初年曾经统一，而且设置了单于、安北都护府，分别管辖长城内外到贝加尔湖的广阔地区。到了武则天主政以及做皇帝时期，突厥人经常骚扰边境，还攻占了蔚州（今河北蔚县）和定州（现在河北定县），迫使唐朝将安北都护府南迁。

为了重新统一北方，唐玄宗采取了很多措施，为收复北方领土做准备。这主要是对兵制进行了改革。原来的府兵制由于均田制的破坏，致使农民逃亡，影响了军队的兵源。高宗和武则天时期，对于军事不太重视，到了唐玄宗做皇帝时，士兵逃跑现象极为严重，军队战斗力也很低，无法和强悍的突厥军队抗衡。

在 723 年，即开元十一年，唐玄宗接受了宰相张说的改革主张，建立雇佣兵。从关内招募到军士十二万人，充当卫士，这就是“长从宿卫”，也叫作“长征健儿”，这次改革是从府兵制到雇佣兵制的转变。此后经过十多年的努力，玄宗将这种制度推广到了全国。这种制度使原来的府兵轮番到边境守卫的做法取消，解除了各地人到边境守卫之苦。同时，这种雇佣兵还为集中训练、提高战斗力提供了保证。

除了对兵制进行改革之外，唐玄宗还采取了其他很多的整军措施，如颁布了《练兵诏》，命令西北的军镇扩充军队，加强训练。同时，任命太仆卿王毛仲为内外闲厩使，全力负责军用马匹的供应，这使短缺的马匹及时得到了补充，提高了战斗力。另外，为彻底解决军粮问题，玄宗又命令扩充屯田范围，在西北和黄河以北地区大力发展屯田，增加粮食产量。

在做好了充分的准备后，唐朝逐步把营州等地收复，长城以北的回纥等也自动取消了独立割据的称号，重新归附唐朝。安北都护府也恢复了，唐朝重新行使对长城以北土地的管辖权。西域地区政权的恢复经历了两个阶段，第一个阶段是收复碎叶镇，第二个阶段是重新恢复了丝绸之路。唐朝的威望在西域重新建立起来。

为了增加国家的收入，打击强占土地、隐瞒不报的豪强，唐玄宗发动了一场检田括户运动。当时的豪强霸占了农民的土地之后，称为“籍外之田”，他们还将逃亡的农户变成自己的“私属”，在土地和人口两方面逃避国家税收。

712 到 725 年之间，唐玄宗的检田括户运动收到了实效。他任命宇文融为全国的复田劝农使，下设十道劝农使和劝农判官，分派到各地去检查隐瞒的土地和包庇的农户。然后把检查出来的瞒报土地一律没收，同时把这些土地分给农民耕种。对于隐瞒的农户也进行登记。这样一来，一年增加的税收就高达几百万之多。

通过这些有效的措施，唐玄宗使唐朝的经济又步入正轨，减轻了农民的负担，同时也增加了国家的财政收入，促进了国家经济的繁荣。

唐玄宗的一系列有效措施使唐朝在政治、经济、文化诸方面都得到新的发展，超过了他的先祖唐太宗，开创了中国历史上强盛繁荣、流芳百世的“开元盛世”。

第七章　盛世危情

——他与她的不伦之恋

他将唐朝推向鼎盛；也是他把唐朝引上衰败的道路。随着社会经济的发展，作为一国之主的他却丧失了执政前期的勤政爱民、励精图治，取而代之的是恣意享乐、任用奸佞、姑息养奸。这就是我们所说的“善始者实繁，克终者盖寡”吧！唐玄宗的晚年是悲哀的。他因为一段不伦之恋失去了一切最重要的东西：他的权力，他的尊严，他最心爱的女人，还有他精心经营的王朝。

专宠原是她婆婆

唐玄宗生性渔色，一生纳妾无数，据说后宫养女四万人，见诸史册的著名嫔妃，便有刘华妃、赵丽妃、皇甫德仪、刘才人、武惠妃、高婕妤等人。这些人中，最受李隆基宠爱的当数武惠妃。

武惠妃为恒安王武攸止（武则天的堂侄）的女儿。因为年幼时父亲病逝，按惯例被送入宫中由武则天抚养。到武周王朝垮台，沦落为一个小宫女。但到唐玄宗即位时，已经长成亭亭玉立的少女，引起了唐玄宗的注意。武氏性情乖巧，善于逢迎，很快就博得唐玄宗的欢心，逐渐变成专宠专房，日夜陪侍左右。

不过，武氏虽得玄宗的宠爱，当时朝廷上下却正处在一致反武的高潮中。武氏身为武三思的侄女，难免受到牵连，她想得到“妃”的名分，也一直是困难重重。直到开元十二年（724），始赐号惠妃。虽只将她封为妃，但她在宫中享有的礼仪却等同皇后。其母杨氏被封为郑国夫人，弟弟武忠与武信也都分别被加官晋爵。

武惠妃一连生下了四男三女七个孩子，是玄宗妃嫔中生育最多的人。然而频繁生育带给武惠妃的并不是喜悦，而是接连的打击和悲哀。

她的第一个孩子名叫“嗣一”。这个名字代表着李隆基无比的欣喜——他觉得这是自己所有孩子中最好的、当之无愧的第一宠儿。可是这个生得秀美的男孩却在开元五年夏天就夭折了，李隆基纵有满怀爱念，也只能追封他为“夏悼王”。不久，武惠妃又生下了一个“貌丰秀若图画”的儿子李敏。这个孩子和他的哥哥一样，还没来得及长成绝世美男，就死在襁褓之中。无可奈何的李隆基所能做的，也只是追封他为“怀哀王”。此后，武惠妃再次生育，这次降生的是一个漂亮的女婴——然而结果是一样的，她很快就死了，追谥“上仙公主”。

儿女如此频繁地夭折，使唐玄宗和武惠妃都吃不消了。尤其是武惠妃，她开始怀疑后宫中众多嫉恨自己的妃嫔，她隐隐地觉得自己的孩子都是被不知名的黑手所扼杀的。这种想法不单是她有，唐玄宗也不免满腹疑虑。

不久，武惠妃第四次生育，生下的又是一个男孩，起名李瑁。为了让这个孩子远离危险，唐玄宗让自己的大哥宁王李宪将孩子带出皇宫，养在宁王府里，由王妃元氏亲自哺乳并对外宣称他是宁王与嫡妃之子。费了这么大的周折，李瑁终于算是平安长大了。而此后吸取了教训的武惠妃也总算明白怎样才能保住自己的孩子——再往后她所生育的儿子盛王李琦、女儿咸宜公主、太华公主也都因此长大成人。

经历了三次丧子之痛，武惠妃对其余的亲生儿女简直爱如性命，为了他们，她什么都愿意做，也什么都做得出来。

玄宗在宠幸武惠妃以前，曾经宠幸赵丽妃、皇甫德仪与刘才人，分别生太子李瑛、鄂王李瑶、光王李琚。后因武惠妃得宠，三妃相继失宠。于是李瑛、李瑶与李琚兄弟常为母亲不得宠而不乐，多有怨言。惠妃之女咸宜公主的驸马杨洄揣摩惠妃的心意，便时刻观察李瑛有何短处，并向惠妃报告毁谤。惠妃向玄宗哭诉太子结党营私，想要谋害她们母子。玄宗震

怒，欲废太子。中书张九龄以骊姬、江充、贾南风与独孤皇后等人故事劝谏玄宗不能废太子，此事遂作罢。

不久，张九龄罢相，以李林甫取代其位。李林甫揣摩惠妃的心意，时常对她说寿王的好话，惠妃便对他相当敬重。开元二十五年（737）四月，杨洄再次向惠妃构陷三位亲王，说他们三个与太子妃薛氏之兄薛锈共谋异事。惠妃便设计派人去召三王入宫，说是宫中有贼，想请他们帮忙，而他们也答应了。惠妃接着又告诉玄宗："太子跟另外两个王爷要谋反了！他们穿铁甲进宫了！"玄宗派人察看，果真如此，便找宰相李林甫商议。李林甫说："这是陛下的家务事，不是臣等应该干预的。"玄宗便下定决心，废三王为庶人，赐薛锈死。不久，三位庶人皆遇害，天下人都为他们感到冤屈。

武惠妃悉数铲除了竞争对手，为儿子李瑁册立太子和自己册封皇后扫清了道路，她原以为这样就能如愿以偿，谁知她的胜利非常短暂。玄宗风闻太子之死有冤，且朝臣对武惠妃颇多异议，一时不敢轻易册立李瑁为太子，便借故把立储册后之事一推再推。武惠妃日夜焦虑，受三位皇子"鬼魂"所惊吓，竟然身染重病，卧床不起。开元二十五年（737）十二月，武惠妃病势越来越重，如癫如狂，语无伦次，没挨过残冬就死了，死时才38岁，距"三庶人"冤死仅七个月时间。武惠妃之死使玄宗十分悲痛。他自登基以来，武惠妃在宫中陪侍了他二十多年，几乎经历了整个"开元盛世"。这二十多年的感情，非一言一语能够说清，也非一朝一夕能够忘记。由于难忘旧情，玄宗特追封武惠妃为"贞顺皇后"，下制曰："奄至沦殁，载深感悼，逐使玉衣之庆，不及于生前，象服之荣，徒增于身后，可赠贞顺皇后。"后将武惠妃以皇后礼葬于敬陵。武惠妃生前没有得到的名分，死后终于得到。玄宗此举大概也是出于一种补偿的心理。而且从此以后，玄宗再也没有考虑过封后一事。之后的贵妃杨玉环虽然备受恩宠，但生前死后都未曾得到玄宗正宫皇后的名号。从这一点上，也可以看出玄宗对武惠妃的用情之深，以及内心难以名状的矛盾。

武惠妃虽然生前死后享尽恩宠，她绝对想不到的是：忠王李玙（后改名为李亨）因“长幼有序”、“推长而立”等冠冕堂皇的理由被立为太子。她生前辛苦经营的一切都化作了泡影。她宝贝儿子李瑁的王妃——杨玉环在不久后便成了玄宗的新宠。这真是人世间绝大的讽刺。

忘情夺爱霸儿媳

武惠妃死时，玄宗 52 岁。后宫美人很多，竟没有一个令玄宗中意。这对于多情种子的玄宗来说，无处寄托情怀，无异于一种酷刑。玄宗于是郁郁寡欢，时常发怒。

这时，近臣高力士进奏说，杨玄琰有个女儿，名叫杨玉环，长得不是一般的美。

杨玉环出生在陕西华阴，后随父入川。父亲死后，她又到了河南，受到了都市陶冶，学会了优雅的言语举止，17 岁便长得如花似玉、美若天仙。加上优越的教育环境，使她具备有一定的文化修养，性格温顺，精通音律，擅歌舞，并善弹琵琶。在白居易的《长恨歌》中描述其为：天生丽

质难自弃，一朝选在君王侧。

唐玄宗的女儿咸宜公主在洛阳举行婚礼，杨玉环也应邀参加。咸宜公主之胞弟寿王李瑁对杨玉环一见钟情，唐玄宗在武惠妃的要求下当年就下诏册立她为寿王妃。婚后，两人甜美异常。而这时唐玄宗并没有见到杨玉环。

唐玄宗听了高力士的话，大喜，也不管人家是自己的儿媳妇，当即吩咐人暗中招来观看。

于是，唐玄宗诏令儿媳寿王妃杨玉环到华清宫沐浴。杨玉环被领到一个用白色玉石砌成的汤池，温热泉水从白色玉石雕成的莲花花蕊中喷涌而出，洒落在汤池里。杨玉环沐浴罢，“既出水，体弱力微，若不胜罗绮，光彩焕发，转动照人”。

这样丰艳照人，风情万种的女人没法不让一个正常的男人动心，何况风流种子李隆基。李隆基傻眼一阵以后，缓过神来，觉得这令人馋涎欲滴的美女，还不能马上搂过来，起码先得改变这种身份。

他设计了一番表面文章，先是打着孝顺的旗号，说是要为自己的母亲窦太后荐福，便下诏令杨玉环出家做道士，并赐道号“太真”，命令杨玉环搬出了寿王府，住进了太真宫。然后，他将大臣韦昭训的女儿许配给寿王李瑁，并立为妃，以此来安抚寿王。五年之后杨玉环守戒期满，唐玄宗便下诏让杨玉环还俗，并接入宫中，自己养了起来。

这件事情自然给寿王李瑁以深重的伤害，但抢走爱妃的是自己的父皇，自己只能敢怒不敢言。对此，唐代诗人李商隐曾在诗歌《骊山有感·咏杨妃》中写道：“骊岫飞泉泛暖香，九龙呵护玉莲房，平明每幸长生殿，不从金舆惟寿王。”此诗生动地描述了当时唐玄宗抢走儿媳妇后，寿王李瑁的郁闷和唐玄宗的尴尬，然而杨玉环实在是太漂亮了，唐玄宗为

了得到她连伦理道德都不顾了，由此也可见杨贵妃的迷人之处。另外，唐朝是中国历史上少有的开放的朝代，采取了兼容并包的文化政策，各种外来风俗在大唐落地开花，封建伦理等级制度得到弱化，因此唐玄宗这样做并没有引来太大的反对。

为了表达对杨玉环的宠爱，李隆基在745年册封杨玉环为贵妃，同时追赠她已死去的父亲为太尉和齐国公，又升擢她的叔叔为光禄卿，她的两个堂兄分别担任鸿胪卿和侍御史，她的从兄弟杨国忠为右相兼吏部尚书。玄宗甚至将杨家三个姐妹分别封为韩、虢、秦国夫人，准其可以自由出入宫廷，所得到的恩宠震动天下。当她们奉命入朝面圣时，就连公主们都不敢现身。各地官员纷纷献金巴结，杨家的权势炙手可热。

杨玉环每次跟玄宗骑马出游，都由太监高力士亲自牵辔髻执鞭。因她爱吃荔枝，玄宗甚至下令派专人由岭南运送，数千里的路程，往往能在荔枝尚未变质之前就送达京师。从兄杨国忠、堂兄杨铦和杨氏三姐妹，五家的府邸被建造在一个地块上，模仿宫廷建制而互相连接，极尽豪华奢靡之能事。玄宗所得的各方贡礼与奇珍异宝，都会分赐他们各家，送礼的使者络绎不绝，竟然在路上排起了长队。每年夏历十月，玄宗前往华清宫度假，杨氏家族的车骑则成了队列庞大的随从，每家一队，每队一种服色。当各家队伍会聚起来时，犹如万朵鲜花一起怒放，骊山下到处花团锦簇，游行队伍一路上遗落的首饰和绣鞋不计其数，脂粉的香气一直传到几十里地外。

杨国忠大权在握，声威高涨，但却有着遍遭世人非议的污点。他与从妹虢国夫人通奸乱伦，达到惊世骇俗的地步。每次去见玄宗，两人一路上并驾齐驱，也不用帷帐遮蔽，毫不掩饰其放肆亲昵的状态，以致世人都知道了这个秘密。后党势力支配整个朝纲，再如上口蜜腹剑的李林甫为相，

奸人当道，国政昏暗，民众的怨言犹如沸腾的江河，但李隆基本人对此却置若罔闻。

有一次，杨玉环大大得罪了玄宗，被生气的玄宗赶出了后宫。杨国忠指使人假意对玄宗说："不听话的女人的确该死，但应在宫中处刑，不必让她到外面受辱。"玄宗于是派太监张韬光传令赐死他昔日的宠妃。杨玉环深知玄宗的弱点，表情悲伤地回答道："妾身罪该万死，但除了皮肤和毛发之外，都是圣上所赐，今天死了，却无以回报。"说罢她剪下一束秀发让太监转呈玄宗说："就用它作诀别的信物好了。"玄宗手捧太监送来的秀发，惊骇、伤痛、周身战栗，百感交集，马上召杨玉环入宫，与之重归于好。杨氏兄妹的政治默契，令人惊叹。而每一次危机化解之后，玄宗和贵妃的感情都会加深一层，杨玉环会更得宠，她的家人会得到更高的地位。正所谓磕磕绊绊到百年。

杨玉环是如何使玄宗如此迷恋于她的呢？是她的天生丽质，肌肤白皙如"凝脂"？是她"回眸一笑百媚生"的迷人媚态？还是她的羽衣霓裳，能歌善舞？

针对杨玉环受宠的原因，大致可以分为四种观点。第一种观点：美貌。人们都说杨玉环姿容出众，不仅体态丰盈，肌肤细腻，且面似桃花，这对于重声色的玄宗，具有强烈的吸引力。由于白居易在《长恨歌》中的大肆渲染，杨玉环被确认为中国古代四大美人之一。这个崇高的地位，几乎无人可以动摇。但白居易生于772年，距杨玉环被杀已有16年之久，从未亲眼见过。他的描述，只是文人的浪漫想象。

第二种观点：李隆基本人喜好艺术。玄宗自幼喜爱音乐，素质高，会作曲，能舞蹈，不少弟子曾在梨园受过他的训练。而杨玉环身材好，体态美，又擅长旋律快速的西域舞蹈，加之杨玉环是个琵琶名手。

古书记载，有一次，玄宗提议用内地的乐器配合西域传来的五种乐器开一场演奏会，当时玄宗兴致勃勃，手持羯鼓，杨玉环弹奏琵琶，轻歌曼舞，昼夜不息。对于玄宗而言，精于音律的杨玉环就显得格外有魅力。但此前受宠的梅妃和念奴等人，无一不是兼擅乐器的歌舞高手，但李隆基独独偏爱杨玉环。

第三种观点：杨玉环机警聪颖，善解人意。她委曲求全的极端例子，就是在被赐死时都毫无怨言。但史书记载的那些后宫佳丽，多聪明可人，更有像梅妃那样的才女，文辞优雅，在整个宫廷都十分罕见。李隆基仅仅因此而偏爱玉环，实在不足以令人信服。

第四种观点：玄宗会迷恋上杨玉环，固然有杨玉环的一些魅力在起作用，而更主要的应是当时社会环境与皇家小家庭的变化在起决定作用。时值唐朝进入全盛时期，当朝皇帝的骄奢心难免会代替求治之心。玄宗对政治逐渐失去兴趣，在宰相与宦官的迎合下很快就厌倦政事，后来玄宗就任由李林甫等专权擅政，自己落得清闲，这样就有了时间纵欲享乐了。相较之下，这种观点更合情理。

缘何一直未封后?

杨贵妃虽然集万千宠爱于一身，对但唐玄宗来说，抢夺儿子王妃毕竟不是件光彩的事情，寿王李瑁虽然表面不敢说，暗地里肯定是耿耿于怀

的，所以唐玄宗虽然极其宠爱杨贵妃，将所有的恩惠都施加到她身上，连她的亲戚朋友都提拔为重要官员，由朝廷俸禄包养起来，甚至于民间有了“遂令天下父母心，不重生男重生女”的风气，但却一直不肯加封她为皇后。一来是从儿子手中抢来的贵妃毕竟有违伦理，虽然其时风俗开化，但伦理常情的主体还是存在的，让这么得来的妇人做了皇后显然无法“母仪天下”。二来是如果封杨玉环为皇后，势必将寿王李瑁心中压抑的怒气激发出来，到时候发生政变也很有可能。其三是杨贵妃得宠后惠及鸡犬，她的兄妹亲戚都得到了朝廷的重用，已经发展成一股庞大的政治力量，如果再封她为皇后，必将引起大臣们的反对和权力的倾斜，这对维护政局稳定是很不利的，所以唐玄宗一直不肯封杨贵妃为皇后。

此外，还有一个重要的原因让唐玄宗不能封杨贵妃为皇后，这就是杨贵妃侍奉唐玄宗后一直没有子嗣。至于杨贵妃为什么没有生育我们无从得知，但没有儿子肯定是封她为皇后的一大障碍，因为古代册立皇后是件非常重要的大事，要君臣参与，诏示天下，册立的皇后必须是懿德懿容，能起到垂范万众、母仪天下的作用，她所生的儿子也将被立为太子，日后继承大统。因此皇后与太子一般应当是母以子显或是子以母显的，但当时太子已册立多年，而且成长正常，杨贵妃又迟迟没能生个儿子出来，所以就没有理由封她为皇后。如果霸王硬上弓，立杨贵妃为皇后，很可能引起太子、寿王李瑁甚至朝廷大臣的反对，发生宫廷政变，那样就得不偿失了，唐玄宗断然不会去冒这个险。

事实上，杨贵妃虽然没有成为皇后，但她享受的待遇规格早就是皇后的标准了。她一入宫便集“三千宠爱在一身”，民间还有“一骑红尘妃子笑，无人知是荔枝来”的传说，可见杨贵妃地位之高，承运之深，宫中的仪体规制都是为她而设了。杨贵妃虽无皇后之名，但得皇后之实，而且比一般的皇后更受尊宠。杨贵妃也比较聪明，没有反复请求唐玄宗立自己为皇后。既然已经达到了一个女人所能达到的极致，得到了天子的万千宠爱，何必还去在乎皇后的名号呢？她只需要发挥自己的美艳多才，把唐玄宗伺候得舒舒服服，便永远都是实际意义上的皇后。

祸国殃民杨国忠

杨国忠，本名杨钊，因为图谶上有“金刀”二字，请求改名，以示忠诚，玄宗赐名“国忠”。他是杨贵妃同曾祖兄（另一说同祖兄，杨国忠父杨珣，杨贵妃父杨玄琰为从兄弟），武则天男宠张易之的外甥。

杨国忠从小行为放荡不羁，喜欢喝酒赌博，因此穷困潦倒，经常向别人借钱，人们都瞧不起他。30岁时，他在四川从军，发愤努力，表现优异，但因节度使张宥看不上他，只任他为新都尉，任期满后，更为贫困。四川的大富翁鲜于仲通在经济上经常资助他，并把他向剑南节度使章仇兼琼推荐。章仇兼琼很赏识杨国忠并且任命他为采访支使，两人关系密切。因为章仇兼琼与李林甫不和，正虑李林甫专权，所以欲使杨国忠进入朝廷，做一内援。此时杨玉环已封为贵妃，贵妃的三位同胞姐妹也日益受宠。章仇兼琼便利用这一裙带关系，派杨国忠到京城向朝廷贡奉蜀锦。当杨国忠路过郫县时，章仇兼琼的亲信奉命又给了他价值万缗的四川名贵土特产。到长安后，杨国忠把土特产一一分送杨氏诸姐妹并说这是章仇兼琼

所赠。于是，杨氏姐妹就经常在玄宗面前替杨国忠和章仇兼琼美言，并将杨国忠引见给玄宗，玄宗任他为金吾兵曹参军。从此，杨国忠便可以随供奉官随便出入禁中。

杨国忠在长安立住脚之后，便凭借贵妃和杨氏诸姐妹得宠的条件，巧为钻营。在宫内，他经常接近贵妃，小心翼翼地侍奉玄宗，投其所好；在朝廷，则千方百计巴结权臣。每逢禁中传宴，杨国忠掌管樗蒲文簿（一种娱乐活动的记分簿），玄宗对他在运算方面的精明十分赏识，曾称赞他是个好度支郎。不久，杨国忠便担任了监察御史，很快又迁升为度支员外郎，兼侍御史。在不到一年的时间里，他便身兼十五职，成为朝廷的重臣。

随着地位的升迁，杨国忠在生活上也变得极为奢侈腐化。每逢陪玄宗、贵妃游幸华清宫，杨氏诸姐妹总是先在杨国忠家汇集，竞相炫耀装饰车马，他们用黄金、翡翠做装饰，用珍珠、美玉做点缀。出行时，杨国忠还持剑南节度使的旌节（皇帝授予特使的权力象征）在前面耀武扬威。

杨国忠在与宰相李林甫的关系上也是既相互勾结，又相互倾轧。起初，二人一唱一和，互相利用。杨国忠为了向上爬，竭力讨好李林甫，李林甫也因为杨国忠是皇亲国戚，尽力拉拢。在李林甫陷害太子李亨时，杨国忠等人充当党羽，并积极参与其活动。他们在京师另设立推院，屡兴大狱，株连太子的党羽数百家。由于杨国忠恃宠敢言，所以每次总是由他首先发难。杨国忠与太子李亨的矛盾也由此愈结愈深。后来，李林甫与杨国忠由于新旧贵族之间的争权夺利产生了矛盾，主要表现在对待王铁的问题上。因王氏的宠遇太深，本是李林甫和杨国忠共同嫉妒的对象。但是为了牵制杨国忠，李林甫则极力提拔王氏；当杨国忠陷害王氏时，李林甫又竭

力为其开脱罪责。由于杨国忠暗中做了手脚，玄宗便开始疏远李林甫，王氏也以莫须有的罪名被置于死地。王氏所兼职务全部归于杨国忠。

玄宗之所以如此信任杨国忠，除了取悦于杨贵妃之外，主要是借以牵制李林甫的专权。同时为取代已经衰老了的李林甫做准备。后来在李林甫死后，玄宗命杨国忠担任右相，兼吏部尚书，判使照旧。杨国忠以侍御史升到正宰相，身兼四十余职。

杨国忠执政期间，曾两次发动了征讨南诏的战争。天宝十载（751），杨国忠上任京兆尹不久，遂乘机推荐自己的老友和党羽鲜于仲通为剑南节度使，并命其率兵攻打南诏，结果大败，士卒阵亡六万人，南诏投附吐蕃。对此杨国忠不但没有处罚鲜于仲通，而且还为其大叙战功。接着，杨国忠又请求第二次发兵攻打南诏。玄宗便命令在长安、洛阳、河南、河北各地广泛招兵。杨国忠派御史到各地去抓人，给他们戴上枷锁送到军营。父母、妻子哭声遍野。天宝十三载（754）六月，杨国忠又命令留后、侍御史李宓率兵，再次攻打南诏，结果又遭惨败。两次攻打南诏，损兵折将近二十万人。杨国忠专权误国，好大喜功，穷兵黩武，动辄对边境地区用兵，不仅使成千上万的无辜士卒暴尸边陲，给边境地区造成了灾难，而且使内地田园荒芜，民不聊生。

杨国忠为了笼络人心，发展自己的势力，让吏部选官不论贤不贤，年头多的就留下来，按照资历有空位子就接官。按惯例，宰相兼兵部、吏部尚书，选官应交给侍郎以下的官员办理，规定的手续十分严格，须经三注三唱，反复进行，从春至夏才能完成。杨国忠却自恃精敏，先叫胥吏到自己家里，预先定好名单，然后把左相陈希烈及给事中、诸司长官都叫到尚书都堂，读一名便定一名，一天就完了。当全部结束之后，杨国忠便当着大家的面说："左相和给事中都在座，就算经过门下省了。"于是，选官大

权就这样由杨国忠一人把持。从此门下省不再复查选官，侍郎仅仅负责试判，致使选官质量下降。然而另一方面，由于杨国忠迎合和满足了一些人的权欲，因而颇得众誉。为此，杨国忠的亲信京兆尹鲜于仲通、中书舍人窦华，侍御史郑昂等授意选人，请求玄宗给杨国忠在省门立碑，歌颂其选官有“功”。玄宗让鲜于仲通起草碑文，并亲自修改了几个字。鲜于仲通为了向玄宗献媚，便把这几个字用黄金填上。

杨国忠对人民的疾苦漠不关心。天宝十二载（753），关中地区连续发生水灾和严重饥荒。玄宗担心会伤害庄稼，杨国忠便叫人专拿好庄稼给玄宗看，并说：“雨水虽多并未伤害庄稼。”玄宗信以为真。此后，扶风太守房琯奏报当地发生水灾，杨国忠便叫御史审问他，从此再没有人敢汇报实情。

大唐灾星安禄山

安禄山原来没有姓氏，名字叫轧荦山。母亲阿史德氏，是突厥族的一个巫师，以占卜为业。突厥人“斗战”一词的发音是“轧荦山”，就用它作为安禄山的名字。他小时候失去了父亲，跟着母亲在突厥生活，将军安波至的哥哥安延偃娶他母亲为妻。

开元初年，安禄山跟将军安道买的儿子一起逃离了突厥。安道买的第二个儿子安贞节任岚州别驾，把他们两个人抓回来了。年纪到了十多岁，安禄山以与他的哥哥及后父安延偃生活在一起为耻，约定同安思顺等人结为兄弟，就定为姓安。长大成人后，安禄山通晓六国语言，当了个为买卖人协议物价的牙郎。

安禄山能赢得玄宗皇帝的欢心，最著名的有三件事可说：

第一件是他当庭跳“胡旋舞”。胡旋舞是唐朝时由西域传入的一种乐舞。据说舞者要在一小圆上“纵横腾踏，两足终不离于子上”，舞姿十分奇妙、引人入胜。有人描绘说，舞者在鼓乐的伴奏下，举展双袖，翩翩起舞，若回雪飘飘，左旋右转，令人目不暇接，其速度之快就如车轮飞奔、旋风狂吹。精通音乐的唐玄宗对此十分喜爱，安禄山也练就一副好身手，每当玄宗兴起，令其作胡旋舞，都能得心应手，“其疾如风”，令许多专门的伎人都为之汗颜。要知道，安禄山身体肥胖，行走都不甚方便，为了讨得皇帝的欢心，竟能一丝不苟地完成难度极大的胡旋舞，其心可知。诗人白居易《胡旋女》还曾借事咏怀：“天宝季年时欲变，臣妾人人学团圆。中有太真外禄山，二人最道能胡旋……禄山胡旋迷君眼，兵过黄河疑未反。”

第二件是天宝六年（747）初春的朝会上，安禄山不拜太子。当时，唐玄宗把太子李亨向安禄山作了引见，他却没有以礼拜见。众人都觉惊讶，劝促他赶快行礼，安禄山拱手而立，根本不正眼看太子，还说：“臣不识朝廷礼仪，皇太子何官也？”唐玄宗曰：“吾百岁后付以位。”他答以：“臣愚，知陛下不知太子，罪万死。”乃行礼再拜。其实，这是安禄山借口不知皇太子而向玄宗表示忠心。

第三件是天宝六年安禄山请做杨贵妃养儿，此举得到玄宗的准许。这一年他 45 岁，比杨贵妃年长十六七岁。安禄山朝见，必先向贵妃行礼而后再拜见皇帝，唐玄宗很奇怪，他答曰：“番人先母后父。”时杨贵妃得

宠，宫中称为“娘子”。杨贵妃以安禄山为子，宫中称之为“禄儿”。安禄山每次入京朝圣，遂可自由出入禁中，有时与宫人调笑，也毫无避讳，有时与贵妃对食，甚至通宵不出，以至于有许多绯闻传播。安禄山请做贵妃养儿，博得了唐玄宗的更大恩宠。当时，唐玄宗对他出入禁中从不生疑。天宝十年正月，杨贵妃为安禄山做洗儿礼时，他还兴致勃勃地前往观看，并高兴地按照宫中洗儿礼的规矩赏赐他们。

得益于此，安禄山被提拔为大夫。他这时最怕的是李林甫。因为每当同李林甫交谈，李林甫总能摸准了安禄山的心思并先说了出来，安禄山认为他像神仙一样无所不知，每次见到李林甫，即使是隆冬天气也惶恐得汗流浃背。李林甫用温和的语言接待他，带领他到中书厅就座，用自己的披袍盖在他的身上，安禄山欣然接受，没有顾忌，喊李林甫十郎。刘骆谷从宫廷回来向他汇报情况，他先问：“十郎说了些什么？”有好话就喜得蹦跳，如果只是说“大夫必须好好地查核一下”，他就反手撑着床说：“哎呀，我死定了！”李龟年曾经模仿表演了这般情景，唐玄宗拿这事逗笑取乐。

天宝十载（751），安禄山进宫朝拜唐玄宗，又请求担任河东节度使，唐玄宗就授给了他。他有十一个儿子：大儿子安庆宗，任太仆卿；二儿子安庆绪，任鸿胪卿。安庆宗又娶皇太子的女儿为妻。安禄山起兵反叛之前，不仅身兼三镇节度使，有亲王的封爵，还兼领河北、河东地方行政长官，同时兼群牧使、闲厩使，能够控制边地牧场和马匹，职权渗透到陇右（西北）地区。妻子为命妇、儿子得恩赏，京城之内赐豪宅，平日美馔珍馐，更是无以复加。安禄山所得封赏、爵位、官职、恩宠、身份，在当时的国家体制下，是任何一个胡人都无法与之比肩的。

安禄山恃宠而骄，在朝中对老谋深算的李林甫还算惧怕，而对杨国忠

则根本瞧不起，两个人积怨愈深。杨国忠接替宰相后，看到不能制服安禄山，便经常向玄宗说安禄山有谋反的野心和迹象，想借玄宗之手除掉安禄山。可玄宗认为这是将相不和，不予理睬。杨国忠一计不成又生一计，奏请让陇右节度使哥舒翰兼河西节度使，以便排斥和牵制安禄山。天宝十三载（754）春，玄宗按照杨国忠的意见召安禄山入朝，试其有无谋反之心。安禄山由于事先得到杨贵妃的通风报信，故将计就计，装模作样地向玄宗哭诉自己的一片“赤心”，赢得玄宗更加信任，打算让安禄山当宰相（加同平章事），并令太常卿张垍草拟诏敕。杨国忠得知立即劝阻道：“安禄山虽有军功，但他目不识丁，怎能当宰相。如果发下制书，恐怕四夷皆轻视朝廷。”玄宗只好作罢，任安禄山为左仆射。至此，安禄山与杨国忠以及唐王朝的矛盾更加尖锐激烈，以至于后来一触即发。加之杨国忠任宰相后，官吏贪渎，政治腐败，民怨沸腾，终于使安禄山发动了以讨伐杨国忠为名，行夺取皇位之实的叛乱。

天宝十四载十一月初九（755年12月16日），安禄山趁唐朝廷内部空虚腐败，联合同罗、奚、契丹、室韦、突厥等民族组成共约十八万士兵，号称二十万，在蓟城南郊（今北京西南）誓师，以“忧国之危，奉密诏讨伐杨国忠以清君侧”为借口于范阳（今北京）起兵。由于天下太平的日子久了，人们对战争已很陌生，听到安禄山叛乱爆发，朝廷一片动荡惧怕。宫廷警卫部队都是由集市商贩组成的，只得打开皇家仓库拿出绫罗绸缎招募兵卒。于是先后任命高仙芝、封常清等人为大将抵抗。

安禄山号令严厉整肃，有一班以死相拼的将士，没有谁不是以一当百，朝廷军队碰上必然会吃败仗。十二月，叛军渡过黄河开到陈留郡，河南节度张介然州城失守殉难，首级传到了河北。叛军开到荥阳，荥阳太守崔无诐奋力抵抗，州城失守殉难。叛军驻扎在泥水罂子谷，唐军将

领荔非守瑜蹲在地上射箭，射死叛军几百人，箭还射到了安禄山的战车上，安禄山不敢通过，就绕道泥水罂子谷的南边过去了。荔非守瑜的箭射光了，投河自尽。东京洛阳留守李憕、中丞卢奕、采访使判官蒋清烧断了河阳桥。安禄山怒气冲冲，率领部队浩浩荡荡挺进。封常清布置从苑西断墙缺口上砍伐树木堵塞道路后就逃走了。安禄山进了洛阳，杀了蒋清等，召见河南尹达奚珣，让他任职理事。封常清失败后，只带几个人逃到陕郡，高仙芝率兵守卫陕城，闻安禄山势大，都丢盔弃甲向西逃到潼关。

马嵬驿妃子殒命

潼关是京城长安的门户，那里地势险要，道路狭窄。唐玄宗派大将哥舒翰带领重兵把守。叛将崔乾祐在潼关外屯兵半年，没法打进去。潼关的守军每天晚上在烽火台烧起一把火，作为平安的信号。关里的烽火台接到信号，也一座接一座放“平安火”，一直传到长安，让长安人民放心。

叛军攻不进潼关，但是关里的唐王朝内部却闹起矛盾来。哥舒翰主张坚守潼关，等待时机；郭子仪、李光弼也从河北前线给唐玄宗上奏章，他们请求引兵北上，攻打安禄山的老巢范阳；要潼关守军千万不要出关。但是，宰相杨国忠却反对这样做。有人对杨国忠说：“现在重兵都在哥舒翰手里，如果哥舒翰打胜了，回到长安，你的宰相位子就保不住了。”杨国忠自己知道他这个宰相最不得人心，听了这番话，更加害怕，就在唐玄宗面前说潼关外的叛军已经不堪一击，哥舒翰守在潼关按兵不动，会丧失歼灭叛军的时机。昏庸的唐玄宗听信杨国忠的话，接二连三派使者到潼关，逼哥舒翰带兵出潼关。哥舒翰明知出关没有好处，但是没法违抗皇帝的圣旨，痛哭一场，只好带兵出关了。

关外的叛将崔乾祐早已养精蓄锐，只等唐军出关。崔乾祐派精兵埋伏在灵宝（在今河南省西部）西面的山谷里。哥舒翰的二十万大军一出关，就中了埋伏，几乎被叛军打得全军覆没。二十万人马只剩下八千。哥舒翰还想收拾残兵，他的部下先乱了起来，叛军乘胜打进潼关。哥舒翰也被俘虏了。

潼关一失守，关内就没险可守。从潼关到长安之间的一些地方官员和守兵，都纷纷弃城逃走。开始，哥舒翰还派人到长安告急。后来，告急的文书中断；晚上，烽火台上的“平安火”也见不到了。到这时候，唐玄宗才感到形势危急，着急起来，要杨国忠想办法。

杨国忠把文武百官召集起来商量，大家都干着急，谁也想不出一个好主意来。杨国忠知道留在长安没有生路，就劝玄宗逃到蜀地去。当天晚上，唐玄宗、杨国忠带着杨贵妃和一批皇子皇孙，在将军陈玄礼和禁卫军护卫下，悄悄地打开宫门，逃出长安。他们派个宦官先到沿路各地，要官员准备接待。哪知道才到咸阳，派出的宦官和县令都已经逃了。唐玄宗一伙人走了半天，没有人给他们送饭。随行太监好容易找到当地百姓，向他们讨了点粮食。有几个百姓送上一点高粱饽饽。那些皇子皇孙平时养尊处优，哪里吃过这样的饭，但是实在饿得慌，也顾不得什么体面，没有碗

筷，就用手捞着吃，一下子就吃得精光。

唐玄宗勉强咽了几口饽饽，直流眼泪。有个老人挤到车前，对玄宗说：“安禄山想造反，已经不是一天了。这么多年来，有人向朝廷告发，反而被关被杀。陛下周围的大臣，只会奉承拍马，外面的情况，陛下一概听不到。我们普通百姓早知道会有这么一天，不过朝廷宫门太深，百姓的意见陛下听不到。要不是到了今天这步田地，我们怎么能站在陛下面前说话呢！”

唐玄宗垂头丧气地说：“这是我太糊涂，现在后悔也来不及了。”

这样走走停停，第三天到了马嵬驿，随行的将士又饿又疲劳，实在忍不住了。他们心里越想越气，好好的长安待不住，弄得到处流亡，受尽辛苦。他们认为，这全是受了奸相杨国忠的连累，这笔账得向杨国忠算。

这个时候，有二十几个吐蕃使者拦住杨国忠的马，向杨国忠要粮。杨国忠还没来得及答话，周围的兵士已经嚷起来：“杨国忠要造反了！”众人一面嚷，一面就射起箭来。

杨国忠慌里慌张想逃走，几个兵士赶上去，把他的头砍了下来。兵士们杀了杨国忠，情绪激昂，把唐玄宗住的驿馆包围了起来。唐玄宗听到外面闹哄哄的，问是怎么回事，左右太监告诉他，兵士们已把杨国忠杀了。玄宗大吃一惊，不得不扶着拐杖，走出驿门，慰劳兵士，要将士们回营休息。

兵士们不理会唐玄宗的话，照样吵吵嚷嚷。玄宗派高力士找到陈玄礼，问兵士们为什么不肯散。陈玄礼回答说：“杨国忠谋反，贵妃也不能留下来了。”这下可把唐玄宗难住了，他怎么舍得杀这个宠爱的妃子呢？他低着头站了半晌，才说：“贵妃住在内宫，怎么知道杨国忠谋反呢？”高力士知道不杀杨贵妃，不能平息兵士的气愤，就说："贵妃是没有罪，但是将士们杀了杨国忠，如果留着贵妃，将士哪会心安。希望陛下慎重考虑，将士心安，陛下也安全了。"

唐玄宗为了保自己的命，只好狠了狠心，叫高力士把杨贵妃带到别的地方，用带子勒死了。经过陈玄礼验看后，用紫色坐垫裹了尸身，在路边匆忙掩埋。38 岁的绝代美人从此香消玉殒。将士们听到杨贵妃已经被处死，总算消了口气，才撤围回营。

经过这场兵变，唐玄宗像惊弓之鸟一样，急急忙忙逃到成都去了。太子李亨被当地百姓挽留下来主持朝政。李亨从马嵬驿一路收拾残余的队伍北上，在灵武（今宁夏灵武西南）即位，这就是唐肃宗。

马嵬驿兵变表面上看来是一场士兵哗变，实质上是由太子李亨和宦官李辅国、高力士等策划的一场夺权斗争。太子李亨自天宝五载（746）遭李林甫和杨国忠的打击后，极为孤立；杨国忠任宰相后，又连遭倾轧；安禄山叛乱时，玄宗本想让太子李亨接替皇位，由于杨国忠及其姐妹的反对而未成事实；后又弃京幸蜀，如果到了蜀中，李亨在杨国忠势力的控制下就更无出头之日了。因此，太子李亨主谋，借机除掉了杨国忠。

终究芳魂落何处？

若干年后，大诗人白居易在《长恨歌》里描述：平叛后李隆基由四川返回长安，再度经过马嵬坡，重新检视埋葬爱妃的墓穴，并未发现她的尸骨（马嵬坡下泥丛中，不见玉颜空死处），后又派方士四处寻找，没有任何结果。欧阳修的《新唐书》也证实了这一结果，它记载李隆基派使者秘密移葬，却发现墓里只有杨玉环遗留的香囊。由此，杨玉环尸骨失踪案引发了世人的众多猜测。

有民间传说，杨贵妃并未死于马嵬驿，而是流落于民间。俞平伯先生在《论诗词曲杂著》中对白居易的《长恨歌》和陈鸿的《长恨歌传》做了考证。他认为白居易的《长恨歌》、陈鸿的《长恨歌传》之本意，盖另有所彰。如果以“长恨”为篇名，写至马嵬已足够了，何必还要在后面假设临邛道士和玉妃太真呢？执是之由，俞先生认为，杨贵妃并未死于马嵬驿。当时六军哗变，贵妃被劫，钗钿委地，诗中明言唐玄宗“救不得”，所以正史所载的赐死之诏旨，当时决不会有。陈鸿的《长恨歌传》所言“使人牵之而去”，是说杨贵妃被使者牵去藏匿远地了。白居易《长恨歌》说唐玄宗回銮后要为杨贵妃改葬，结果是“马嵬坡下泥中土，不见玉颜空死处”，连尸骨都找不到，这就更证实贵妃未死于马嵬驿。值得注意的是，陈鸿作《长恨歌传》时，惟恐后人不明，特为点出："世所知者有《玄宗本纪》在。"而"世所不闻"者，今传有《长恨歌》，这分明暗示杨贵妃并未死。

还有一种离奇的说法，说杨贵妃远走美洲。中国台湾学者魏聚贤在《中国人发现美洲》一书中声称，他考证出杨贵妃并未死于马嵬驿，而是被人带往遥远的美洲。

另有一种说法认为，杨贵妃逃亡日本，日本民间和学术界有这样一种看法：当时，在马嵬驿被缢死的，乃是一个侍女。禁军将领陈玄礼惜贵妃貌美，不忍杀之，遂与高力士谋，以侍女代死。杨贵妃则由陈玄礼的亲信护送南逃，行至现上海附近扬帆出海，漂至日本久谷町久津，并在日本终其天年。在日本，有关于杨贵妃的种种传闻。据说在日本山口县"杨贵妃之乡"建有杨贵妃墓。1963年，有一位日本姑娘向电视观众展示了自己的一本家谱，说她就是杨贵妃的后人。日本著名影星山口百惠，也自称是杨贵妃的后裔。

随着时间的推移，关于杨贵妃之死的传说越来越生动，有一种论点是，这些传说离开史实也越来越远。这种论点认定，杨贵妃在马嵬驿缢死无疑。《高力士外传》认为，杨贵妃的死，是由于"一时连坐"的缘故。换言之，六军将士憎恨杨国忠，也把杨贵妃牵连进去了。这是高力士的观点。因为《外传》是根据他的口述而编写的，从马嵬驿兵变的形势来看，杨贵妃是非死不可的。缢杀之后，尸体由佛堂运至驿站，置于庭院。唐玄宗还召陈玄礼等将士进来验看。杨贵妃确实死在马嵬驿，旧、新《唐书》与《通鉴》等史籍记载明确，唐人笔记杂史如《高力士外传》《唐国史补》《明皇杂录》《安禄山事迹》等也是如此。

关于贵妃下落，现在越考证越多，但距离史实也许越来越远。粗略

的史料和历代浪漫的文人墨章，给她身上罩上了越来越多的光圈，让我们了解得越多越看不清真相。但毋庸置疑的是，如果玄宗不贪色忘礼，抢自己的儿媳妇，杨玉环也许会一生平静，过一种悠闲的相夫教子的贵夫人生活，她也就不会为世人所知。然而，玄宗忘情夺爱，改变了她的生活。

如果李隆基对杨玉环的爱浅一点，或者爱得理智一点，不让她的从兄杨国忠做大官，李隆基也许会和杨玉环恩爱百年白头偕老，杨玉环会风光一生寿终正寝，也不至于在风华正茂之年“零落为泥碾作尘”，她的家族也不会灭亡。李隆基那糊涂过分的爱不仅害了自己的国家，也害了自己倾心挚爱的女人。但是，如果杨玉环不是那样温婉美丽，李隆基也不会在温柔乡中陷得那样深。安史兵变的后果是惨重的，战区的生灵涂炭，黄河两岸的黎民挖树皮掘草根充饥，用纸糊的衣服御寒，繁华盖世的洛阳成了一片焦土。经过这场巨变，唐王朝的强盛时期结束了，自此进入了不可挽回的衰落时期。

第八章　削平大乱

——战虽胜，根基已动

不得人心的叛乱终究是南柯一梦，即便盛世渐渐黯淡了它的光芒，李唐依然是人心所向，大唐军队的号角声始终隆隆传来，不断收复失地，捷报频传……纵观整个安史之乱，不管杨国忠怎样祸国殃民，不管郭子仪、李光弼怎样神勇平叛，也不管杨贵妃怎样红颜祸水，最让人感叹的，却是在危机与动荡中的“父子相疑”——李隆基与李亨、安禄山与安庆绪、史思明与史朝义，人性中的脆弱、黑暗，在繁华落尽、帝国残景中一览无余。

张巡智破令狐潮

天宝十五载，燕军将领张通晤攻陷宋、曹等州，谯郡（今安徽亳县）太守杨万石投降燕军，而真源县正是在谯郡的辖地内。杨万石降敌后，又逼张巡为长史，并令其向西接应燕军。张巡得知后很气愤，率吏民大哭于真源玄元皇帝祠，然后起兵对抗燕军，响应的有千余人。

这时候，玄宗任命吴王李祗为灵昌（今河南滑县东）太守、河南都知兵马使，统合河南兵马以抗击安禄山。单父（今山东单县）尉贾贲、阆州刺史璇之子等人，带领官兵先到，称为吴王兵，对宋州展开反攻。张通晤败走襄邑（今河南睢县），被顿丘令卢蕻所杀。之后，贾贲领兵至雍丘（今河南杞县）与张巡会合，共有两千余兵。这时的雍丘县令令狐潮已经率全县投降燕军。燕军任令狐潮为军将，率兵向东驰援襄邑。令狐潮击败在襄邑的淮阳军，俘虏了百余官兵，并将他们囚禁在雍丘，准备杀害，然后又去见燕军大将李庭望。淮阳兵俘虏乘机杀掉守卫，雍丘城内顿时大乱。贾贲、张巡等得以乘乱攻入雍丘。令狐潮弃城逃跑。

不久，令狐潮又率领燕军一万五千意图夺回雍丘，而雍丘城内唐军总共不过三千余人。贾贲出战，因兵力悬殊，不敌，兵败而死。张巡驰骑决战，身上被创无数，但仍然力战退敌。退回城后，兵士们推张巡为主将，从此张巡兼领贾贲的部队，自称河南都知兵马使吴王李祗的先锋使。在张巡指挥下，击退燕军多次冲锋，累计杀伤近万人，而唐兵也死伤一千余人；面对唐军的抵抗，令狐潮不得已退兵。吴王李祗闻之，举荐张巡为委巡院经略。

而后，令狐潮会同燕军将领李怀仙、杨朝宗、谢元同等率兵四万余人蜂拥来到城下，企图一举攻下雍丘城。这时雍丘城内约有两千守军，而对手则有四万大军，城内军民大为恐惧。于是，张巡对众将士分析道："敌知城中虚实，有轻我心。今出其不意，可惊而溃也，乘之，势必折。"众将士听后，大为鼓舞。于是，张巡派一千人负责守城，亲自率一千人，分数个小队，突然从城中杀出。张巡身先士卒，直冲杀向燕军阵中。敌军虽众，但事出突然，惊惧无措，顿时大乱，燕军后撤。

次日，燕军再集结攻城，环城安置百门石炮（投石机）轰击，城楼及城上矮墙全被毁坏。张巡于城上立木栅，抵御燕军进攻。燕军纷纷缘城攀登，张巡用蒿草束灌上油脂，焚而投之，燕军士兵害怕被烧，不敢登城。张巡时而待燕军松懈之际，出城突袭；时而趁夜深人静之际，偷袭敌营。就这样，张巡身先士卒，带甲而食，裹伤战斗，坚守雍丘达六十多天，共经历大小三百余战。令狐潮见在短期内不能取下雍丘，只好撤兵而去。张巡得知燕军要撤退，便率兵乘胜追击，果然大有所获，俘虏叛兵两千多，几乎活捉令狐潮。雍丘守军士气大振。

令狐潮因为撤退而失利，十分愤怒，于是回头再次围攻张巡。令狐潮本来与张巡是邻县县令，素来相熟。他知道强攻是不易取下雍丘的，便想诱降张巡。令狐潮在城下像平时见面那样和张巡互相问候，并趁机在城下劝降道："天下事去矣，足下坚守危城，欲谁为乎？"张巡答曰："足下平生以忠义自许，今日之举，忠义何在？"令狐潮听后，惭愧而走。

张巡与令狐潮攻守相持了四十余天。令狐潮因久攻不下，又添兵加

将。这时候，长安已经陷落，唐玄宗已逃往四川。由于雍丘与外界早已失去了联系，张巡并不知道这些情况。令狐潮趁机送信招降张巡，说是大局已不可挽回，不如早降。

张巡接到信后，将情况告诉了众将官。有六名将官动摇了，要求率兵投降燕军。六人认为敌我兵力悬殊、形势不妙，既然皇上生死不明，不如早降。六人都官至开府、特进，在军中都相当有影响。六人要降，军心势必动摇。于是，张巡假装应诺，称明日再具体商议。第二天，张巡在堂上放置皇上的画像，率领将士朝拜，然后宣布六人的投敌计划。全军上下有感于国破家亡，遂群情悲愤，纷纷指责六人的无耻行径。张巡把六人带到前面，责其不忠不义，扰乱军心，当即推出斩首。此举坚定了军心。

雍丘被围日久，城中粮食日渐缺乏。这时，恰好有数百艘为燕军补给的运粮船，刚停靠在河边，尚未卸粮。张巡从城上发现这个情况，便在夜间把军队集中到城的南面，装出好像要出战的样子。令狐潮见唐军集中到城南，也把军队调到城南来抵拒唐军。张巡知燕军完全调到城南后，便派遣勇士悄悄地到达河边，把燕军运粮船上的粮食夺走千多斛，然后放了一把火，把剩下的粮食通通烧光。

张巡智盗敌粮，令狐潮大怒，下令全力进攻。连日来，为了抵抗燕军进攻，雍丘守军很快就把之前准备的箭都射光了。在此危急之际，张巡在晚上令士兵们把事先准备好的稻草人穿上黑衣，用绳子绑好，从城上慢慢放下。燕军隐隐约约看见有成百上千个穿着黑衣服的士兵，沿着绳索缒下墙来，报知令狐潮。令狐潮断定是张巡派兵偷袭，于是命士兵向城头放箭，射杀唐军。一时间，燕军兵士争相施射，一直放到天色发白。待到天色大亮，燕军这才发现城墙上所挂的全是草人。草人身上密

密麻麻地插满了箭。白天一数，共得敌箭数十万支，这解决了军中缺箭的问题。

之后一连几天，还是像前次夜里一样，城墙上又出现了草人。令狐潮的兵士见状，都嘲笑张巡故伎重演，贪得无厌。于是只箭不发。逐渐，围城的燕军对张巡夜缒草人习以为常，不再防备。

几天后，张巡挑选了五百勇士，并在夜里把他们放下城去。燕军士兵以为这次城上吊下来的仍是草人，没有防备。五百勇士乘敌毫无防备，突然杀向令狐潮的大营。燕军顿时大乱，自相冲撞践踏，不辨敌我。令狐潮下令集合人马，但仓皇之中，已不及组织抵抗，被唐军杀得四散走避。令狐潮纵马一直逃到十几里之外，才稳住阵脚。

不久，令狐潮又纠合兵马，加紧围城。

期间一日，张巡让郎将雷万春在城头上与令狐潮对话，燕军乘机用弩机射雷万春，雷万春脸上被射中了六处，仍旧巍然挺立不动。令狐潮怀疑是木头人，就派兵去侦察，得知确实是雷万春，十分惊异，远远地对张巡说："刚才看见雷将军，才知道您的军令是多么森严呀，然而这对于天道又怎样呢？"张巡回答说："你人伦都不懂，还谈论什么天道？"

这时，由于被围日久，雍丘城中木材已经用尽，水源亦枯竭。于是，张巡故意装出弃城的样子，对令狐潮放话道："我想率军弃城撤退，请你把军队向后退出六十里，以便我逃逸。"令狐潮久攻不下，不知是计，便答应了。张巡见令狐潮军一退，便率领所有城中军队一起把城外三十里范围内的燕军营房完全拆掉，将木材运回城，以作为护城的工具。令狐潮大怒，立刻下令重新包围雍丘。

不久，张巡又向令狐潮传话："如果你想得到这城，可以送马三十匹，我得到马之后，就要出奔了，到时你就可兵不血刃而得到雍丘。"令狐潮

取城心切，照数送了三十匹马给张巡。张巡得到马后，挑选出三十位骁勇将士，将马分给他们，相约道：“燕军若来，每人杀一敌将。”第二天，令狐潮率兵来到城下，责备张巡失约。张巡答道：“我想逃，但将士们不让我走，我有什么办法？”令狐潮知又中计，大怒，正想攻城。未等军阵排好，城内突然有三十骁骑率兵杀出。燕军因为军阵未成，一时大乱。三十铁骑率兵，左挑右杀，擒获十四名叛将，斩百余首级，还缴获不少兵械牛马。令狐潮退到陈留（今河南开封），一时不敢再攻雍丘。

令狐潮退兵后，张巡又探知有燕军步、骑兵七千余人进驻白沙涡（今宁陵北），想切断雍丘后路。于是张巡在夜间率兵突袭，大败燕军。当张巡回军经过桃陵（今河南汜水县东南十里）时，又与四百余名燕军救兵相遇，全部将其俘虏，并把其中的胁从兵释放，令其各归其业。在这来回十日里，张巡威名远播，民众脱离燕军前来雍丘归附张巡的达一万余户。到这时为止，张巡在雍丘被围已有四月，围城燕军常有几万人，而张巡仅有千余士兵，但每战皆捷。于是，河南节度使虢王李巨进驻彭城（今江苏徐州市），授张巡为先锋。

同月，令狐潮率领叛将瞿伯玉再次攻城。令狐潮先派四人，假装朝廷使者，说皇帝要召见张巡，要求张巡前往。四人被张巡识破，经逼问招供后被杀。其余随从被押往吴王李祗处。不久，令狐潮撤退。

安庆绪狠心杀亲爹

安禄山自范阳起兵后，身体越来越胖，病也越来越多，尤其是僭称皇帝后，由于饮酒及纵欲过度，眼睛也出了毛病，慢慢地什么也看不清了。后来身上又长了毒疮，疼得他每日焦躁不安，脾气越来越暴躁，经常无端地把左右侍从鞭打一顿以缓解他自己的疼痛。他称帝后，常居深宫，诸将很少能面见他议事，都通过严庄转达，严庄虽受亲重，也时而遭安禄山鞭挞，宦官李猪儿常为安禄山穿衣解带，服侍左右，挨打最多，怨气也大。

安禄山的长子叫安庆宗，原来在长安做官，安禄山起兵后，被唐玄宗杀了，二儿子安庆绪，跟随安禄山起兵打仗，骑马射箭样样精通，深得安禄山的喜爱。可是不久，安禄山又娶了一个妃子段氏，生了一子叫庆恩，安禄山宠爱段氏自然就把对安庆绪的喜爱转移到庆恩身上，安庆绪本以为长兄已死，等安禄山一命归天，自己就可以登上皇帝宝座了，可是眼见安禄山把宠爱转移到庆恩身上，不禁嫉恨交加。安庆绪时常担心被废，严庄也恐怕宫中事变于己不利，于是，严庄与安庆绪、李猪儿串通一气，谋害安禄山。

唐肃宗至德二年正月的一天，严庄处理了一些日常事务后去禀知安禄山，不知道什么地方不合安禄山的意，又被鞭打一顿，严庄满腹怨愤，

走出宫门，恰好遇见满脸愁容的安庆绪，诡计多端的严庄立即想出一个主意。

晚上，严庄悄悄溜进安庆绪宫中，屏退左右，用诡秘的语调对安庆绪说："陛下龙体欠安，殿下又未正位东宫，要是陛下百年之后……"此话正中安庆绪的痛处，他向严庄讨教办法。严庄见安庆绪有意，就逼进一步说："既然陛下有心，为何不行大事？机不可失，慢一步就让庆恩占了先机。"安庆绪连忙用恳切的语调说："多蒙指教。但是怎样行事呢？"严庄压低声音说："殿下如若行事，立即召猪儿来，只说问问父皇的身体状况就行了。"严庄即刻召来李猪儿，这个李猪儿十几岁就服侍安禄山，安禄山穿衣系带都离不开他，因此，李猪儿挨打的次数也最多。

严庄带着一副关切的神色问道："猪儿，今天你又挨了多少打？"猪儿没有吭声，他也记不清挨了多少打了，只好垂着头站着。严庄又问："昨天，你们那儿又有几个侍儿死了？"猪儿说："奴才不大清楚，只记得有个和我不错的侍儿因为皇上让他拿东西慢了点，就被皇上从床上拿出一把刀给砍死了。"严庄又问："猪儿，皇上有没有拿刀砍过你？"猪儿答道："奴才知道皇上藏刀的地方，如果看见他摸刀，就躲开了。反正皇上现在眼睛不好，要不早就没命了。"严庄假意说道："多险啊！一不小心就要送命，这样下去如何得了？那你以后怎么办啊，难道等死不成？"李猪儿默然不语，他是个聪明人，已经猜到严庄的意图，只是不知道该怎么办。严庄继续说道："猪儿，殿下为你着想，才叫你来。你想，皇上的日子不多了，你要是能帮殿下成大事，以后殿下会重重赏你的。"猪儿犹豫着点点头，算是加入了这一阴谋，严庄交代了几句，就让他回宫去了。

至德二年（757）正月初一，安禄山接受臣子们朝拜，疮痛发作中途结束了。严庄于是日（一说正月初五）夜伺机干掉安禄山。他让安庆绪站在门外，自己握着刀带着阉人李猪儿一起走进安禄山的寝宫，李猪儿挥起大刀砍安禄山的腹部。安禄山双目失明，床头经常挂着一把刀，等他发觉刺客时已经难以起身，床头上的刀又拿不到手，只是摇着帐幔大喊道："这人是我的家贼呀！"喊罢就断气了。于是他们在床下挖了一个好几尺深的洞穴，用毛毯包着安禄山的尸体埋了，全无哭丧之类的安葬礼仪。

第二天早晨，洛阳宫中钟鼓齐鸣，文武百官齐集后，严庄对众人宣告说：安禄山病危，诏立安庆绪为太子，军国大事皆由太子处理，随即即帝位，尊安禄山为太上皇。安庆绪淫乐宴饮没有节制，把严庄喊为兄长，事无大小都要征求他的意见。

当初，李猪儿离开契丹部落，十几岁开始伺候安禄山，很聪明。安禄山用刀把他的生殖器全部割掉，鲜血流了好几升，昏死过去，安禄山用炭灰敷住他的伤口，过了整整一天才苏醒过来。李猪儿由此成了阉人，安禄山很宠爱他，最受信任和重用。安禄山肚子大，每次穿衣系带，需要三四个人帮忙，两个人抬起肚子，李猪儿用头顶住，才拿来裙裤腰带穿系上。唐玄宗宠信安禄山，赐他到华清宫温泉洗澡，都允许李猪儿等人进去帮忙脱穿衣服。然而最终杀死他的，正是这个李猪儿。

血染睢阳人食人

睢阳在河南商丘，那时睢阳西部曹州（在河南许昌），东部淮阳（在河南周口），北部雍丘（在河南开封），已经全部被叛军攻陷，睢阳城是淮河北岸唯一可阻止叛军南下的一道屏障，在战略上极为重要。睢阳城守令原为许远，久慕张巡多谋善战，请张巡代他为令，共同守城。

杨朝宗率兵进至宁陵城西北后，张巡、许远派部将雷万春、南霁云领兵迎战，经过一昼夜的激烈厮杀，大破杨朝宗部，杀叛将二十员，斩首万余级，死尸塞满汴水，顺流而下。杨朝宗收集残部，连夜逃去。因战功显赫，唐肃宗下敕书任命张巡为河南节度副使。张巡为有功的部下们请功，派遣使者向虢王李巨请求给予委任状以及赏赐物品，而虢王李巨只给了折冲都尉与果毅都尉的委任状三十通，没有给予赏赐的物品。张巡就写信责备李巨："宗社尚危，围陵孤外，渠可吝赏与赀？"李巨竟一直不予理睬。

至德二载（757），安禄山死后，其子安庆绪派部将尹子琦率同罗、突厥、奚等部族精锐兵力与杨朝宗合兵一处，共十几万人，进攻睢阳。面对强敌，张巡、许远激励将士固守，从早至午，接战二十余次，士气不衰。许远自以才能不及张巡，推张巡为主帅，而自己专管筹集军粮和战争物资。张巡任主帅后首先清除了内部叛将田秀荣，然后率军出城主动袭击叛军，将叛军打得大败而逃，并缴获了大批车马牛羊。张巡把这些战利品都分给了将士，自己分毫不要。这次大捷之后，朝廷拜张巡为御史中丞；许远为侍御史；姚訚为吏部郎中。

到了五月，正是麦熟时节，叛军在城外收麦以充军粮，张巡在城上看到后，集结士兵，擂鼓做出欲战的样子。叛军见状立刻停止收麦待战。这时，张巡止住擂鼓，让军士做出休息的样子，叛军见状放松了警惕。张巡抓住时机命南霁云率军大开城门突然冲出，直捣尹子琦大营，斩将拔旗。与此同时，有叛军大将率一千余骑兵直逼城下招张巡投降。张巡在城上一边与敌将答话，一边暗命勇士几十人手持钩、陌刀、强弩从城上缒下潜入无水的护城壕中，趁城外叛军倚仗人多势众并无戒备时，勇士们奋勇杀出，叛军猝不及防损伤了很多人马。

七月，叛军再次围城。这时士兵每日只能分到一勺米，饿了只好吃树皮和纸。守军也只剩千余人，瘦弱得拉不开弓，而且外无救兵。叛军得知情况后决定强攻睢阳，他们先用云梯爬城。张巡命士兵用钩杆将云梯顶翻，随即又从城上投火焚烧云梯，这样，叛军用云梯攻城失败了。之后，叛军做了一番整顿，又用钩车、木马攻城，但当他们靠近城墙时，又被城上投下的石块砸得七零八落。叛军见状停止攻城，又围城挖壕，壕外再加筑栅栏，以做长期围困。然而，这时睢阳城中的粮食吃光了，城里的麻雀、老鼠、树皮、纸张，一切能吃的东西都吃光了，城池的能量在时间的流逝中被一点一点地消耗。叛军再次发起了进攻，张巡亲自立在城头与饥饿的士兵们一起战斗，不可思议的事情发生了：叛军攻击失败，居然还有二百多叛军临阵倒戈，投向了睢阳的阵地。

没有吃的，张巡杀死自己的爱妾，煮熟犒赏将士。张巡的爱妾转眼就被分吃一空了。紧接着，许远也扛来了好几个大麻袋，里面装着被他杀死的几个家奴。然而，几个人的肉是远远不够吃的……

接下来的日子，将士们开始捕杀城中的女人。不管她们藏身何处，最后都会被抓出来一一烹吃。女人吃光了，就吃男人中的老人和小孩……睢阳就这样变成了一座人间地狱。

张巡遣南霁云向屯兵彭城（今徐州）的御史大夫许叔冀求援，但许叔冀无动于衷，南霁云詈骂而归。随后率精骑三十突围至临淮（今江苏盱眙北）向御史大夫贺兰进明求救。南霁云见贺兰进明不肯出兵，便近前一步说："睢阳与临淮近在咫尺，两地相依为存，若睢阳失守，临淮危在旦夕，请大夫三思。"贺兰进明见南霁云是难得将才，便想留于身边，于是设宴款待。南霁云含泪道："云来时，睢阳之人不食月余日矣。云虽欲独食，义不忍。虽食且不下咽。"说着，他拔出佩刀自断中指。然而贺兰进明仍不语，南霁云说："主帅之命不能完成，叛兵不能扫平，国家不得安宁，请留此指以示人之心，归报主帅，与城池共存亡。"随即上马而辞。临出城他怒弓射向佛塔，箭入半支，并发誓："叛军平定后，必杀进明，此箭乃我志也！"

南霁云出睢阳城时三十一人，突出重围后已只剩单枪匹马。他重回睢阳，在城外跟围城叛军大杀一阵，冲入叛军粮草营，驱赶牛马几百匹进城，张巡大喜，杀牛给将士为食。

从八月到十月，以张巡、许远为首的睢阳守军，就是以这种"同类相食"的残忍方式，维持着一种令人难以想象的生存方式。据《新唐书》记载，睢阳守军在这最后的两个月里，吃掉的老弱妇孺多达三万人。就这样，睢阳坚持到了十月，城中的老幼妇孺全部死光，仅留四百多残兵。

天宝十五年十月，睢阳城破，张巡、许远、南霁云被俘。尹子琦招降，张巡大骂，南霁云则默不作声。张巡喊道："南霁云，你小子想投降吗？"南霁云大笑道："张将军，我本来想诈降的，既然您这么说，我也跟您一块死了吧。"遂与张巡一块就义。

后人曾有诗云：洒血睢阳谁笑痴？故乡粗豆靡穷期；李唐社稷今何在？不及将军尚有祠！

张巡死守睢阳，前后大小战有四百余次，斩敌将数百名，杀贼卒十二万人。使叛军受到重创，同时保障了唐帝国东南部的安全，为大唐平定安史之乱立下奇功。

睢阳失陷十三天后，唐王朝的增援大军终于赶来，他们打退了叛军，收复了这座伤痕累累的城市。睢阳之战，成为安史之乱的重要转折点，唐朝保住了如生命线一般的江南地区，留下了收复河山的资本。

史思明绞杀安庆绪

安庆绪杀安禄山称帝后，对史思明收其溃散的残部不满，欲找机会除掉史思明。

史思明自围攻太原被李光弼击退后，回到范阳驻守，安庆绪封他为妫川王，兼范阳节度使。范阳本是安氏老窝，安禄山从东京和西京所掠珍宝，多半都运往这里存放，已是堆积如山。渐渐地，史思明恃富而骄，欲将范阳占为自己所有，不想再被安庆绪节制。

安庆绪失去洛阳后，逃往邺郡。到邺郡后，又张罗着四处征兵，蔡希德、田承嗣、武令珣等先后投奔，又得大约六万人。只有史思明既不派兵，也不派使者，安庆绪便怀疑他有二心了，于是派了阿史那承庆、安守

忠、李立节三人，带了五千骑兵赶到范阳，以征兵为名，实则欲察看情况，准备偷袭。

史思明听说几人同时前来，知道对方不怀好意，便在营帐之外设好埋伏，然后自己率领几万士兵迎接安庆绪派来的使者。见到阿史那承庆和安守忠后，立即下马行礼，握手叙旧，十分殷勤。阿史那承庆等不好下手，只好随其进了范阳城。史思明于是将他们领进客厅，命令奏乐设宴，盛情款待。酒酣耳热之际，史思明掷出一只酒杯，发出动手的信号，埋伏的士兵一拥而入，将三人一一拿下，同时截住几人带来的队伍，给了些钱财，让其回家去了。

然后，史思明向唐廷奉上归降书，说自己愿意率领管辖范围内的十三个郡以及十三万兵马向唐投降。肃宗得到报告后十分高兴，立即封了史思明为归义王，还兼范阳节度使，其七个儿子都被授予显赫官位。

史思明受了册封之后，马上斩了安守忠和李立节两人，以表明自己对朝廷的诚意。只有阿史那承庆与史思明从前就颇有交情，所以没有被杀。然后，史思明又走遍河北地区，传布朝廷旨意，有好几个州因此又相继归降，只有相州还属于安庆绪。

乾元元年（758）九月，唐肃宗派遣郭子仪等九位节度使率领步兵骑兵二十万进攻安庆绪盘踞的相州，任命鱼朝恩为军容使。开始，郭子仪的战术是，派三千名弓箭手埋伏在壁垒背后。第二天交战，他指挥自己的部队佯装溃逃，叛军追赶他们，弓箭手一齐射击，叛军全军溃败。安庆绪派薛嵩向史思明搬救兵，说要把燕国帝位禅让给他。史思明先派李归仁率领步兵一万人、骑兵三千人，尽早到滏阳接应。等李归仁到了滏阳，郭子仪的包围圈已很坚固，筑了三道城墙，挖了三道战壕，楼橹望台的雄伟气势，自古以来不曾有过。又放水去灌城脚，相州城内地下水猛涨，口口井

都大水横流。安庆绪让安太清接替崔乾佑任都知兵马使。史思明到相州南边攻打魏州，魏州节度使崔光远向南逃跑，史思明占领魏州城几天之后，就是乾元二年（759）正月初一。史思明自称燕王，立年号。

安庆绪从乾元元年（758）十月被围到乾元二年（759）二月，相州城里的人相杀而食，一斗米的价钱七万缗多，一只老鼠值好几千钱，人们把塌墙下的麦谷壳和马粪洗一洗就像喂马一样地吃掉。史思明带领人马援救相州。这年三月六日，郭子仪等围城部队吃了败仗，撇下相州向南撤退。他们毁掉河阳桥以便据守谷水。史思明带领部队到邺郡南边筑起营垒驻下。安庆绪派人收缴了郭子仪等人军营中丢下的粮食超过六七万石，又跟孙孝哲、崔乾佑商议紧闭相州城门固守，提出回头抵御史思明，将领们说：“眼下这种情况哪里能够对燕王史思明背信弃义呀！”张通儒、高尚、平冽对安庆绪说：“史王远道而来，我们都应该去迎接，道歉。”安庆绪答复说：“随你们各位去看看他。”史思明见张通儒等人来了，一块儿抱头痛哭，送给他们丰厚的礼物，又催他们回相州城去。整整过了三天时间，安庆绪还是不到史思明那里去。

史思明秘密召见安太清，要他诱出安庆绪。安庆绪不得已，只好带着三百骑兵去见史思明。史思明把他领进军营，命令全体将士穿甲戴盔握着武器等待他。直到他的几个弟弟被带到庭前，安庆绪这才拜了两拜跪下叩头称臣说：“我不能担当重任，丢失了长安、洛阳，长时间陷入重重包围，没想到燕王看在我父亲的面上，率领部队远道而来援救。”史思明说：“丢失长安洛阳，打仗失利，那又算得了什么。你作为儿子，杀死自己的父亲夺取王位，难道不是大逆不道吗？我替你父亲来惩罚你这个奸贼。”说罢他就命人把安庆绪拉出去，连同他的四个弟弟以及高尚、孙孝哲、崔乾佑，都处以绞刑。

史朝义再演弑父剧

史思明归顺唐廷后，“外示顺命，内实通贼”，不断招兵买马，引起唐肃宗警觉。于是朝廷以乌承恩为副使，派到史思明军中做“策反”工作，想伺机杀掉这个居心叵测的反贼。李光弼也对乌知思严加嘱托，派他赶快行事。

乌承恩晚上多次打扮成妇人，夜入诸将家里“策反”。没想到这些蕃将出身的将领对史思明很忠心，转头向史思明告发。

由于没有实证，史思明也下不了手。于是在驿馆之中，史思明在乌承恩床下埋伏两个人。夜里，乌承恩与儿子密谈：“吾承上命除此逆胡！”床下二人闻言而出。

史思明抓住乌承恩，搜出李光弼的书信以及写有准备诛杀的叛将名单。史思明等贼将大怒，大呼：“我们都投降了，怎么还对我们这样！”乌承恩是个怂包，咕咚跪下，说这些都是李光弼指使他干的。史思明大怒，杀掉乌承恩和他的儿子以及从属两百多人，重新反叛。史思明的参谋耿仁智劝他不要反复，他却亲手用棍击碎这个跟了他三十多年的参谋的脑袋。

史思明杀安庆绪后，带兵进入邺城，收降安氏遗众，留下儿子史朝义驻守，自己回到范阳，更国号大燕，自称应天皇帝，年号顺天，立妻子辛氏为皇后，封儿子史朝义为怀王、周挚为宰相、李归仁为将军，改称范阳为燕京。

史思明部下兵将是安史叛军中最残暴的队伍，每攻陷城池，都杀光老弱男丁，以壮丁为挑夫，把妇女奸淫殆遍，凶淫无比。魏州一役，史思明军一天就杀掉三万多人，平地流血数日。称帝之后，他又派间谍扬言自己军士思归，诱骗唐军决战。大太监鱼朝恩想立大功，力劝唐肃宗下令各军进攻。不得已，李光弼等人出战，唐军大败，河阳、怀州等军事要地尽归于史思明。

史思明乘胜攻陕州，被唐军挡在姜子坂一带。出战不利，退守永宁。史思明下令筑三角城，约期一个月时间筑成，以贮备军粮。其子史朝义率军士苦干，城筑好后，未及泥抹外墙。史思明巡视到此，大怒，把史朝义、骆悦等大将召至面前，想杀掉他们以立军威。史朝义战战兢兢，深知凶残的史思明完全没有父子之情，哀求说："兵士太乏累，歇一歇马上就上泥。"史思明呵斥道："你爱惜属下，就敢违我将命吗！"立马城下，目视兵士上泥，"斯须而毕"。临走，史思明冲史朝义大骂："等我攻克陕州，斩却此贼！"

史朝义大惧。骆悦等人也因兵败惧诛，力劝史朝义先下手。史朝义不敢答应，骆悦等人就威胁说要投降唐军。史朝义思虑再三，点头应诺。

当夜，史思明宿营中，其亲信曹将军率人守卫。史朝义等人召他来说明行事目的，曹将军"不敢拒"。夜半时分，史思明因梦惊醒，据床惆怅。他平时特别爱听优人唱曲，吃饭睡觉都有几个戏子不离左右。由于他为人残忍，杀戮为常，这些戏子心中也十分恨他。见他惊起，几个人忙问原因，他说："我刚刚梦见河里的沙洲上有群鹿涉水而至，鹿死水干。"说完，他起身上厕所。几个戏子偷偷说："鹿者，禄也；水者，命也。此胡命禄都到头了！"

正说话间，骆悦等人提刀闯入，不由分说就劈死数人，逼问史思明所在，余人忙指厕所方向。史思明听见卧帐内响动不对，翻墙而出，骑马刚跑到马槽处，被追赶而来的兵将射中胳膊，滚落马下。史思明忍住痛，问："何人造反？"有人答称是怀王（史朝义）起事。史思明老奸巨猾，哀求说："我早上说错话，才有现在这等事。你们别这么快就杀我，等我攻陷长安再杀我不迟。"一改往日凶暴之态，史思明连声乞命。转头看见耷拉着脑袋的亲信曹将军，史思明又大骂："这胡误我！这胡误我！"骆悦挥手，兵士把史思明捆个结实，幽禁在柳泉驿。

史朝义心惊肉跳，见到骆悦等人复命，还连问："没有惊动圣人吧？没有伤着圣人吧？"诸将回答说："没有。"一行人伪造史思明诏书，史朝义即位，并杀掉在外统军的史思明亲信大将周挚等人。为绝后患，骆悦等人先行动手，用绳子勒死了这位动辄就要人命的老上司史思明。

史朝义杀了史思明之后，在洛阳即皇帝位，改元显圣；同时派遣使臣至范阳，密令散骑常侍张通儒等人，杀掉史朝清，以及他母亲辛氏和一干党羽。随后各派势力在幽州城内发生火并，史朝清和张通儒等人先后被杀，大乱两个多月，死亡数千人，州城县城变成了废墟。

各节度使都是安禄山的老将，跟史思明地位平等，史朝义征求召集都不肯来，史朝义于是打算退回幽州。

宝应元年（762）十月，唐代宗以雍王李适为天下兵马元帅，朔方节度使仆固怀恩为副元帅，率诸道节度使及回纥兵会攻洛阳。三十日，在洛阳北郊大败史朝义军，歼其六万余人，俘其两万余人，史朝义仅率轻骑数百东逃。唐军收复洛阳后，仆固怀恩留回纥兵于河阳，派其子右厢兵马使仆固玚及朔方兵马使高辅成率步骑万余人，乘胜追击史朝义，连克郑州、汴州等地。史朝义逃往濮州（治今河南鄄城北）。

十一月初，史朝义从濮州北渡黄河，仆固怀恩攻拔滑州（治今河南滑县东），追击史朝义至卫州（治今河南卫辉），再次将其击败。时史朝义部将田承嗣等率军四万与史朝义会合，迎战唐军。仆固玚率军力战，将田承嗣等击溃，长驱追至昌乐（今河南南乐）东。史朝义率魏州（治今河北大名北）兵来战，又败走。史军将领薛嵩、张忠志等各率所领州县降唐。史朝义逃至贝州（治今河北清河西北），与其大将薛忠义合兵三万南下迎战，进至临清（今属河北），遭仆固玚伏兵袭击败走。此时，回纥兵赶到，与唐军会合追击，于下博（今河北深县东南）东南又大败史军。

史朝义逃往鄚州（治今河北任丘北）。仆固怀恩派都知兵马使薛兼训、兵马使郝庭玉与兖郓节度使田神功、河东节度使辛云京、青淄节度使侯希逸与仆固玚部会合，进围鄚州。宝应二年正月，史朝义因多次出战皆败，便留田承嗣守鄚州，自率骑兵五千，突围北去幽州求援，以解鄚州之围。史朝义走后，田承嗣即开城投降唐军。仆固玚、侯希逸、薛兼训等率兵三万，追击史军至归义（今河北雄县西北），史朝义败走范阳。范阳守将李怀仙已经降唐，史朝义不得入城，其部下纷纷离去。史朝义仅率数百骑逃奔广阳（今北京房山东北），又遭守军拒绝，只得北入奚、契丹，行至温泉栅（今河北丰润东）时，李怀仙的追兵赶到。史朝义在众叛亲离，走投无路的形势下，被迫于林中自杀。历时七年多的安史之乱，至此结束。

安史之乱历时七年零二个月，虽然乱事最终得以平定，可是很多后世史家均认为安史之乱不但是唐帝国由盛转衰的转折点，而且对中国后世政治、经济、社会、文化、对外关系的发展均产生极为深远而巨大的影响。司马光《资治通鉴》:“（安史之乱爆发之后）由是祸乱继起，兵革不息，民坠涂炭，无所控诉，凡二百余年。”

当时唐室为了早日结束战事，不惜招抚安史叛将如李怀仙、田承嗣

等，大肆分封节度使，允许其保留所据地区与兵力，于是藩镇（方镇）数量激增，全国各地均置节度使。而安史叛将的旧有军力得以保留，因此便割据一方，控制了地方的政务，“郡将自擅，常赋殆绝，藩镇废置，不自朝廷”，中央无法控制地方，形成藩镇割据的后患。如安史旧将田承嗣据魏博、李宝臣据成德、李怀仙据范阳，皆领节度使之职，即河朔三镇。当时方镇表面上臣服于唐室，但事实上却割据一方，使唐帝国陷入分裂的状态，其中以河朔三镇为甚。此一割据状态可以说一直维持至唐亡乃至五代十国。

唐室为了平乱而向回纥借兵，回纥自恃平乱有功，也屡屡向唐室勒索威逼财帛，连年侵扰边境，唐的声威至此沦落，天可汗制度无法维持。原本隶属于唐朝的西域地区更是在之后三十五年时间内陆续被吐蕃和回纥所完全占领。

第九章　日薄西山
——王朝末期的是是非非

安史之乱后，只能梦回盛世大唐。华清池没了贵妃的身影，唐明皇也不再指挥《霓裳羽衣曲》，摇晃的帝国勉强支撑。虽然安禄山、史思明两个叛贼只折腾了七年，但使中原动荡，千万生命死于军乱，随之而来的藩镇割据、宦官专政以及党争之祸，最终把赫赫盛唐推上了不归之路。

郭子仪单骑退回纥

在安史之乱被平定后，天下局势其实还远远没有廓清，当此时，曾在平定安史之乱中“一身系天下安危”的郭子仪，理所当然地又要承担起平天下的重任了。因此，当仆固怀恩联合吐蕃和回纥再次发起叛乱时，郭子仪积极主动地备战迎战。

仆固怀恩是铁勒部人，曾在安史之乱中随郭子仪征讨叛军，立下赫赫战功。后来，仆固怀恩因为受到朝廷的猜忌而叛乱，领兵占领了并州、汾州等地（今山西汾水中游地区），代宗对此十分忧虑，考虑到仆固怀恩手下将士多为郭子仪旧部，便派郭子仪兼任河东副元帅、河中节度使，镇守河中（今山西永济）。仆固怀恩的儿子仆固玚被部将所杀，手下人都归顺了朝廷，仆固怀恩害怕了，扔下母亲逃到灵州，接着招引吐蕃、回纥、党项共数十万人马入侵。朝廷惊恐万状，又急命郭子仪屯兵奉天。代宗问郭子仪有何良策，他胸有成竹地回答说：“没什么大不了的，仆固怀恩本来是我部下的偏将，虽然刚毅勇敢，但不得军心。现在之所以能够作乱，是因为他引诱了一些想回长安的人，劫持他们一起来，这些人也都是我过去的部下，平时我以恩信相待，他们怎么能忍心和我刀兵相见呢？”代宗心稍宽。不久乱军前锋抵达奉天，将士们请求出击，郭子仪说：“敌军深入内地，欲图速战速决，我们不能让敌人的阴谋得逞，仆固怀恩的部下平常

都感激我给他们的好处，我缓和一下，不立即和他们交战，他们就会分崩离析。”于是他下令：“谁再鼓噪出战，军法从事！”郭子仪的部队只在营垒中坚守，拒不出战，敌人果然逃走了。

郭子仪回到长安，受到了很高的礼遇，得到很多赏赐，同时被升任为尚书令。尚书令是尚书省之首，主管全国的行政事务，因为事权过重，同时因太宗李世民在即位前曾任此职，皇帝一般不授此职给大臣，大臣也不敢接受。郭子仪此前曾推辞过太尉封衔，此次也不例外，照样推辞。代宗不同意，下诏让他尽快到尚书省衙门理事，命文武百官前往庆贺，还令五百名骑兵执戟护卫。郭子仪坚决辞让，说：“我朝太宗曾任此职，所以好几朝都不设尚书令，哪能为了我一人而坏了国家规矩？自从用兵平叛以来，得到非分赏赐的人很多，直到身兼数职，只顾高升，不知羞耻。国家的规章制度、官吏的作风都日渐败坏，贪功冒进的人多，廉洁谦逊的人少，德薄的高居尊位，功少的获得厚赏，这样的情况数不胜数。我每见到这种情况，都生出无限的忧虑。现在正是皇上建立法规、审核百官的时候，我一定要身体力行，带头改变这种浮薄的风气，或许我的些微举动可以对兴复礼让的风气起一些推动作用。”代宗只好同意，并把郭子仪辞尚书令的事向史官陈述，载入史册。同时赏给郭子仪舞女、侍卫，以示表彰。

永泰元年（765），仆固怀恩再一次联络吐蕃、回纥、党项、羌、浑、奴剌等西北各部共计三十万人马入侵。途中，仆固怀恩患暴病而亡，但他的部将范志诚却领兵大举进攻泾阳（今陕西泾阳），吐蕃兵进逼奉天。代宗急忙下令各道节度使火速派兵勤王，他亲任统帅，令郭子仪屯兵泾阳，白元光率军进屯奉天，并调泽潞节度使李抱玉镇守凤翔（今陕西凤翔），渭北节度使李光进移守云阳（今陕西淳化），镇西节度使马燧及河南节度使郝廷玉驻便桥，淮西节度使李忠臣守东渭桥，同华节度使周智光屯同州

（今陕西大荔），这几路大军的屯扎以渭水为凭借，形成一条防线。此次代宗应对得当，得力于吐蕃出兵之前郭子仪对形势的判断。那时，郭子仪看出吐蕃对长安的威胁，特派行军司马赵复奏告代宗，建议让这些节度使带兵据守交通要道，代宗据此做出了布署。

郭子仪赶到泾阳的时候，敌军已完成了对泾阳的包围，而他手下只有一万军队。郭子仪派部将李国臣、高昇、魏楚玉、陈回光、朱元琮各挡一面，自己率领两千铁骑在阵中出入往来。回纥兵大吃一惊。

第二天，郭子仪派部将李光瓒前往敌营，痛斥回纥破坏和约、背信弃义。回纥首领药葛罗说："昨天往来阵中的大将是谁？"李光瓒说："是令公郭子仪。"药葛罗诧异地说："郭令公还活着吗？仆固怀恩说唐朝皇帝已死，郭令公也死了，中国无主，所以我们就跟着来了。郭令公现在活着，唐天子也在吗？"李光瓒说："天子非常健康。"药葛罗明白了，说："仆固怀恩是在欺骗我们啊！"李光瓒接着义正词严地说："过去回纥不远万里来和唐朝一起讨伐大奸大恶的安史父子，帮助唐朝收复两京，与我们同甘苦，共患难，现在你们却抛弃了过去的友谊，去帮助叛臣仆固怀恩，这是多么愚蠢啊！像仆固怀恩这样背叛朝廷、连自己的母亲都抛弃了的人，对回纥又有什么益处呢？现在仆固怀恩已遭天殛，郭令公在此屯守，如果你们愿意讲和，我们双方可以联合打击吐蕃；你们要想较量一番，现在就约定日期，我们在战场上见！"药葛罗仍然有些狐疑，片刻的沉默无语以后，他说："本来听说令公已经去世，不然的话，我们怎能到这里来。如果现在郭令公真的还活着，我们可以见一见吗？"李光瓒回营以后，将情况如实禀报郭子仪。郭子仪说："现在敌众我寡，我们很难以力制胜。我大唐对回纥向来不薄，根据当前形势，我们只有加强攻心，方为上策。我亲自去会一会药葛罗，向他们陈明利害，希望他们退兵，争取不动干戈。"部下为郭子仪的安全担心，请他带五百精骑。郭子仪说：“五百骑兵怎能抵挡十万军马？那样反倒会给我惹麻烦。”他的三儿子郭晞连忙说：“回纥心性不准，难于摸透，大人身为国家元帅，不应轻易冒险。”郭子仪说：“目前回纥如果进攻，我们父子都会牺牲，国家前途也不堪设想。现在我去向回纥说明和好的诚意，使双方和睦相处，不仅利国，也有益于个人。假若药葛罗顽固不化，我为国捐躯，死亦无憾。”

郭子仪上马扬鞭，奔向回纥大营。在距离回纥营帐不远的地方，卫士前去通报，说：“郭令公来了。”药葛罗一见郭子仪只带了些随从人员，立即解下铠甲，上前迎接。郭子仪也摘了头盔说：“我和诸位同甘共苦好长时间了，为什么这样不讲情谊呢？回纥过去为大唐立功，朝廷待你们不薄，每年给你们送粮食和金帛。现在为什么自负盟约，入我内地，杀我百姓，夺我财帛呢？你们这样做是弃前功，结后虑，背恩德，助叛逆。希望你们认真考虑，立即悬崖勒马，不要以为我们软弱可欺。”药葛罗后悔地说：“都是我们不对，我们上了仆固怀恩的当，我们决不会和令公作对的，请你放心。”郭子仪紧接着又说：“吐蕃和大唐本来是甥舅关系，现在吐蕃来入侵，这是抛弃自己亲戚的行为。吐蕃掠夺的马牛漫山遍野，覆盖了几百里的地方，你们如果反戈一击，攻打吐蕃，好像弯腰拾取一棵小草一样，这是天赐良机，不可失去。这样做既可以得到巨大的物质利益，又能和大唐保持以往的友好关系。岂不两全其美？”药葛罗说：“说得对！”郭子仪当即请大家来一块儿饮酒，送给他们锦彩缎匹，以缔结友谊。席间，郭子仪和药葛罗互相盟誓，互结友好。第二天，药葛罗专门派部将石野那拜谒唐代宗，表示双方和好的决心。

吐蕃对此事起疑，连夜领兵退去。郭子仪派白元光和回纥合兵一处，跟踪追击，大部队在后紧跟，在灵台（今陕西灵台）西原打败了吐蕃的

十万军队，斩首五万级，俘虏一万吐蕃兵，把被吐蕃抢走的男女人口、牛羊马匹、骆驼全部夺回。

此一战唐军大获全胜，与回纥联盟，瓦解吐蕃，仆固怀恩勾结回纥、吐蕃反叛朝廷的图谋彻底破产。

李晟孤军震泾原

建中二年（781），魏博节度使田悦起兵反抗朝廷，兵围临洺（今河北永年县）和邢州（今河北邢台市），德宗下令任命李晟为神策先锋都知兵马使，与河东节度使马燧、昭义节度使李抱真合兵援救临洺。李晟阵斩田悦部将杨朝光，又在洺水大破田悦。

这时，由于德宗对各军奖赏失当，引起了朱滔和王武俊的不满。二人勾结田悦，率军围困赵州（今河北赵县）。李抱真分兵二千守护邢州，引起了马燧的不满。马燧欲领兵回去，李晟劝解道："我们三人奉皇帝之命讨伐叛贼，邢州与赵州相邻，现在叛贼攻打赵州，这样邢州也不得安宁。李公分兵守卫，也不算错，您怎么就急着退兵呢？"马燧豁然醒悟，主动前往李抱真营中，与其捐弃前嫌。李晟建议道："我率兵到定州，与义武节度使张孝忠合兵攻打范阳（今北京市和河北保定市北部），那么王武俊就会放弃赵州。"于是领军北进，王武俊果然撤军退走。李晟在赵州休整三天，与张孝忠一起北攻恒州，在清苑（今河北保定）围困朱滔部将郑景济，并掘水灌城。

不久，李晟率兵在白楼击败田悦、王武俊的援军，清苑更加危急。朱滔、王武俊非常害怕，出动全部兵力救援，围困李晟的部队。李晟对内攻击郑景济，对外又抵抗朱滔等人，从正月到五月还不能解围。此时，李晟重病，不能起床，军中将领于是领兵返回定州，叛军仍然不敢追击。

李晟病愈后，准备再次进兵，不料泾原兵变，朱泚在长安称帝。唐德宗逃往奉天，并令李晟勤王。李晟不顾张孝忠的劝阻，奔赴国难，率军经飞虎道（即灵丘道）至代州（今山西代县），被任命为神策行营节度使。李晟进兵至渭北，驻军于东渭桥（在今陕西西安东北），经过之地秋毫无犯。此时，刘德信从扈间战败逃回，也驻军在渭南，部队喧闹且没有纪律。刘德信进营参见李晟。李晟责问他战败原因，并将其斩杀，兼并其部队。

此时，正驻军咸阳的朔方节度使李怀光不想让李晟独当一面分去自己的功劳，请求与李晟合兵一处。朝廷命令李晟移营，李晟于是领兵向陈涛斜（今陕西咸阳东）进发，与李怀光合营。李怀光迟迟不肯进兵，李晟派人劝道："叛军占领京城，皇帝流亡在外，您应赶快进兵。李晟虽不成材，但愿为先锋。"李怀光没有采纳。

李怀光上奏皇帝道："神策军给养赏赐比地方部队优厚，军中非常不满，我没法解释。"唐德宗派翰林学士陆贽到李怀光营中安抚，并与李晟一同商讨军粮供给之事。李怀光想要李晟自己请求减少粮食供给，使他失去士兵的拥护，于是道："军饷和赏赐不平等，军队怎么打仗？"陆贽多次用眼色暗示李晟，李晟回答道："您是元帅，全权处置军政事务，我只领一支部队，听从您的命令，至于增减军饷的事，您看着办。"李怀光无言以对，只好作罢。

李怀光驻军咸阳八十余日，以等待战机为借口，始终不肯出兵，暗中勾结朱泚，反叛迹象逐渐暴露。李晟害怕自己的部队被李怀光吞并，上奏皇帝道：“应先采取措施应变，请调偏将赵光铣、唐良臣、张彧为洋、利、剑三州刺史，各自领兵守卫，保证关中与四川的交通畅通。”朝廷没有回音。此时，吐蕃欲助朝廷消灭朱泚，德宗打算督战咸阳。李怀光认为皇帝要夺他兵权，图谋更加急迫。不久，李晟以有诏令为名，移军东渭桥，脱离李怀光。几日后，李怀光吞并鄜坊节度使李建徽、神策行营节度使杨惠元的军队。

唐德宗逃奔梁州（今陕西汉中），因骆谷道路狭窄，粮食供应困难。德宗很后悔没有听从李晟的建议，又担心地问浑瑊道：“李晟兵力孤绝，能打胜吗？”浑瑊道：“李晟秉性忠义正直，意志不可动摇，我预料他一定能打败叛军。”德宗方才安心，并晋升李晟为尚书左仆射、同中书门下平章事。李晟接受任命时，边拜边哭道：“京师是国家的根本，如果大家都不肯进兵，谁能收复它呢？”于是其修缮衣甲武器，加高城墙，挖深濠沟，筹划收复京师。

此时，李晟率领孤军处于朱泚与李怀光之间，内无粮草、外无援兵，处境极为险恶。李晟一方面谦词厚币，假装对李怀光诚心诚意；另一方面，又命张彧代理京兆少尹，征调京城周围的赋税。李晟集合全军训话道：“国家多难，皇帝流亡，目睹危难，为节义而死，是我们分内的事。你们此时不杀匪首，立功博取富贵，就不是英雄豪杰！”三军将士皆愿效死命。同时，骆元光统领的华州军、尚可孤统领的神策军，以及戴休颜统领的奉天军、韩游瑰统领的邠宁军，都接受李晟的指挥。

此时，李怀光方才恐惧。李晟写信公开斥责他，让他打败朱泚立功赎罪。李怀光不听，又害怕李晟的袭击，于是逃奔河中。不久，李晟兼任河

中、晋绛慈隰节度使，又兼京畿、渭北、鄜坊、丹延节度招讨使。这时，唐德宗欲西去成都，李晟却认为皇帝应留在梁汉之地，以安天下人心。

李晟领兵攻打长安通化门，叛军不敢出战。次日，李晟集合将领们询问如何攻取长安。众将都要求先攻外城，然后扫清皇宫里的敌人。李晟却认为："叛军若设伏兵与我巷战，居民会喧闹溃散。叛贼的精锐士兵集中在皇苑中，现在直接进攻这里，是挖他的心腹要害，想逃跑都来不及！"于是从东渭桥移营到光泰门，以大军直逼都城，大败朱泚部将张庭芝、李希倩。

当时华州军营在北边，兵力较少，叛军集中进攻。李晟率精兵前去援救，两破敌军，乘胜攻入光泰门。叛军逃奔白华，叛军哭声整夜不停。次日，李晟再次出兵。众将都请求等西部军队来到再夹攻，李晟道："叛军已经失败，应该乘胜消灭。如果等候西边的部队，这会给他们东山再起的机会，对我们没有好处。"于是把全军召集到光泰门，令王佖、李演率领骑兵，史万顷率领步兵，进抵皇苑北面。

李晟派人先在夜里拆毁二百步长的皇苑围墙，作为进兵通道，等到李演等人来到时，叛军已经用栅栏堵住。李晟怒叱诸将道："怎敢如此放纵敌人，我当先杀了你们！"史万顷害怕，率领其部众首先冲进，拔去栅栏攻入皇城，王佖带领骑兵跟随其后进击，叛军大败。官军分路前进，姚令言率领叛军仍在顽抗。李晟命令决胜军使唐良臣率领步骑兵进逼，且战且进，到了白华门，叛军有数千骑兵出现在官军的后面，李晟率领一百多骑兵回身抵御，左右的人呼喊："相公（李晟）来了！"叛军都惊恐逃散。朱泚率领败兵逃离长安，李晟派遣兵马使田子奇追击，其余叛军相继投降。

李晟驻军在含元殿前，住在右金吾卫驻所，并命长安、万年县令，分头慰问居民，军队秋毫无犯。住在远处街坊的居民，过了一夜才知道朝廷

的军队已经进城。次日，李晟屯兵安国寺，斩杀跟随朱泚叛乱的人，表彰坚贞不屈者，并要求赦免被迫从贼的人。

捷报传到梁州，德宗流泪不止。群臣前来祝贺，道：“李晟荡平凶恶的叛贼，但市场摊铺没有移散，宗庙没有惊动，长安居民未受惊扰，即使是三代时用兵，也不能超过他。”德宗封李晟为司徒，兼中书令，实封一千户。李晟派大将吴诜到宝鸡清理道路，并请求亲自去迎接和护卫皇帝车驾，德宗没有答应。

德宗从梁州回来，李晟身穿甲胄在三桥迎接皇帝，德宗停马慰劳他。李晟两次跪拜叩头，向皇帝祝贺，又道：“陛下的臣子，不能很快消灭叛贼，致使陛下两次流亡，是我不称职的罪过，请定我的死罪。”他拜伏在道路的左边，德宗感动得掩面流泪，命给事中齐映扶起他，让他回到自己的位置；又赐他府宅、良田、园林等。李晟进住府宅时，京兆尹设帷帐，教坊奏乐作为前导，皇帝命令将相送他回家。德宗在东渭桥为李晟立纪功碑，亲自撰写碑文，又命皇太子录下碑文副本，赐给李晟。

李愬雪夜袭蔡州

李愬是李晟第八子，早年因父亲的功劳封官，任太常寺协律郎，后升任卫尉少卿。他的生母早逝，由晋国夫人王氏抚养，到王氏去世，李晟因为他不是王氏的亲生儿子，命他穿缌麻丧服为王氏服丧，李愬哭叫着

不愿意，李晟被他感动了，因此让他穿对生母的齐衰丧服服丧。贞元九年（793），李晟去世，李愬和二弟李宪在墓边搭棚住着守孝，德宗怕他们为此伤身而不让，下诏命他们回家。过了一夜，李愬光着脚又去了，德宗知道不能改变他的意愿，就允许他服满丧期。期满后，被任命为右庶子，后调任少府监、左庶子，又出京任坊、晋二州刺史。后因政绩优异，加职金紫光禄大夫。又任庶子，多次升迁后任太子詹事、宫苑闲厩使。他有谋略，擅长骑马射箭。

唐元和九年（814），淮西节度使吴少阳病死，其子吴元济自领军务，拥兵作乱，率军在舞阳（今河南舞阳东），叶县（今河南叶县南）、鲁山（今河南鲁山东）、襄城等地烧杀掳掠。兵锋所指，危及东都。鉴于这一割据势力是唐廷的“腹心之疾”，唐宪宗发十六道约九万兵从四面进讨。但由于唐军将帅各怀打算，诸路军又缺少统一指挥，用兵三年，劳而无功，且在铁城（今河南遂平西南）遭到惨败。这时，李愬主动请缨，进讨淮西，唐宪宗遂任命李愬为唐随邓节度使，主持攻取淮西的西路战事。

李愬到达唐州（今河南泌阳）。当时唐军新败之后，士气低落，畏敌怯战。李愬为了安定军心，亲自巡视部伍，慰问士卒，抚恤伤病者；并佯示无所作为，麻痹吴元济。吴元济因过去屡次挫败唐廷的进攻，又看到李愬初出茅庐，名位不高，便疏于对唐州方向的戒备。李愬利用这个机会，韬光养晦，修缮军械，积极进行作战的准备。

经过一段时间的休养生息，李愬见袭击蔡州的条件已经成熟，便派人去见裴度，密陈袭取蔡州的计划。裴度也认为“兵非出奇不胜”，批准了李愬的作战方案。那夜，风雪交加，天气阴晦。李愬命随州刺史史旻镇守文城栅；命降将李祐、李忠义率三千突将为前锋；自率三千人为中

军；李进诚率三千人为后军。从文城栅出发，传令向东行进，部将们均不知这次行动的目标。东行六十里，到达张柴村，其前锋迅即袭破该村，全歼守军及通报紧急情况的烽火兵，抢占了这一据点。李愬令士兵稍事休息，就食干粮、整顿行装后，留五百人截断桥梁，以防洄曲方面淮西军回救蔡州；以五百人警戒朗山方向；自率主力冒雪继续向东急进。这时李愬才下达了作战命令："入蔡州取吴元济！"是夜大雪卷地，北风怒号，人马多有冻死者，但由于军令如山，士卒们谁也不敢放慢速度，强行军七十里，赶到蔡州时，天尚未明。该城附近有一鹅鸭池，李愬令击之，"以乱军声"，掩护部队的登城行动。蔡州城已三十年无战事，戒备松弛，李祐、李忠义等率"突将"已缨坎登城，蔡州守军还浑然未觉。李祐等杀死守城之兵，留打更卒打更如故。天明雪止，有人报告吴元济，唐军已至，吴元济还不相信唐军会来得如此迅速，以为是所俘唐兵作乱或洄曲兵索要寒衣。后来听到唐军号令，吴元济才知大事不好，仓促率亲兵登上牙城（内城）抗拒。蔡州民众对吴元济的野蛮统治早已怨声载道，他们帮助唐军火烧内城南门，唐军破门擒获了吴元济。当时吴元济的部将董重质尚拥有精兵万人据守洄曲，李愬为了争取这部分淮西军归降，派人厚抚董重质的家属，并叫董的儿子前往招降了董重质。唐北路军李光颜部此时亦占据洄曲，收降了董部淮西军。申、光二州守兵两万余人见蔡州已破，也迅即瓦解，不战而降。至此，唐廷延续三年之久的平定淮西吴元济之战终于取得胜利。

二王八司马事件

安史之乱后，君主不信朝臣，宦官得以干政。肃宗时的李辅国，代宗时的程元振、鱼朝恩，以宦官执掌兵符，权力更大。德宗出奔奉天，因窦文场、霍仙鸣护驾有功，归以二人为神策中尉，宦官主管禁军遂成为制度。此后，宦官以军权在手，无所顾忌，干政益甚。在这种情况下，如何抑制宦官势力，夺回国家军权，也成为唐王朝君臣必须正视的问题。

在顺宗的支持下，王叔文集团掌权，以韦执谊为宰相，颁布一系列明赏罚、停苛征、除弊害的政令，革除宫市、五坊小儿及进奉等进展较为顺利。史称“市里欢呼”“人情大悦”。为了统一事权，革除弊政，王叔文集团特别注意掌握财权和从宦官手中夺取兵权，乃以与刘禹锡有联系的宰相杜佑兼度支使及诸道盐铁转运使，王叔文为副使，韩晔、陈谏、刘禹锡、凌准判案，李谅为巡官，程异为扬子院留后。其中西川节度使韦皋妄图完全领有剑南三川以扩大地盘的阴谋也未能得逞。王叔文乘势命宿将范希朝为左、右神策军、京西诸城镇行营节度使，韩泰为其行军司马前去接管宦官手中的兵权，但因遭到宦官集团的强烈抵制，夺兵权计划未能实现。

不久，唐顺宗中风，经过治疗后哑了，失去执政能力。而王叔文因为母亲死了，按制要告假回家守丧，王伾也突然患了中风，革新派失去了中坚力量。宦官俱文珍、刘光琦等和剑南西川（今四川成都）节度使韦

皋、荆南（今湖北江陵）节度使裴钧、河东（今山西太原南）节度使严绶串通起来反对王叔文集团，策动神策军将官拒绝范希朝接权，又暗中策划宫廷政变；并乘机纷纷上表，胁迫顺宗禅位。先于三月迫使顺宗立李纯为太子，顺宗久病失语，又遭宦官与藩镇激烈反抗，八月被迫禅位，并改元“永贞”。第二年的正月，顺宗李诵便因病去世了。唐顺宗在位仅 8 个月。

历史上称这一事件为“二王八司马事件”。因顺宗在位期间的年号为“永贞”，故又称这次政治革新运动为“永贞革新”。永贞革新宣告失败，前后共 146 天。

宦官得势以后，王叔文、王伾即遭贬逐。王伾被贬为开州司马，不久病死；王叔文被贬为渝州司户，次年赐死。永贞元年（805）八月，太子即位，是为唐宪宗李纯。韦执谊被贬为崖州司马，韩泰被贬为虔州司马，陈谏被贬为台州司马，柳宗元被贬为永州司马，刘禹锡被贬为郎州司马，韩晔被贬为饶州司马，凌准被贬为连州司马，程异被贬为郴州司马。“八司马”以外，陆质先已病死；李景俭守丧，吕温出使吐蕃未还，没有参与革新运动，未遭贬谪；在王叔文集团中地位比较轻的李谅、李位，稍后也被赶出朝廷。

甘露之变动根本

从文宗的父亲穆宗开始，皇帝由宦官拥立。掌握唐朝廷政权的人，不是皇帝而是宦官。当时宦官梁守谦、王守澄等掌握朝政，穆宗在宦官手下当皇帝，只求奢侈放纵的生活得到满足，根本不想参与朝政。穆宗希望长生不老，宠信方士，结果服用长生药时中毒而死，只当了三年皇帝。太子李湛即位，就是唐敬宗。

敬宗倒是穆宗册立的太子，但即位时才十五岁，不思进取，一味玩乐，还荒唐之极地创造了击球将军的官衔。而且他性情暴躁，刻薄寡恩，稍有不如意，就拿左右的人出气，因此左右都怨恨他。有一天，唐敬宗“打夜狐”还宫，兴致盎然，与宦官刘克明、击球将军苏佐明等二十八人饮酒作乐。酒酣之时，敬宗入室更衣。殿上烛火忽灭，刘克明等人合伙将敬宗杀死于室内。敬宗在位不足三年，死时才十八岁。随后，刘克明等假冒敬宗旨意，拥立绛王李悟（宪宗第六子）为皇帝。又开始谋夺其他宦官手中的权力，结果惹恼了被称为“四贵”的四大宦官——内枢密使王守澄、杨承和以及神策军左右护军中尉魏从简、梁守谦。这四人是宦官中的实力派。为了自保，王守澄等人领禁军迎立敬宗弟江王李涵为皇帝。此举得到了以三朝元老大臣裴度为首的朝廷重臣的支持。结果，王守澄等派出的禁军杀死了刘克明和苏佐明一伙，绛王李悟也死于乱兵之手。江王李涵

即位为文宗，即位后改名为李昂。

文宗虽然由宦官拥立，表面上对宦官示以恩宠，内心却不堪忍受。他无法忘记拥立他的王守澄正是杀死宪宗（文宗祖父）的凶手，感到自身安危毫无保障，想利用朝臣来对抗宦官，南司（朝官）和北司（宦官）的斗争在文宗一朝时表面化了。

文宗为了对付宦官，选用宋申锡为宰相，密谋诛灭宦官。但事不机密，宋申锡的计划被宦官王守澄的亲信郑注发觉而败露。王守澄派人诬告宋申锡谋立皇弟漳王李凑，文宗虽然半信半疑，但始终害怕危及自己的帝位，于是贬宋申锡为开州司马。

文宗与宋申锡谋除宦官失败后，文宗处处受制于宦官。他想依靠朝臣铲除宦官势力，而朝臣之间只忙于朋党相争。对此，文宗无可奈何地叹息说：“去河北贼（指藩镇）易，去朝中朋党难。”但文宗并不甘心，仍在暗中物色合适的联盟人选。

有一次，文宗读《春秋》，看到“阍弑吴子余祭”一段时，别有用意地问身边翰林侍讲学士许康佐：“阍何人耶？”许康佐惧怕宦官权势，不敢回答。后来得知文宗欲谋除宦官的意图后，生怕惹祸上身，于是假称有病，罢为兵部侍郎。而当时的朝臣中绝大多数都像许康佐一样，畏惧宦官，只求保身，不敢参与文宗的计划。这就是史书中所说的，在位之臣“持禄取安，无伏节死难者”。身为大唐帝国的皇帝，竟然找不到一个有勇气的人，文宗心中的苦闷可想而知。李训就是在这个时候走进了文宗的视线。李训，字子垂，初名仲言，后改名为训。他出身名门，为肃宗时宰相李揆的族孙。长得也是仪表堂堂，有大家风范，“仪状秀伟，倜傥尚气”，还“颇工文辞，有口辩，多权术”。李训进士及第后，当了一阵子太学助教，后来又任河阳节度府幕僚，但不久就出了武昭一案。

敬宗宝历元年（825），李训的从父李逢吉为宰相，与另一宰相李程不合。刚好石州刺史武昭被贬官，李程为了陷害李逢吉，就派人告诉武昭，说李程本来想给他官做，却被李逢吉阻止了。武昭信以为真，迁怒李逢吉。有一天，武昭越想越生气，告诉左金吾兵曹茅彙，说他打算刺杀李逢吉。结果，这句气急败坏的话被人告发，武昭被逮捕入狱。

本来事情到这里就结束了，就算武昭憎恨李逢吉入骨，也掀不起大浪了。李训却在这个时候冒了出来。他觉得有机可乘，要帮助从父李逢吉打击一下李程。李训去见茅彙，要他指证武昭是与宰相李程合谋。但李训的计划没有得逞，武昭被杖杀，李训也被流放于象州（今广西象州东北）。从这件事上，可以看出李训做事急功近利的风格，正是这种做派，导致了他后来在甘露之变中的失败。

当时的宰相李德裕认为李训是个小人（指武昭一事），不应该得到重用。文宗却说："人谁无过，俟其悛改。"他不顾宰相的反对，拜李训为翰林侍讲学士。文宗将想诛灭宦官的心事密告李训、郑注，当时李训已任翰林学士、礼部侍郎同平章事（宰相），郑注任翰林大学士、工部尚书。李、郑都表示愿意为文宗效力，积极地出谋划策。可想而知，这对文宗是何等大的鼓舞。因为李训、郑注二人都是王守澄所引荐，尤其郑注还是王守澄的亲信，所以没有引起任何人的怀疑。

这里要特别提一下郑注，他一直是以王守澄心腹的形象出现的，尤其在宋申锡一事中，正是他向王守澄告发了宋申锡的计谋，从而导致文宗苦心策划的计划流产。那么为什么这个时候，他突然又开始支持文宗呢？此刻，他已经是位极人臣，为什么要突然倒向处于弱势的文宗呢？从前面郑注几番化险为夷的经历可以看出，他绝对是个识时务、知大体的聪明人。这只能说明，郑注突然倒向文宗，是想得到更大的利益。而

对于李训，毫无疑问，他是个典型的投机分子。李训和郑注都曾经为常人所不为，所以，在看到帮助皇帝取得成功后的巨大利益后，二人都甘心为之效命。

李训任宰相后，紧锣密鼓地施行了一系列对策。首先开始整顿吏治，消除朝中的朋党之争。水火不容的两派首要李宗闵、李德裕等都被贬出朝廷，又大力提拔“新进孤立无党之士”。在对待宦官的策略上，李训则利用宦官之间的矛盾，分化瓦解。他先擢升一直被王守澄抑制的宦官仇士良为中尉，分去王守澄的权势。随后将王守澄不喜欢的宦官全部贬到外地为官。其实，作为同一类人，王守澄生怕同类分夺自己的权力，因而少有喜欢的宦官。而与王守澄有仇的韦元素和杨承和等实力派大宦官都被处死，由此还博得了王守澄的欢心。

当时天下流言纷纷，都说宪宗为宦官陈弘志所害，文宗因此恨陈弘志入骨。当时陈弘志任山南东道监军，李训以文宗的名义将他召至青泥驿，“封杖杀之”，从而泄了文宗心头大恨。文宗也因此更加信任李训。经过一系列有预谋的计划后，王守澄被彻底孤立起来。李训见时机成熟，便让文宗逼王守澄喝毒酒自杀。曾经不可一世、人见人怕的大宦官王守澄就这样轻而易举地被除掉了。李训也因此而威望大增，“每见，他宰相备位，天子倾意，宦官卫兵皆慴惮迎拜”。宦官们威风扫地，气焰大为收敛。李训与郑注又密谋，打算彻底诛灭宦官。因为宦官手中握有军权，必须要掌握一定的军事力量，才有可能取得成功。于是，李训先让郑注出任凤翔节度使，执掌军队，以为外援。二人约定，在王守澄下葬时，命宦官中尉以下者全集中于浐水送葬。然后由郑注率亲兵将宦官全部砍杀，一个不留。如此，大事必成。

本来按照这个计划，成功的可能性相当大。但正如前面所分析的，李训是个投机分子，在紧要关头，他的投机心理开始作祟了：他认为这是不世之功，他要独占其功！于是，在没有通知郑注的情况下，李训临时改变了计划。他和宰相舒元舆、金吾将军韩约等人想出一计。

大和九年（835）十一月二十一日，文宗登紫辰殿早朝，文武百官依班次而立。金吾将军韩约奏称金吾左仗院内石榴树夜降甘露，是祥瑞之兆。文宗事先已经知道计划，故意表示惊讶，派神策军左、右护军中尉，枢密内臣仇士良、鱼弘志等宦官前去看个究竟。

宦官离开后，李训立即调兵遣将，部署诛杀宦官。而当仇士良等宦官来到左仗时，发现韩约神色慌张，情态反常，大冬天的竟然头冒冷汗，不禁心中起疑。正巧刮来一阵风，吹动了帷幕。仇士良等发现幕内执兵器者甚多。他们立时恍然大悟，察觉事变，遂仓皇出逃，门卫欲关闭宫门，已来不及了。

仇士良等逃回殿上，劫持文宗退入宫内。这时，金吾兵已登上含元殿，李训立即指挥金吾兵护驾，并大呼："卫乘舆者，人赐钱百千！"金吾兵应声而上。仇士良见情势危机，急忙决开殿后罘罳，挟持文宗抄近道入内。李训急忙攀住乘辇，死死抓住不放。仇士良与李训撕打时，跌倒在地，李训扑上去，将抽靴中刀刺杀时，仇士良却被宦官救起。

这时，京兆少尹罗立言率京兆逻卒三百余人从东边杀来，御史中丞李孝本带御史台从人二百余从西边冲来，两方与金吾兵会合，杀死宦官数十人。李训仍抓住文宗乘辇不放，一直拖到宣政门，被宦者郗志荣击倒在地，帝辇进入东上阁，宦者关闭了阁门。一场搏斗就此结束了。

李训见事难以成功，遂脱下紫服，穿上从吏的绿衫，走马而出。他在道上扬言说："我何罪而窜谪！"因此无人怀疑与阻拦他。在李训出逃的同时，仇士良指挥宦官率禁兵千余人，对在京师的公卿百官与吏卒进行了血

腥的大屠杀，中书、门下两省及没有逃走的金吾士卒被杀死六百多人，皇宫内“横尸流血，狼藉涂地，诸司印及图籍、帷幕、器皿俱尽”。宰相舒元舆等也被逮捕下狱，遭到严刑拷打，被逼自诬谋反。李训家被劫掠一空，京城的无赖们也趁火打劫，整个长安鸡犬不宁，京师被搅得天翻地覆。这就是历史上著名的“甘露之变”。

甘露之变后，宦官的气势更盛了。仇士良视文宗如同傀儡，朝廷大权全归北司。史称：“自是天下事皆决于北司，宰相行文书而已。宦官气益盛，迫胁天子，下视宰相，陵暴朝士如草芥。”第二年，昭义节度使刘从谏上表声讨仇士良等人的罪恶，宦官才有所畏惧，南司才多少得以行使一些职权。此后很长一段时期，中书、门下省官员入朝都与家人辞别，因为说不定何时就会被杀。唐文宗更受到家奴歧视，一次问当值学士周墀：“朕可方前代何主？”周墀答：“陛下尧、舜之主也。”李昂叹道：“朕岂敢比尧、舜，何如周赧、汉献耳！”周墀道：“彼亡国之主，岂可比圣德？”李昂说：“赧、献受制于强诸侯，今朕受制于家奴，以此言之，朕殆不如！”因泣下沾襟，周墀伏地流涕，自是不复视朝。

第十章 乱世再现
——昔日帝国分崩离析

宦官专权，朝臣内讧，胡人添堵，藩镇割据……李唐王朝内忧外患，私盐贩子出身的黄巢，又用农民大起义踹了唐王朝一脚，朱温趁着乱世登了基。907 年，二百八十九岁的帝国终究咽了气。

祸乱始于桂林

史家有评论“唐亡于黄巢，而祸基于桂林”，大唐王朝因为黄巢起义而灭亡，而黄巢农民起义的源头又是桂林戍卒起义，庞勋正是桂林戍卒的首领。

庞勋兵变，最初的缘由不过是一群边关戍卒渴望回归故乡，最后却演变成波及大唐王朝整个东南地区的大灾难，无数的官兵、叛军，以及普通百姓在这场变乱中死去。前后历时十七个月的庞勋兵变，大唐帝国东南赋税重地被打得稀烂，几乎天天都有血战，唐王朝的中央财政也由此走向崩溃的边缘，帝国残阳渐渐显露。

庞勋兵变之前，唐朝藩镇的灾难只限于北方，吐蕃的灾难只限于西方，宦官朋党的灾难只限于中央政府。如果从徐州（江苏徐州）向丁陵（湖北江陵）画一条线，就可发现面积占全国一半的东南地区在九世纪初期，始终保持安定。中央政府所在地的关中地区（陕西省中部），因灌溉系统被吐蕃兵团所破坏，已不能自给自足，一向仰赖东南的粮运。所以唐帝国东南的安定，是中央政府存在的保障。

西方谚语有云：“丢一个螺丝钉就可以导致一个帝国灭亡。”唐代东南地区不可能长期地跟混乱隔离，犹如一个血癌患者，他的一半身体不可能单独健康。

9 世纪 50 年代后，东南各战区就一个接一个爆发兵变，而由八百名戍卒拒绝执行继续驻扎战区而诱发的庞勋兵变，则成了唐末版的陈胜吴广起义——庞勋虽不是刘项，却成为给经历了安史之乱后惨淡“中兴”的唐王朝掘墓的第一人。

唐懿宗咸通三年（862），南诏王国因不堪忍受唐政府边疆官员的骚扰而与中国决裂，曾两度攻陷交州（今越南河内），中央政府命全国各战区派兵赴援。唐政府招募徐泗兵三千人赴援，这些戍卒中有一些穷得只能上山当强盗的百姓应募参军，其中就有庞勋兵变的骨干许佶、赵可立、姚周、张行实等人。本来，徐州节度使答应此次行动，为期三年，三年之后所有人就可以回到徐州，为民为兵，皆随志愿。

后因南诏基本平定，征调的徐州军抽出八百人驻守在桂州（广西桂林），庞勋任桂州戍军的粮料判官。开始戍卒还有些高兴，不用上战场厮杀，可以保住一条性命。可随着时间的流逝，不知不觉就已经到了三年。归期已到，可是朝廷还没有派后继的部队到来。朝廷希望这些人再戍卫三年，之后一定可以回乡。到了咸通九年（868）的七月，眼看着六年的期限已经接近，朝廷还没有任何消息。

八百名戍卒已远戍六年，思归心切，当地观察使曾要求再留一年，此时戍卒怨愤，在桂州哗变，杀都头，推庞勋为首领，自行北归。此时的大唐王朝，早已从根底上腐烂了，国家由于藩镇割据、宦官专权、朋党之争早已疲惫不堪，根本无法对哗变北上的戍卒做出及时反应。

于是，小小的八百人的队伍，以一个州县就可以平定的兵变，却犹如滚雪球一般，越积越多，越来越大，到了安徽，攻克了宿州之后，队伍发展到了六七千人，距离起事不过三个月。庞勋率领戍卒由桂林、湖南、湖北、安徽、浙江、江苏，回到徐州，广大农民纷起响应，由桂林戍卒单纯

的军事变乱在唐朝各级官员的推诿或者捂盖下，终于演变成声势浩大的农民起义。一时声势大震，占据淮口，威胁长安。

政府征调大军讨伐，但无法取胜，最后靠蔚州（河北蔚县）州长（刺史）李国昌的沙陀骑兵才把庞勋击溃。叛乱历时只有一年零五个月，并不算久，但在一年零五个月中，几乎每天都有血战，双方死伤有十余万人。作为维系中央政府税赋的长江流域和黄河以南地区，大部分残破。庞勋以两千人主力部队敢向中央政府挑战，而且不断获胜，显示政府军在腐败的主帅统率下，已丧失了战斗能力，政府威信进一步下跌。

庞勋兵变在高压下平息，但唐王朝中央政府的胜利只是下一次更大失败的前奏。

唐朝和南诏之间近十年的战争使唐中央政府在几个方面都付出了很大的代价。严重的经济压力和社会骚乱已使政府处于困境，对于人力和物资不断增加的要求使形势日趋恶化，民众越发疾苦，社会更加动荡不安，直接导致唐帝国灭亡的黄巢起义已然酝酿渐熟。

王仙芝大举义旗

王仙芝，濮州（今山东鄄城北）人，贩私盐时奔走各地，为抗拒官府查缉，练就武艺。时关东大旱，官吏还要催缴租税、差役，百姓走投无路，聚集在王仙芝周围，于874年初，从濮州濮阳（今河南濮阳西南）发出檄文，斥责唐朝廷吏贪赋重，赏罚不平，自称均平天补大将军、兼海内诸豪都统，率领起义军攻克曹州（今山东曹县）、濮州。

875 年，冤句（今山东菏泽）人黄巢起义响应，率众数千会师曹州，声势日益浩大。四方苦于苛征暴敛的百姓，散居民间的庞勋旧部，争相投奔义军，队伍发展到几万人。攻郓州（今山东东平），袭沂州（今山东临沂），推动农民反抗斗争迅猛发展，到十一月，农民起义军“剽掠十余州，至于淮南，多者千余人，少者数百人”。

同年十二月，唐僖宗李儇任命平卢节度使宋威为诸道行营招讨草贼使，特赐禁军三千，甲骑五百，并命河南诸藩镇所遣各军均由宋威指挥。

唐军同王仙芝义军战于沂州城下。面对强敌，王仙芝避实就虚，率部长途跋涉，西进河南，不十日连破八县，占阳翟（今河南禹州市），据郏城（今河南郏县）。唐以左散骑常侍曾元裕为招讨副使，镇守洛阳。令山南东道节度使李福选步骑两千北上汝州（今河南临汝）、邓州（今河南邓州市），扼守要道，凤翔节度使令狐绹和邠宁节度使李侃选步兵一千、骑兵五百进驻陕州（今河南陕县）、潼关（今陕西潼关），凑成一条以洛阳为中心的防线，妄图阻止王仙芝西进，并进而聚歼义军。王仙芝率领义军不畏强敌，猛攻汝州城，全歼官军，占领汝州，取得杀死唐将董汉勋、刑部侍郎刘承雍、生擒刺史王镣的重大胜利。东都大震，百官出奔。吓得唐僖宗在长安取消了重阳内宴，下诏赦免王仙芝罪，“除官，以诏谕之”，妄图收买王仙芝。王仙芝乘胜北上攻占阳武（今河南原阳），在攻郑州时，与唐昭义监军判官雷殷符战于中牟（今河南鹤壁西），战败后义军分兵两路。王仙芝率一部义军南下，十月攻打唐州（今河南泌阳）、邓州；十一月继续南进，一举攻占郢州（今湖北京山）、复州（今湖北沔阳）；十二月攻随州（今湖北随县），转向东南挺进安州（今湖北安陆）、黄州（今湖北黄

冈）。另一支义军东进淮南，从申州（今河南信阳）、光州（今河南潢川）取舒州（今安徽潜山）、庐州（今安徽合肥）一带，声震淮南。半年时间里，义军在江淮河汉之间广大地区流动作战，打得官军顾此失彼，疲于应付，迅速发展到三十万人。蕲州刺史裴偓不敢抵抗，开城迎降。为王仙芝上表求官。唐僖宗封王仙芝为“左神策军押牙兼监察御史”，王仙芝便想投降。因遭到黄巢的责骂，义军强烈反对，王仙芝才勉强拒绝降唐，并与黄巢分兵作战，削弱了义军实力。

877年正月，王仙芝攻取鄂州（今湖北武昌）。七月，与黄巢合兵攻打宋州（今河南商丘），失利后于八月攻占安州、随州，以后又转攻复州、郢州。虽然不断取得胜利，但是唐王朝在三月发布《讨草贼诏》，动员官军和地方武装加紧镇压起义军；同时对义军发动政治攻势，如解甲投降，必当超授官爵，厚赏资财。王仙芝于十一月再次写了降表，派他的心腹大将尚君长、蔡温球等人去邓州请降。招讨副使都监杨复光送他们前往长安途中，被妒忌其功的招讨使宋威派人劫持，谎奏在颍州（今安徽阜阳）西南作战俘获，在狗脊岭（在唐长安城内东市）将尚、蔡等人斩首。这个消息使王仙芝十分愤怒，率军南下，渡过汉水进攻荆南（今湖北江陵）。

878年正月初一，义军攻占罗城。山南东道节度使李福率兵来救，败义军于荆门。王仙芝解围而去，到申州（今河南信阳）东又被招讨副使曾元裕击败，义军损失两万人。这时，唐王朝以宋威“杀尚君长非是”，镇压起义“无功”，解除其兵权，擢升曾元裕为招讨使，颍州刺史张自勉为招讨副使，又调西川节度使高骈任荆南节度使兼盐铁运转使，集中优势兵力，加紧围剿王仙芝。二月，在黄梅（今湖北黄梅西北）王仙芝义军被曾元裕包围，经过激战，义军五万余人英勇牺牲，在突围中王仙芝不幸战死。余部渡江转战江南，另一部由尚让率领投奔黄巢继续战斗。

黄巢杀人“八百万”

黄巢出生在一个盐商的家族，擅长骑马射箭，又略懂一些笔墨。少年时怀有很大的理想抱负，但是在成年后多次考官没有被录取。在王仙芝起义的前一年，关东出现大旱，官员们强迫百姓缴纳租税，又让百姓服差役，导致百姓们走投无路，便聚集在黄巢的周围，与官吏进行过多次冲突。乾符二年，王仙芝起兵造反，黄巢也随即与之响应。

在王仙芝死后，剩余的众多部队一部分南下，在江浙一带进行活动，还有一部分军队由尚让带领北上与黄巢在亳州会师。众人推举黄巢为黄王，号称“冲天大将军”，并且还设立了官员给他们分封职位。

随后，黄巢攻打叶城、杨翟，想要进攻东都，但是朝廷派军进行援救，义军被朝廷的守卫兵所拦截，朝廷征调的兵士非常之多，黄巢一时无从下手。他十分沮丧，于是向唐军乞求投降，但之后又选择了反叛。接着，黄巢进军宣州，另辟山路，打通了到福建的山路，农民军进入福建后，烧官府、杀官吏，杀人如麻。之后，黄巢翻越五岭，围攻广州。黄巢率领的军队在全国各地已转战了许多年，他们攻占的广州成了反唐的根据地。

黄巢在起义最开始的时候非常关爱百姓，百姓也对他十分敬爱。但是在他攻陷长安，当上皇帝之后，便开始了他强盗一样的生活。黄巢所率领的起义军，在长安城内大肆抢劫杀戮，老百姓们连正常的生活都无法

安定。

当听说有人写诗来讽刺他的残暴，他便派人进行查找但是没有找到，便把长安城内的儒生都杀光了。唐军进行反攻占领了长安城，但是没过几天又被黄巢夺回，黄巢把这次的失利怪在了长安平民的头上，便把城内的男子全部杀尽。之后，黄巢军队被赶出了长安城。

再次被赶出长安之后，黄巢和他的军队开始走向穷途末路，于是黄巢只能调集重兵攻打陈州。但是，很快就出现军粮不足的现象。在包围陈州近一年的时间里，黄巢命令军队建造舂磨砦巨碓，采用机械化方式，将活人辗碎，以人肉作军粮，供应他的围城部队，以保证起义军的战斗力，也是前无古人，后无来者的规模。其骇人听闻的程度，既是中国之最，大概也是世界之最。黄巢所过之地，百姓净尽、赤地千里。

“黄巢贼围陈郡三百日，关东仍岁无耕，人饿倚墙壁间，贼俘人而食，日杀数千。贼有舂磨砦，为巨碓数百，生纳人于臼碎之，合骨而食，其流毒若是。”（《旧唐书》卷 150 下）

黄巢率领全军围陈州近一年，数百（一说三千）巨碓，同时开工，成为供应军粮的人肉作坊，流水作业，日夜不辍。将活生生的大批乡民、俘虏，无论男女，不分老幼，悉数纳入巨舂，顷刻磨成肉糜。陈州四周的老百姓被吃光了，就“纵兵四掠，自河南、许、汝、唐、邓、孟、郑、汴、曹、徐、兖等数十州，咸被其毒。”

据不完全的最保守统计，这一年里，黄巢的“起义军”至少得吃掉十倍于张巡守睢阳城时的被食人数。

黄巢拉起的队伍，在行军作战中病死、饿死、战死的总数至少在一百万人以上。他带进长安的几十万人，大部分是饿死的。

在黄巢起兵时，中原本是一个人口稠密的地区，到了他败死之时，这里已是纵横千里，全无人烟，一片焦土。后来，黄巢弃城逃跑到山东狼虎谷时，只剩下残兵一千余人，黄巢走投无路，众叛亲离，被他外甥林言所杀，献首级于唐军。

据民间的传说中称黄巢是目楗连罗汉的投胎转世。目楗连罗汉为了救出他的母亲，不惜放出地狱中的八百万恶鬼，因此被佛祖贬落人间转世成黄巢，让他将自己放出的八百万恶鬼给全部召回去，于是就有了一句“黄巢杀人八百万——劫数难逃”的俗语。但是无论他是什么转世，他屠杀百姓这件事情是一个不可改变的事实。

那份骇人听闻的食人纪录，既是中国之最，大概也是世界之最。按照历史教科书，黄巢是农民革命领袖，黄巢领导的农民起义，是推翻封建统治的正义行为，具有革命的进步的意义是毫无疑问的。但若是以两分法的观点看，不那么以偏概全，不那么一白遮百丑，而取实事求是精神，这位革命领袖在荼毒非统治阶层的普通老百姓的手段上，历史上那些声名狼藉的屠夫，比之于他，都望尘莫及，甘拜下风。在一部《二十四史》中，恐怕只有他能够用“敲骨吸髓”四个字来形容。

梁灭唐罢唐灭梁

黄巢占领长安之后，唐廷动员了它的全部军事力量对付起义军。唐军虽然包围了长安并使起义军屡遭挫折，但由于起义军的英勇战斗，唐军仍

然无法改变相持的局面。唐廷不得不下诏赦免沙陀酋长李国昌、李克用父子杀害云中防御使段文楚的罪行，令其率军从山西北部南下助战。李克用的沙陀骑兵“皆衣黑，故谓之鸦军”（《资治通鉴》卷二五五），是当时最强悍的军队。起义军缺乏对付沙陀骑兵的有效办法，几次战斗，都吃了大亏。883 年五月，李克用首先率部攻入长安，为唐廷立了大功，被任命为河东节度使（治太原），李国昌做了代北节度使（治代州），后来，李克用又南取昭义（治潞州），北取大同（治云州），占领了山西境内的大部分地区，形成了以太原为中心的割据势力，这就是唐末和五代初的晋国。

当长安被围，起义军处境艰难紧迫的时候，负责长安东面防务的起义军大将朱温叛变，把同州献给唐军，他因此被唐廷赐名为朱全忠，被任命为宣武军节度使（治汴州，即开封），开始以开封为根据地，依靠一批起义军的叛将如李唐宾、王虔裕、李谠、霍存、葛从周、张归霸、张归厚等为骨干力量，经营自己的割据势力。

黄巢起义军逼近朱温辖地时，朱温只好求救于李克用，李克用也为了扩充地盘，便派兵一起来攻黄巢起义军。朱温为答谢李克用出兵相助，特地在汴州驿馆上源驿设宴款待，为其庆功接风。此时的李克用二十八岁，比朱温小了四岁，李克用年轻气盛，加上刚建战功，对朱温有恩，因此酒席上异常骄横，喝酒之后更是不把朱温放在眼里，大放厥词。这下惹恼了朱温，当天晚上，朱温包围了驿馆，纵火放箭，想斩草除根，既消白天之气，又消灭以后的对手。李克用在亲随的护卫下，加上雷雨掩护，总算拣了条命，但三百名亲兵却全部被杀。从此，双方结下了死仇，战争不断。

以后十余年间，朱温凭借汴州（今河南开封）优越的地理条件，一边与李克用父子交战斗法，一边逐步吞并割据中原和河北地区的藩镇。天复元年（901），朱温被封梁王，同年，宦官劫持唐昭宗到凤翔（今属陕西），依靠节度使李茂贞。朱温攻凤翔，李茂贞屡败。朱温迎昭宗回到长安以后，尽诛宦官，废神策军，从此昭宗便处于朱温的掌控之下，成为傀儡。天佑元年（904），朱温逼迫昭宗迁都洛阳，随即遣人杀之，立其子哀帝，后又贬杀宰相独孤损等朝官三十余人。天佑四年（907）四月，朱温由唐宰相张文蔚率百官劝进，废唐哀帝，自行称帝，改名为晃，建都开封，国号为“梁”，史称“后梁”，升汴州为开封府（今河南开封），建为东都，而以唐东都洛阳为西都。

那边的李克用在军事上虽不及朱温，有一点却胜过朱温。这就是他从来不像朱温那样，明目张胆地凌驾于唐皇之上，而是时时以勤王讨逆的面目出现。正是这一点，成为他复兴的基础。因为在当时，扶唐兴唐还是一面颇有号召力，颇能收人心的招牌。朱温自立为王后，当时割据四川的王建派使劝李克用称帝一方，被李克用婉言谢绝。其实，李克用不是不想称帝，而是想趁朱温称帝之机，兴兵灭朱。然而，就在关键时刻，李克用身染急病，死于晋阳。

为激励儿子，李克用临终时交给李存勖三支箭：“一支箭先讨伐刘仁恭，你如果不先攻占幽州，那么河南地区也难夺取。一支箭北击契丹，当初阿保机和我盟誓结为兄弟，相约兴复唐朝社稷，后来他却背信弃义，你一定要讨伐他。最后一支箭去灭朱温，你如能完成我这三项未实现的心愿，我死而无憾了。”李存勖将三支箭藏在李克用的太庙中，到讨伐刘仁恭时，便请出一支，放在锦囊中，命亲将背着追随自己左右，凯旋之日，随同战俘一起献于李克用太庙。九年后，他又大破契丹兵，将耶律阿保机赶回北方。经过十多年的征战，李存勖基本上完成了父亲遗命。

这边李存勖励精图治，那边朱温却越发荒淫。

一次，他到大臣张全义家中避暑，一时高兴，命令张府所有女眷轮流

陪睡。一睡就是十来天。

更让人不耻的是，他还将魔爪伸向了儿子的媳妇们。在他的儿子外出征战时，他便将儿媳召入宫中，名为侍病，实为侍寝，与之乱伦。更让人吃惊的是，他的儿子们对父亲的乱伦不但不愤恨，反而恬不知耻地利用妻子在父亲床前争宠，讨好朱温，以求将来继承皇位。父子这种丑行，在历史上恐怕独一无二了。

朱友文是朱温的养子，其妻王氏姿色出众，美艳无双，朱温尤为喜爱。朱温在枕席之间，答应王氏将来传位给朱友文，这引起了亲生儿子朱友珪的不满。而朱友珪的妻子张氏也常常陪朱温睡觉，随时注意年老多病的朱温的一举一动。

后来，朱温病情加重，就让王氏通知朱友文来见他，以便委托后事。朱友珪的妻子张氏知道后，赶紧密告朱友珪，催他先采取行动。朱友珪立即利用他掌握的宫廷卫队发动政变，连夜杀入宫中。侍奉在朱温身边的人都吓跑了，朱温惊问：“是谁反了？”朱友珪回答：“不是别人，是我。”朱温大骂：“我早就怀疑你不是东西，可惜没有杀了你。你背叛你父亲，大逆不道，天地也容不了你！”朱友珪回骂：“老贼万死！”朱友珪的随从冯廷谔一刀刺入朱温腹中，刀尖透出后背。朱友珪用破毡裹住朱温尸首，埋在了寝殿的地下。

朱友珪杀父即位后，众兄弟都不服，特别是朱温和张惠后所生的朱友贞，身为嫡子，更是打起了“除凶逆，复大仇”的旗号，联合魏博节度使杨师厚兴师问罪。在杨师厚的帮助下，朱友贞得到宫中禁军的配合，最后杀死朱友珪，夺取了皇位。在五代，他是通过兵变夺取皇位的第一人，为以后的兵变夺位提供了效仿的先例。

朱友贞重用为他夺取帝位出谋划策的赵岩，但赵岩没有治国之才，只会弄权乱政，败坏风气。中央被他们弄得腐败了，一些老臣在他们的纵容下横行霸道，基层的官吏更是敲诈剥削，任意加重百姓的负担。朱友贞不善用人，派朱友能任陈州刺史，朱友能横行乡里，纵容下属骚扰百姓，最终逼出了陈州农民起义。起义虽然被镇压，但后梁统治已经到了穷途末路。

923 年，李存勖攻灭后梁，统一北方，四月，在魏州（河北大名县西）称帝，国号为唐，不久迁都洛阳，改年号“同光”，史称后唐。就这样，朱温在灭掉了李家唐朝仅仅 16 年之后，其政权就被另一个李姓的后唐灭掉了。